"十三五"职业教育国家规划教材（修订版）

# 电子商务基础

第 4 版

主　编　魏亚萍　高　歌
副主编　王　进　邱联章
参　编　张　倩　徐　琳　孙秀平　杨　瑾

机 械 工 业 出 版 社

本书为“十三五”职业教育国家规划教材（修订版）。本书是在前三版内容体系的基础上，融入新的电子商务理论、案例和实操内容修订而成的。本书增加了 B2B2C、C2B2C、网站构建、人工智能、云计算、5G 技术以及短视频与直播营销的方法等新内容，还对银行监管、支付平台、网络金融、电子商务安全、移动电子商务和跨境电子商务等内容进行了梳理。全书共 9 章，包括电子商务概述、电子商务模式、电子商务信息技术、电子商务支付、电子商务安全、电子商务物流、网络营销、移动电子商务和跨境电子商务。每章都设计了学习目标，用思维导图梳理本章内容和关键知识点，通过引导案例激发学生进入学习项目与任务。采用德育案例融入知识内容，结合重点章节的技能实操，达到拓展职业技能、引导学习的目的。

本书可作为各类职业院校电子商务、物流、工商管理、经济贸易等专业的教材，也可作为中小型企业和贸易类岗位从业人员的培训参考书。

本书适应教学改革要求，开发了在线开放课程供读者免费学习。本书配有电子课件，选用本书作为授课教材的教师可以从机械工业出版社教育服务网（www.cmpedu.com）免费注册后下载或联系编辑（010-88379194）咨询。本书还配有微课视频，读者可扫描二维码观看。

**图书在版编目（CIP）数据**

电子商务基础 / 魏亚萍，高歌主编．—4 版．—北京：机械工业出版社，2024.3（2025.9 重印）

“十三五”职业教育国家规划教材：修订版

ISBN 978-7-111-75215-8

Ⅰ．①电… Ⅱ．①魏… ②高… Ⅲ．①电子商务－职业教育－教材 Ⅳ．① F713.36

中国国家版本馆 CIP 数据核字（2024）第 043345 号

机械工业出版社（北京市百万庄大街 22 号 邮政编码 100037）

策划编辑：李绍坤　　责任编辑：李绍坤　单元花

责任校对：张雨霏　薄萌钰　韩雪清　　封面设计：鞠　杨

责任印制：常天培

北京联兴盛业印刷股份有限公司印刷

2025 年 9 月第 4 版第 3 次印刷

184mm×260mm · 12.25 印张 · 285 千字

标准书号：ISBN 978-7-111-75215-8

定价：39.80 元

电话服务　　网络服务

客服电话：010-88361066　　机　工　官　网：www.cmpbook.com

010-88379833　　机　工　官　博：weibo.com/cmp1952

010-68326294　　金　书　网：www.golden-book.com

**封底无防伪标均为盗版**　　机工教育服务网：www.cmpedu.com

# 前　言

1987 年我国加入了互联网，自 1995 年互联网商业化以来，给国民生活的方方面面都带来了影响。互联网、通信网络、电子支付、物流信息化等科学技术的产生和应用，使传统商务活动发生改变。面向消费者和企业的电子商务交易模式开始出现，并渗透人们生活的各个领域，改变了人们的生活习惯。2017 年，我国提出建设“一带一路”、鼓励发展“互联网 +”、支持“共享经济”、加快发展互联网与传统行业结合、农村电子商务融入新电子商务产业等政策。这一系列政策的提出，给电子商务行业的发展提供了新的机遇。伴随大数据、人工智能、物联网、云计算等科技应用，移动电子商务、农村电子商务、共享经济、新零售、直播电子商务成为电子商务行业发展的新形态，势头迅猛。其中，跨境电子商务作为发展速度快、带动作用强的新业态，已成为我国外贸发展的新动能、转型升级的新渠道和高质量发展的新抓手。

本书结合电子商务行业的新技术、新模式、新领域，在前三版的基础上对知识和技能进行了梳理和更新。本书自 2006 年 6 月第 1 版至今，经多所院校使用，被评为“2008 年度机械工业出版社精品教材”，承蒙各院校电子商务专业师生们的厚爱，多次重印；2020 年，本书第 3 版被评为“十三五”职业教育国家规划教材，2021 年荣获河北省第十届高等职业教育教学成果奖。

本书贯彻“岗、课、赛、证”融通的职业教育理念，在电子商务理论知识的基础上，结合企业对电子商务人才岗位的需求，针对高职学生的学情特点，采取校企共育的方式，将电子商务的工作内容拆分为项目，并设置驱动任务，完成设计与编写。本书编写沿用前三版的思路，贯彻“概念—技术—实际操作及应用”这一原则，深入浅出地将理论与实践相结合，以概念和方法为铺垫，重点放在电子商务系统的实践能力培养方面。本书既突出任务驱动，结合教学内容和岗位，将理论和实践与任务相结合，又突出实用性，强化了应用与操作教学环节，还通过实现能力目标增强学习者的职业素养。本书结合专业技能融入了职业素养、科技强国、法律法规、创新创业、家国情怀、社会责任等典型案例。

本书由魏亚萍和高歌担任主编，王进和邱联章担任副主编，张倩、徐琳、孙秀平、杨瑾参加编写。其中，廊坊职业技术学院魏亚萍编写了第 1 章、第 6 章（部分内容），王进编写了第 3 章，张倩编写了第 4 章，孙秀平编写了第 7 章，杨瑾编写了第 8 章，徐琳编写了第 9 章，成都银杏酒店管理学院高歌编写了第 2 章、第 6 章（部分内容），江西现代职业技术学院邱联章编写了第 5 章。魏亚萍负责全书的框架体系设计、修订进程安排和统稿等工作。

本书在修订过程中，参阅了多位专家、学者的相关著作，借鉴了相关领域大量的新成果、数据和案例，在此表示衷心感谢。同时，感谢编写团队成员们的辛勤付出。另外，也要感谢从第 1 版出版以来，一直给予本书支持的广大读者们，感谢你们的厚爱。

由于电子商务的理论和应用仍在不断发展和完善，加之编者水平有限，书中难免有所疏漏，敬请相关专家和广大读者提出宝贵意见。

编　者

# 二维码索引

# 目　录

# 第1章

# 电子商务概述

## 学习目标

### 知识目标

- 识记电子商务的发展历程和就业岗位。
- 熟记电子商务的概念和组成要素。
- 牢记电子商务的分类。

### 能力目标

- 能区分电子商务应用的不同类型。
- 能概括电子商务的组成要素。
- 能描述电子商务与传统商务的差别。

### 素质目标

- 引导学生关心时政，培养职业认同感。
- 提升创新意识，增强民族自信心。

## 思维导图

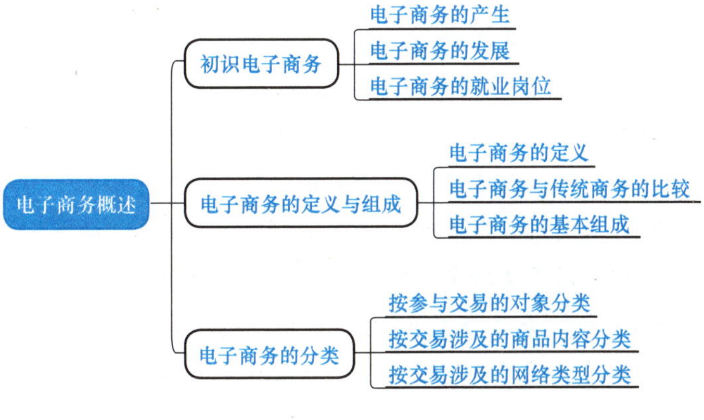

## 引导案例

**电子商务发展的新模式——共享经济**

共享经济，一般是指以获得一定报酬为主要目的，基于陌生人且存在物品使用权暂时转移的一种新的经济模式。共享经济的本质是整合线下的闲散物品或服务者，让其以较低的价格提供产品或服务。供给方通过在特定时间内让渡物品的使用权或提供服务，获得一定的金钱回报；需求方不直接拥有物品的所有权，而是通过租、借等共享的方式使用物品。此种共享更多的是以互联网为媒介来实现的。下面以共享单车为例。

从20世纪80年代末开始，自行车在我国城市中逐渐边缘化，四轮工具不断“接管”城市交通，“自行车王国”的叫法也成为过去式。但如同复古也能再次成为时尚一样，从2016年开始，自行车在北京大街小巷一夜回归。

这一次，自行车是以智能硬件的形象展示出来的，与其说是交通工具，不如把这些色彩丰富的“共享单车”称为科技产品。更为重要的是，以共享经济为主要驱动力，在“互联网+”、大数据、人工智能等新经济概念的加持下，共享单车成为风头最盛的产业现象。当上亿城市居民重新脚踏“青春”，回到城市的不只是两个轮子，还是疏解交通、绿色出行、产业升级，甚至是人与城市和谐共处等新使命。

根据中国互联网络信息中心（China Internet Network Information Center，CNNIC）数据显示，共享单车业务覆盖范围已经由一二线城市向三四线城市渗透，融资能力较强的共享单车品牌则开始涉足国际市场，用户规模保持超高速增长。以共享单车为代表的共享出行方式在不同层面对我国现有的城市公共交通进行了有益补充。

2017年8月3日，《交通运输部等10部门关于鼓励和规范互联网租赁自行车发展的指导意见》发布，明确了共享单车的发展定位，是城市绿色交通系统的组成部分，实施鼓励发展政策；明确了城市人民政府的主体管理责任，要求各地建立公平竞争秩序，形成全社会共同参与的治理体系。

随着经济的发展，地铁、公交、出租车等出行工具越来越多，带来了很多问题，如尾气排放造成空气污染，这是形成城市雾霾的重要原因之一；还有拥堵问题，在短短的2～3km，人们走路甚至比开车要节省时间。这些都催生了自行车回归城市的现象，共享单车正是利用这样的机会，通过互联网和移动支付技术找到了商机。

共享单车对于节能减排、提升用户出行效率发挥了有益的作用。作为“互联网+交通运输”新业态中的重要成员之一，共享单车的异军突起在给人们出行带来许多方便的同时，也改变了大家的出行习惯，甚至改变了人们的思维观念。

自2022年1月20日24时起，北京市大兴区公共自行车宣布“退市”。公共自行车的“退出”是将服务群众这个重要任务交给灵活度更高、服务更便捷的“市场”指挥棒，将广大人民群众“最后一公里”的通勤任务交给了市场，由市场根据群众的实际需要，提供更好的服务。从公共自行车到共享单车的迭代，是政府顺应市场规律的积极作为。

共享单车不仅是一种分时租赁模式，也是一种新型绿色环保共享经济。好处在于方便人们出行，减少汽车使用次数，发挥节能减排的优势。但是，共享单车在发展过程中也有一定的缺点，如乱停乱放现象影响市容市貌；缺少检修存在安全隐患；共享单车遭破坏造成资源浪费等问题。

针对以上问题，管理部门、企业如何更加行之有效地进行管理，已成为备受关注的焦点问题。

阅读完“电子商务发展的新模式——共享经济”，请思考以下问题：

1）你使用过共享单车吗？请为共享单车有序停放提出合理化建议。

2）共享交通的电子商务模式有哪些？

## 1.1 初识电子商务

人类社会正在经历一场深刻的变革。互联网的出现和迅速普及不仅改变着人类信息传输和交流的方式，而且已经引起整个社会组织框架结构和制度安排的深刻变革。传统的产业经济模式正在逐渐消失，一种新型的经济模式——网络经济正在崛起。互联网的商业化发展推动了电子商务的飞速增长，其带来的商机是巨大而深远的，因此也就迫切需要人们进一步了解、认识和应用电子商务。

扫码观看视频

### 1.1.1 电子商务的产生

人们对电子商务的了解、认识和应用，与计算机技术及网络的应用和普及密不可分。电子商务是在互联网发展、成熟的基础上产生的。

早在 1969 年，美国国防部先进研究项目管理局（Defense Advanced Research Projects Agency，DARPA）就建立了用于国防研究项目的阿伯网，以链接有关高校、研究机构和国防工程承包商的计算机系统，这是最早的计算机互联网络，也是现代计算机网络诞生的标志。从 1986 年起，由美国国家科学基金会（National Science Foundation，NSF）接手投资扩建成美国国家科学基金网，对各大学和科研机构开放，成为推动科学技术研究和教育发展的重要工具。1992 年，美国政府提出“信息高速公路”计划，进一步加强对互联网的资金支持，并取消商业性应用的禁令，给电子商务发展铺平了道路。从 1995 年起，互联网主干网转由企业支持，实现商业化运营，电子商务进入快速成长阶段。

### 1.1.2 电子商务的发展

随着互联网的普及，电子商务有了进一步的发展。各类企业，不管是创业型、传统型，还是互联网企业，或是在互联网冲击下转型升级的传统行业，企业发展要遵循“互联网思维”早已经成为业界共识。在我国社会经济深度转型的今天，它已经开始影响社会的主流意识。如今，人们已经能够听到很多与互联网相关的名词，如“互联网手机”“互联网电视”“互联网汽车”，甚至还有“互联网房地产”“互联网农业”等。提出这些概念并参与其中的那些人，几乎都提到了要用互联网思维来改变自己所处的行业，从而改变整个世界。

其实，互联网思维不是在短时间内形成的，它与互联网在国民经济中所处的地位密切相关。我国互联网产业大致是从1998年发展起来的，开始的十多年虽然发展很快，但是以看新闻、玩游戏为主。随着电子商务对零售等传统行业的改变，人们发现各个行业的规则都发生了改变，网民在整个社会生活中的话语权大大增大了。

所谓互联网思维，就是用互联网的模式来思考并解决问题。互联网的特点是平等的、去中心的、零距离的、高效率的，它是人类过去50年来最伟大的发明之一。正是由于互联网与传统产业的这些巨大的不同，才孕育出了互联网思维的一些重大特点，如产品思维、用户思维、服务思维等。

互联网思维有利于互联网行业的发展，那么它和传统行业有关系吗？当互联网开始冲击某个传统行业和领域时，回答是肯定的。像国美、苏宁这样的家电连锁零售巨头在互联网进入零售行业形成B2C之后，也开始吃不消，从而崛起了天猫、京东等电子商务巨头。它们通过互联网直接与用户打交道，省去了中间环节，能够给用户带来更多的价格实惠。它们通过互联网服务模式，获得了完整而全面的用户数据，然后针对用户的习惯做个性化推荐，提高了效率。所有这些反传统的思维模式，都让传统企业主们难以招架，所以国美和苏宁的业绩都出现了大幅度的下降。

#### 1. “互联网+”

（1）“互联网+”的定义

“互联网+”代表一种新的经济形态，是指依托互联网信息技术实现互联网与传统产业的联合，以优化生产要素、更新业务体系、重构商业模式等途径来完成经济转型和升级。“互联网+”计划的目的在于充分发挥互联网的优势，将互联网与传统产业深度融合，以产业升级提升经济生产力，最后实现社会财富的增加。

（2）“互联网+”的提出与行动计划

在十二届全国人大三次会议上的政府工作报告中提出制定“互联网+”计划，强调“推动移动互联网、云计算、大数据、物联网等与现代制造业结合，促进电子商务、工业互联网和互联网金融健康发展，引导互联网企业拓展国际市场”。“互联网+”作为一项国家战略，为国家各领域的发展指明了方向。

国务院印发《国务院关于积极推进“互联网+”行动的指导意见》（以下简称《意见》）。《意见》认为，“互联网+”是把互联网的创新成果与经济社会各领域深度融合，推动技术进步、效率提升和组织变革，提升实体经济创新力和生产力，形成更广泛的以互联网为基础设施和创新要素的经济社会发展新形态。在全球新一轮科技革命和产业变革中，互联网与各领域的融合发展具有广阔的前景和无限的潜力，已成为不可阻挡的时代潮流，正对各国经济和社会发展产生战略性和全局性的影响。

《意见》提出，到2018年，互联网与经济社会各领域的融合发展进一步深化，基于互联网的新业态成为新的经济增长动力，互联网支撑大众创业、万众创新的作用进一步增强，互联网成为提供公共服务的重要手段，网络经济与实体经济协同互动的发展格局基本形成。到2025年，“互联网+”新经济形态初步形成，“互联网+”成为我国经济社会创新发展的重要驱动力量。

（3）“互联网 +”实际应用

说起“互联网 +”，人们会想到互联网金融、电子商务、电子支付、在线教育、在线旅游、云计算、大数据、网络安全、物联网、车联网、移动医疗、云平台等。对老百姓而言，“互联网 +”会让传统产业更进一步地被互联网渗透和改造。过去已经有很多“互联网 + 传统行业”的成熟案例，未来在民生、医疗、教育、交通、金融等领域，互联网对传统行业的提升逐渐成为现实。

在民生领域，我们可以在各级政府的公众账号享受服务，如某地交警可以在 60 秒内完成违章罚款收取等，移动电子政务会成为推进国家治理体系的工具；在医疗领域，将有更多医院上线 App 全流程就诊，支持网络挂号，这使患者的就医时间大大缩减、就医效率大幅度提升；在教育领域，面向中小学、大学、职业教育、IT 培训等多层次人群开放课程，学习者可以足不出户在家上课。

“互联网 +”不仅正在全面应用到第三产业，形成了诸如互联网交通、互联网医疗、互联网教育等新业态，而且正在向第一和第二产业渗透。农业互联网正在从电子商务等网络销售环节向生产领域渗透，为农业带来新的机遇。

科技强国

**北斗系统助力快递行业**

北斗三号全球卫星导航系统是我国自行研制的全球卫星导航系统，可在全球范围内全天候为各类用户提供高精度、高可靠定位、导航和授时服务。随着北斗三号系统的建成，其应用场景和需求将进一步扩大。在 5G+ 北斗的加持下，智能快递物流成为首个北斗三号系统规模化应用场景。作为北斗系统应用尝试的先行者，中国邮政、顺丰速运、京东物流、“三通一达”等中国快递巨头已经积累了丰富的北斗系统应用经验。北斗系统也以快递为窗口加快融入中国物流产业。中国邮政系统结合北斗卫星导航的“中国邮政运输调度系统”在邮政行业形成典型示范应用，辐射了整个中国物流行业，打破了 GPS 导航在物流行业的垄断。全面推广北斗定位导航服务在邮政系统的应用能快速使北斗技术渗透中国邮政的各个部门、各个生产环节，实现邮政行业从车辆定位调度管理到中国邮政 30 万揽投人员定位调度管理，最终达到北斗与无线射频技术相结合，实现邮件全程可跟踪控制、可视化管理，同时通过在邮政行业的全面推广与产业化应用，依托中国邮政国内物流龙头地位的优势，能使北斗系统快速地辐射到中国现代物流系统。

问题：请查阅与大数据战略相关的资料，说说你怎么看待科学技术的发展对我国电子商务的意义。

### 2. 农业电子商务

（1）为什么要发展农业电子商务

农业是典型的传统行业，特点是地域性强、季节性强、产品的标准化程度低、生产者分散等，具有较大的自然风险和市场风险。电子商务是通过电子数据传输技术开展的商务活动，能够消除传统商务活动中信息传递与交流的时空障碍。发展农业电子商务，将有效推动农业产业化的步伐，促进农村经济发展，最终缩短生产和消费的距离，降低交易成本、减少库存、缩短生产周期，增加商业机会、减轻对实物基础设施的依赖等。总之，发展农业电子商务可有效地克服农业产业化经营中的不利因素，对我国农业产业化进程具有极大的促进作用。

在2017年中国电子商务创新发展峰会主论坛上，有专家在发表主题致辞时表示农业、农村电子商务是互联网时代统筹城乡发展、造福城乡居民的一篇大文章，党中央、国务院对此高度重视，目前农村电子商务正进入快速成长期，迎来了前所未有的机遇，呈现出蓬勃发展的态势，成绩令人鼓舞。

（2）农业电子商务政策

2017年，中共中央国务院公布了《关于深入推进农业供给侧结构性改革加快培育农业农村发展新动能的若干意见》，这已经是连续16年国家聚焦于农业了。中央一号文件再次聚焦“三农”问题，彰显了“三农”问题的重要性和特殊性。中央一号文件的政策内容每年都发生变化，但一直不变的是中央对于“三农”问题的重视和关切。

2017年，中央一号文件中关于农业电子商务政策的主要内容如下：

要促进新型农业经营主体、加工流通企业与电子商务企业全面对接融合，推动线上线下互动发展。加快建立健全适应农产品电子商务发展的标准体系。支持农产品电子商务平台和乡村电子商务服务站点建设。推动商贸、供销、邮政、电子商务互联互通，加强从村到乡镇的物流体系建设，实施快递下乡工程。深入实施电子商务进农村综合示范。鼓励地方规范发展电子商务产业园，聚集品牌推广、物流集散、人才培养、技术支持、质量安全等功能服务。全面实施信息进村入户工程，开展整个省推进示范。完善全国农产品流通骨干网络，加快构建公益性农产品市场体系，加强农产品产地预冷等冷链物流基础设施网络建设，完善鲜活农产品直供直销体系。推进“互联网+”现代农业行动。

值得注意的是，2017年中央一号文件首次明确了支持涉农电子商务平台建设政策，农产品电子商务的关注度又一次被提高了。在互联网发展迅猛的今天，如何“让农村成为引人入胜的天地、农业成为令人向往的产业、农民成为令人羡慕的职业”成为解决三农问题的焦点，更是各大农业电子商务平台的终极目标。

自2014年以来，农村电子商务连续出现在中央一号文件。随着2021年中央一号文件的发布，农村电子商务再次迎来重大利好。中华人民共和国商务部表示，电子商务加速赋能农业产业化、数字化发展，一系列适应电子商务市场的农产品持续热销，有力推动乡村振兴和脱贫攻坚。

2022年中央一号文件首次提出要“促进农副产品直播带货规范健康发展”，持续推进农村电子商务与一二三产业融合发展、促进农村“客、货、邮”融合发展“两大融合”，加大力度实施“数商兴农”工程、“快递进村”工程、“互联网+”农产品出村进城工程三大强基固本工程，扩大了电子商务进农村的覆盖面。以实施“数商兴农”工程为牵引，夯实“快递进村”工程和“互联网+”农产品出村进城工程，推进电子商务进乡村，是中央对发展农村电子商务的统筹布局。“十四五”时期，数字化生活消费方式变革将重塑农村大市场，农村电子商务将成为数字乡村最大的推动力和发展基础，抓住“数商兴农”是助力数字乡村和乡村振兴的机遇。

### 3. 数实融合

（1）什么是数实融合

数实融合就是数字经济和实体经济深度融合发展，数字化向非数字实体经济的应用、渗透和重塑，使数字经济赋能实体经济发展。党的二十大报告提出，促进数字经济和实体经济深度融合。数实融合并不是一个新概念，数字经济的发展过程实际上就是各个产业数字化的过程。数实融合的内涵，可以从三个方面理解：其一，数字技术和实体经济的融合应用；其二，数字经济和实体经济的融合应用；其三，数字化各要素，包括互联网、5G、云计算、数据资源、数字人才等和非数字实体经济的融合应用。在我国高质量发展和供给侧结构性改革背景下，数字化是工具和手段，夯实我国实体经济基础和促进实体经济发展是目的。数实融合关键是能够提高全要素生产率，而这是高质量发展的基础。技术作为新时代最重要的生产要素之一，用数字技术带动产业链、价值链、资金链和供应链全链升级，是增强经济活力、促进高质量发展的必然趋势。

（2）数实融合的领域

电子商务和物流影响了农产品的供应链和销售环节，数字化产地仓、智能物流、直播电子商务改变了农业的业态。畅通“最初一公里”和“最后一公里”，对我国的农产品物流提出了极高要求。在物流建设上，物流企业在县域覆盖共同配送中心，建设乡村级服务站，打通农业流通网络。例如，拼多多实施县域商业建设行动，加快农村物流快递网点布局，实施“快递进村”工程。京东生鲜携手全国各大地标协会打造了“供应链 + 平台运营 + 电子商务直播”等数智产业服务，分门别类地为众多农产品建立专项标准体系，从源头上尽量让生鲜农产品向标准农产品靠拢，打造了从产地到餐桌的供应模式。

直播电子商务是农产品销售的新渠道，有利于大力发展地区特色农业，构建农产品品牌，如江苏宿迁的霸王蟹产业带、贵州省猕猴桃产业带，以及福建宁德大黄鱼、新疆伽师西梅等地理标志农产品。

数实融合对产业电子商务的发展也起到了重要作用。产业电子商务需要利用数字平台实现消费者和生产者的精准匹配，从而产生融合效应。

融合效应体现在 3 个方面：首先，数字技术的广泛使用实现了传统产业的数字化改造，并通过高度集成的智能网络实现了横向端和纵向端的高度融合，使生产、流通和消费全环节得以实现融合和互动。其次，数字平台将大量用户聚集在一起，形成了聚集效应，使平台上的生产者、商家和消费者能够互动融合发展，不断扩大产业边界，形成新的产业，并打造应用场景和企业创新生态。最后，技术集成推动了数字技术的创新，区块链技术成为数字技术融合的基础，而云计算平台则成为催生新模式和新业态的重要切入点。

例如，阿里巴巴推出的犀牛智造聚焦服装行业的柔性供应链，利用人工智能技术，在生产前为品牌商提供商品设计建议和销售预测，让“按需生产”规模化实施。供给端通过工厂“智慧大脑”调度、物联网布局，让生产线具备极度柔性制造能力，一条生产线可生产不同的服装，并能快速转换款式。

家国情怀

**直播电子商务应援国货品牌**

部分直播电子商务企业，依靠供应链优势，积极参与救灾援助、助学助农等公益活动。2021年7月25日，名为“国货之光”的直播电子商务在线开售，各知名主播用实力为爱心国货品牌应援。直播间上架的产品，全部来自特步、贵人鸟、鸿星尔克、OPPO等援助河南或河南本地的国货企业。当天，粉丝热情高涨，最多在线人数达40万人，共销售出商品超过63万件，直播销售总额超过5 700万元。这场“国货之光”公益专场直播，并不是单纯为了带货，而是希望传递品牌故事，让这些国产好货能被更多国人了解和喜爱，撑起中国品牌的新势能。

讨论：你知道国内哪些具有家国情怀的电子商务企业？

## 1.1.3 电子商务的就业岗位

电子商务是互联网发展的直接产物，也是网络技术应用的发展方向。电子商务行业的极速扩张，使电子商务人才缺口巨大，但由于能力、薪资等方面的原因，企业人员流失量大，招聘难度也大。既有理论又有实战经验的电子商务人才是企业最需要的，特别是电子商务运营、推广销售、技术等方面的人才，缺口非常大。初识电子商务的人往往不知道自己将来可以从事哪些工作，对就业前景迷茫。为此，读者有必要了解电子商务的就业岗位。一般来说，企业电子商务部门设置的岗位，技术难度、考核标准及薪酬高低不同；实际岗位设置又与企业规模和管理体系相关，企业会根据发展需要做相应的调整。下面从电子商务的岗位职责和人才类型两个方面做介绍。

### 1. 按电子商务各岗位职责分类

根据大型电子商务公司岗位职责将电子商务就业岗位分为6类，见表1-1。如果对某个岗位的某个职位感兴趣，就可以进一步查询了解职位描述和任职要求，为以后步入社会求职就业打基础。

表1-1 电子商务各岗位职责

| 岗位 | 职位 |
|---|---|
| 美工 | 平面设计 |
| | 网站 / 网店编辑 |
| | 网页设计师 |
| | 摄影师 |
| 运营 | 电子商务运营总监 |
| | 网店店长 |
| | 网店客服主管 |
| 市场 | 营销文案策划经理 |
| | 市场文案企划 |
| | 市场主管 |
| | 采购主管 |
| | 电子商务运营经理 |

（续）

| 岗　位 | 职　位 |
|---|---|
| 客服 | 网店客服 |
| 技术 | 技术经理 |
| | 网站运维工程师 |
| | IT 网络主管 |
| | 技术主管 |
| 仓储 | 仓库主管 |
| | 仓库管理员 |
| | 打包 / 仓务员 |
| | 配货员 / 配货文员 |

### 2. 按电子商务人才分类

在我国电子商务领域，电子商务企业人才缺口依然巨大，企业招聘需求强烈。相关行业报告显示，八成电子商务企业存在人才缺口，近四成有大规模招聘计划。在被调查企业中，企业首要急需的人才是网店运营人员，其次是新媒体、内容创作、社群方向人才；还有主播、客服、数据分析方面的人才。行业报告还显示，复合型人才需求比例有上升趋势，这应该和电子商务行业发展迅速，需要多学科知识和技能结构有关。

下面按企业对电子商务人才的需求，将就业岗位分为 3 类。

（1）技术类人才岗位

1）电子商务平台设计（代表性岗位是网站策划 / 编辑人员）：主要从事电子商务平台规划、网络编程、电子商务平台安全设计等工作。

2）电子商务网站设计（代表性岗位是网站设计 / 开发人员）：主要从事电子商务网页设计、数据库建设、程序设计、站点管理与技术维护等工作。

3）电子商务平台美术设计（代表性岗位是网站美工人员）：主要从事平台颜色处理、文字处理、图像处理、视频处理等工作。

（2）商务类人才岗位

1）企业网络营销业务（代表性岗位是网络营销人员）：主要是利用网站为企业开拓网上业务、网络品牌管理、客户服务等工作。

2）网上国际贸易（代表性岗位是外贸电子商务人员）：主要是利用网络平台开发国际市场，进行国际贸易。

3）新型网络服务商的内容服务（代表性岗位是网站运营人员 / 主管）：主要是频道规划、信息管理、频道推广、客户管理等。

4）电子商务支持系统的推广（代表性岗位是网站推广人员）：主要负责销售电子商务系统和提供电子商务支持服务、客户管理等。

5）电子商务创业：借助电子商务平台，利用虚拟市场提供产品和服务，也可以直接为虚拟市场提供服务。

（3）综合管理类人才岗位

1）电子商务平台综合管理（代表性岗位是电子商务项目经理）：这类人才要求既对计

算机、网络和社会经济都有深刻的认识，又具备项目管理能力。

2）企业电子商务综合管理（代表性岗位是电子商务部门经理）：主要从事企业电子商务整体规划、建设、运营和管理等工作。

## 1.2 电子商务的定义与组成

扫码观看视频

### 1.2.1 电子商务的定义

人们对电子商务的了解、认识和应用，是与计算机技术及网络的应用和普及密不可分的。随着互联网的应用和普及，网络为人类社会创造了一个全新的信息空间。在这个空间里，人们以数字信号为媒介进行日常工作和娱乐，如在网上收发邮件、讨论问题、在线阅读写作、玩网络游戏等。商业活动会以一种普通方式，渗透这个空间。于是人们想到了用数字信号在网上开展商务活动。

所谓电子商务，通俗地讲就是在网上开展的商务活动。它是在计算机技术与网络通信技术的互动发展中产生和不断完善的。当企业将它的主要业务通过企业内部网（Intranet）、外部网（Extranet）与企业的职员、客户、供销商及合作伙伴直接相连时，发生的各种活动就是电子商务。

事实上，电子商务的定义有多种说法。关于电子商务的定义，国际组织、专家学者、IT 行业界和普通消费者都有不同的理解和表述。下面将一些比较有代表性的定义加以汇集，以期帮助大家对电子商务有较为全面的认识。

1）全球信息基础设施委员会（Global Information Infrastructure Committee，GIIC）电子商务工作委员会报告草案中对电子商务定义如下：电子商务是运用电子通信作为手段的经济活动，通过这种方式人们可以对带有经济价值的产品和服务进行宣传、购买和结算。这种交易方式不受地理位置、资金数量或零售渠道的所有权影响，公有和私有企业、公司、政府组织、各种社会团体、一般公民、企业家都能自由地参加广泛的经济活动，其中包括农业、林业、渔业、工业、私营和政府的服务业。电子商务能使产品在世界范围内交易并向消费者提供多种多样的选择。

2）IBM 公司的电子商务概念包括三个部分：企业内部网、企业外部网、电子商务，它所强调的是在网络计算环境下的商业化应用，不仅是硬件和软件的结合，以及通常意义上强调交易的狭义的电子商务，而且是把买方、卖方、厂商及其合作伙伴在企业内部网和企业外部网结合起来的应用。它同时强调这三个部分是有层次的：只有先建立良好的企业内部网，建立好比较完善的标准和各种信息基础设施，才能顺利扩展到企业外部网，最后扩展到电子商务。

3）HP 公司提出电子商务、电子业务、电子消费和电子化世界的概念。它对电子商务的定义是：通过电子化手段来完成商业贸易活动的一种方式。电子商务使人们能够以电子交易为手段完成物品和服务等的交换，是商家和客户之间的联系纽带。它包括两种基本形式：商家之间的电子商务及商家与最终消费者之间的电子商务。HP 公司对电子业务的定义：一种新型的业务开展手段，通过基于互联网的信息结构，使公司、供应商、合作伙伴和客户之间，利用电子业务共享信息。电子业务不仅能够有效地促进现有业务的开展，而且能够对市场等动态因素做出快速响应并及时调整当前的业务进程。更重要的是，电子业务本身也为企业创造了更多、更新的业务动作模式。对电子消费的定义：人们使用信息技术进行娱乐、学习、工作、购物等一系列活动，使家庭的娱乐方式越来越多地从传统电视向互联网转变。

4）通用电气公司对电子商务的定义。电子商务是通过电子方式进行商业交易，分为企业与企业之间的电子商务和企业与消费者之间的电子商务。①企业与企业之间的电子商务：以电子数据交换（Electronic Data Interchange，EDI）为核心技术，增值网和互联网为主要手段，实现企业之间业务流程的电子化，配合企业内部的电子化生产管理系统，提高企业从生产、库存到流通（包括物资和资金）各个环节的效率。②企业与消费者之间的电子商务：以互联网为主要服务提供手段，实现公众消费和服务提供方式，以及相关的付款方式的电子化。

5）中国电子商务研究专家王可研究员从过程角度定义电子商务为“在计算机与通信网络基础上，利用电子工具实现商业交换和行政作业的全过程”。

6）中国企业家王新华从应用角度认为，电子商务从本质上讲是一组电子工具在商务过程中的应用。这些工具包括：电子数据交换、电子邮件、电子公告系统、条码、图像处理、智能卡等。应用的前提和基础是完善的现代通信网络和人们的思想意识的提高，以及管理体制的转变。

7）世界电子商务会议关于电子商务的概念。1997 年 11 月，国际商会在法国首都巴黎举行了世界电子商务会议（The World Business Agenda for Electronic Commerce），从商业角度提出了电子商务的概念：电子商务是指实现整个贸易活动的电子化。电子商务从涵盖范围方面可以定义为：交易各方以电子交易方式而不是通过当面交换或直接面谈方式进行的任何形式的商业交易；从技术方面可以定义为：一种多技术的集合体，包括交换数据（如电子数据交换、电子邮件）、获得数据（如共享数据库、电子公告牌），以及自动捕获数据（如条码）等。

纵览上述定义，由于出发点和角度不同，没有谁对谁错之分。人们只是从不同角度，从广义上和狭义上，各抒己见。其中，全球信息基础设施委员会和 HP 公司给出的概念最广，它们强调，电子商务包括一切使用电子手段进行的商业活动。从这个意义上来讲，电话购物、电视购物，以及超级市场中使用的 POS（Point of Sale，销售终端）机都可以归入电子商务范围。这说明电子商务中的“电子”一词含义非常宽泛。但大多数定义还是将电子商务限制在使用计算机网络进行的商业活动。这是有道理的。因为只有在互联网普及的时代，才能使电子商务得到如此广泛的应用，也使商业模式发生了根本性的转变。因此，电子商务的定义有“狭义”和“广义”之分，如图 1-1 所示。

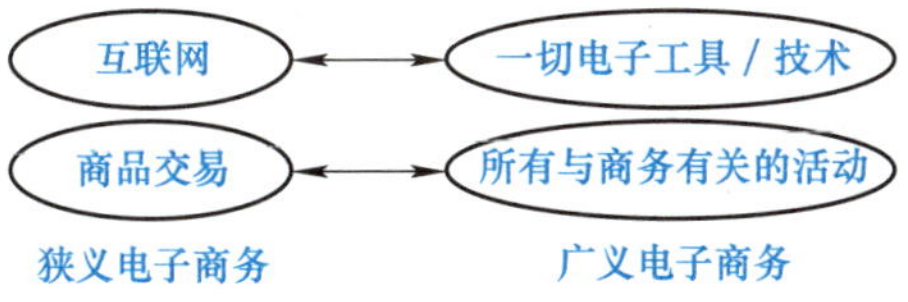


图 1-1　狭义和广义的电子商务

狭义的电子商务也称电子交易，主要包括利用网络进行的商品交易活动。从发展的角度看，在考虑电子商务概念时，局限于利用互联网进行商务活动是不行的。将利用各类电子信息网络进行的广告、设计、开发、推销、采购、结算等全部贸易活动纳入电子商务的范畴比较符合发展实际。

广义的电子商务也称电子商业，是将运用一切电子工具和技术进行的所有与商务有关的活动——如商务信息、商务管理和商品交易等，都称为电子商务。这些活动可以发生在公司内部、公司之间及公司与客户之间。

从电子商务应用的需要出发，将电子商务中的“商务”局限在“交易”，不考虑“信息”和“管理”是不实际的，而将电子商务中的“电子”扩大到所有电子工具和电子技术，范围又太广，难以突出商务本身的特征。所以，本书的电子商务的定义，将“电子”的含义限定为以互联网为主的计算机网络，将“商务”的含义规定为包括商务信息、商务管理和商品交易在内的全部商务活动。

从电子商务的定义中，可以归纳出电子商务的含义：信息技术特别是互联网技术的产生和发展是电子商务开展的前提条件，掌握现代信息技术和商务理论与实务的人是电子商务活动的核心，系列化、系统化电子工具是电子商务活动的基础，以商品贸易为中心的各种经济事务活动是电子商务的对象。

## 1.2.2 电子商务与传统商务的比较

### 1. 电子商务和传统商务的运作过程

虽然电子商务和传统商务的实务操作步骤都是由交易前的准备、贸易的磋商、合同的签订与执行及资金的支付4个环节构成的，但是交易具体使用的运作方法是完全不同的，见表1-2。

表1-2 电子商务和传统商务的运作过程

| | 交易前的准备 | 贸易的磋商 | 合同的签订与执行 | 资金的支付 |
|---|---|---|---|---|
| 电子商务 | 交易的供需信息都是通过交易双方的网址和网络主页完成的。双方信息沟通的特点：快速、高效 | 将纸面单证在网络和系统的支持下变成电子化的记录、文件和报文在网络上传播<br>专门的数据交换协议保证了网络信息传递正确、安全和快速 | 电子合同在第三方授权的情况下同样具有法律效应，可以作为在执行过程中产生纠纷的仲裁依据 | 方式：网上支付（可采用信用卡、电子支票、电子现金、电子钱包等形式） |
| 传统商务 | 商品信息的发布、查询和匹配是通过传统方式来完成的（如报纸、电视、广播、杂志、户外媒体等各种广告形式） | 是交易双方进行口头磋商或纸面贸易单证的传递过程。纸面贸易单证包括询价单、价格磋商、定购合同、发货单、运输单、发票、收货单等。使用的工具有电话、传真或邮寄等 | 在商务活动中，贸易磋商过程经常通过口头协议来完成。在磋商过程完成后，交易双方必须以书面形式签订具有法律效应的商贸合同，来确定磋商的结果和监督执行（纸面合同） | 方式有两种：<br>① 支票。多用于企业的商贸过程，涉及双方单位及其开户银行<br>② 现金。常用于企业对个体消费者的商品零售过程 |

### 2. 电子商务和传统商务的区别

电子商务和传统商务的区别见表1-3。

表 1-3　电子商务和传统商务的区别

| 项　目 | 电 子 商 务 | 传 统 商 务 |
|---|---|---|
| 交易对象 | 世界各地 | 部分地区 |
| 交易时间 | 实施一周 7 天 × 24 小时服务 | 在规定的营业时间内 |
| 营销推动 | 交易双方一对一沟通，是双向的 | 销售商单方努力 |
| 消费者购物的方便性 | 按自己的方式，无拘无束地购物 | 受限于时间、地点及店主态度 |
| 消费者需求把握 | 能快速捕捉消费者的需求并及时应对 | 商家掌握的需求需要很长时间 |
| 销售地点 | 虚拟空间（提供商品列表和图片） | 需要销售空间（店铺、货架和仓库） |
| 销售方式 | 完全自由购买 | 通过各种关系买卖，方式多样 |
| 流通渠道 | 简化了流通环节，降低了流通成本 | 流通环节复杂，流通成本高 |

## 1.2.3　电子商务的基本组成

### 1. 电子商务的概念模型

随着互联网的普及，电子商务在网上的应用领域越来越广，并引起了各国政府的重视和支持，得到企业各界和消费者的关注。

电子商务概念模型是将实际运作中的电子商务活动过程进行抽象描述，它由电子商务实体、电子市场、交易事务，以及信息流、商流、资金流、物流等基本要素构成。

1）电子商务实体。在电子商务概念模型中，能够从事电子商务活动的客观对象被称为电子商务实体。它可以是企业、银行、商店、政府机构和个人等。

2）电子市场。电子市场是电子商务实体在互联网上从事商品和服务交换的场所。在电子商务中，对于每个交易实体来说，所面对的都是一个电子交易市场。各种各样的商务活动的参与者必须通过电子交易市场来选择交易对象和内容，利用通信装置，通过网络链接成一个统一的整体。

3）交易事务。交易事务是指电子商务各实体之间所从事的具体的商务活动内容，如询价、报价、转账、广告宣传、商品运输等。

除以上三种要素外，电子商务的每一笔交易中都包含 4 种基本的“流”，即信息流、商流、资金流和物流，也是构成电子商务概念模型的要素。

1）信息流既包括商品信息的提供、促销、技术支持、售后服务等内容，又包括如询价单、报价单、付款通知单、转账通知单等商业贸易单证，还包括交易方的支付能力、支付信誉等。

2）商流是指商品在购与销之间进行交易和商品所有权转移的运动过程，即指商品交易的一系列活动。

3）资金流主要是指资金的转移过程，包括付款、转账等过程。

4）物流是指交易的商品或服务等物质实体的流动过程，具体包括商品的运输、储存、配送、装卸、保管、物流信息管理等各种活动。

在电子商务模式下，信息流、商流、资金流的处理都可以通过计算机和网络通信设备实现。物流只有交易的无形商品可以直接通过网络传输的方式配送，如各种电子出版物、信息咨询服务、有价信息和软件等。对于大多数商品和服务来说，物流仍然要经由传统的经销渠道，通过物理方式传输。

在电子商务的概念模型中，强调“四流”的整合。以物流为物质基础，商流为表现形式，信息流作为连接的纽带，引导资金流正向流动。

电子商务的概念模型如图1-2所示。

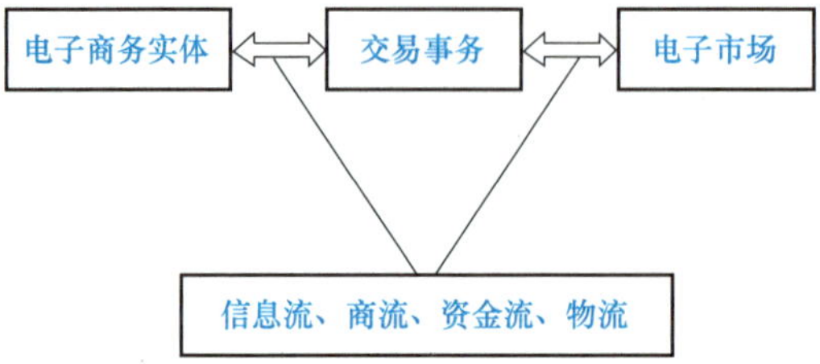


图1-2　电子商务的概念模型

### 2. 电子商务的组成

影响电子商务发展的因素是多方面的，并且电子商务覆盖的范围很广，所以有必要探讨一个完善的电子商务系统应该由哪几部分组成。

1）网络。网络包括企业内部网和企业外部网。互联网是电子商务的基础，是商务、业务信息传递的载体。企业内部网是利用互联网技术构造的、面向企业内部的专用计算机网络系统，是企业内部服务活动的场所；企业外部网与企业内部网对应，侧重于企业电子商务的外部环境及与合作伙伴或外协单位的信息交换关系，是企业与用户进行商务活动的纽带。

2）电子商务用户。电子商务用户包括企业用户和个人用户。企业用户建立企业内部网、企业外部网和管理信息系统（Management Information System，MIS），对人、财、物、产、供、销进行科学管理。个人用户利用浏览器、电视机顶盒、个人数字助理（Personal Digital Assistance，PDA）等接入互联网获取信息和购买商品等。

3）认证中心。认证中心（Certification Authority，CA）是法律承认的权威机构，负责发放和管理电子证书，使网上交易的各方都能够互相确认身份。

4）配送中心。配送中心接受商家的要求，合理组织商品运输，跟踪确定商品流向，准确地将商品送到消费者手中。

5）网上银行。网上银行是虚拟银行，在网上使进行交易的买卖双方能够结算，完成传统的银行业务，为商品交易中的用户和商家提供全天的实时服务。

6）商务活动的管理机构。商务活动的管理机构包括工商、税务、海关和经贸等部门。

### 3. 电子商务系统的框架结构

电子商务系统的框架结构是指电子商务活动环境中所涉及的各个领域，以及实现电子商务应具备的技术保证。从总体上来看，电子商务系统框架结构由三个层次和两大支柱构成。其中，电子商务系统框架结构的三个层次分别是网络层、信息发布与传输层、电子商务服务和应用层；两大支柱是指社会人文性的公共政策和法律规范，以及自然科技性的技术标准和网络协议。

1）网络层。网络层是指网络基础设施，是实现电子商务的最底层的基础设施，是信息的传输系统，也是实现电子商务的基本保证。它包括远程通信网、有线电视网、无线通信网和互联网。因为电子商务的主要业务是基于互联网的，所以互联网是网络基础设施中最重要的部分。

2）信息发布与传输层。网络层决定了电子商务信息传输使用的线路，信息发布与传输层则解决如何在网络上传输信息和传输何种信息的问题。目前，互联网上最常用的信息发布方式是在 WWW 上用 HTML 语言的形式发布网页，并将 Web 服务器中发布传输的文本、数据、声音、图像和视频等的多媒体信息发送到接收者手中。从技术角度来说，电子商务系统的整个过程就是围绕信息的发布和传输进行的。

3）电子商务服务和应用层。电子商务服务和应用层实现标准的网上商务活动服务，如网上广告、网上零售、商品目录服务、电子支付、客户服务、电子认证（CA 认证）、商业信息安全传送等。其真正的核心是 CA 认证。CA 认证中心担当网上“公安局”和“工商局”的角色，它给参与交易者签发的数字证书，类似于网上的“身份证”，用来确认电子商务活动中各自的身份，并通过加密和解密的方法实现网上安全的信息交换与交易。

在基础通信设施、多媒体信息发布、信息传输，以及各种相关服务的基础上，人们可以进行各种实际应用。例如，供应链管理、企业资源计划、客户关系管理等各种实际的信息系统，以及在此基础上开展企业的知识管理、竞争情报活动。企业的供应商、经销商、合作伙伴，以及消费者、政府部门等参与电子互动的主体也是在这个层面上和企业产生各种互动的。

4）公共政策和法律规范。法律维系着商务活动的正常运作，对市场的稳定发展起到了很好的制约和规范作用。商务活动必须遵守国家的法律、法规和相应的政策，还要有道德和伦理规范的自我约束和管理，两者相互融合，才能使商务活动有序进行。

5）技术标准和网络协议。技术标准定义了用户接口、传输协议、信息发布标准等技术细节。它是信息发布、传递的基础，是网络信息一致性的保证。就整个网络环境来说，标准对于保证兼容性和通用性是十分重要的。

网络协议是计算机网络通信的技术标准。对于处在计算机网络中的两个不同地理位置上的企业来说，要进行通信，必须按照通信双方预先共同约定好的规程进行，这些共同的约定和规程就是网络协议。

## 1.3　电子商务的分类

电子商务可以按参与交易的对象、商品内容和网络类型等进行分类。

### 1.3.1　按参与交易的对象分类

按参与交易的对象分类，可以将电子商务分成以下 5 类。

1）企业与消费者之间的电子商务（Business to Customer，B to C/B2C）又称电子零售业，主要表现形式是网上商城、网上购物中心等。它是指企业或其他商业机构利用互联网开展在线销售，建立网上商店，消费者借助互联网的搜索、浏览功能和多媒体页面查找和了解所需商品或服务的品质和价格。消费者在网上购物的过程与在超级商场购物类似，每位消费者都有自己的电子购物车，当消费者看上某种商品时，可通过单击特定的按钮把它放进自己的电子购物车里；当消费者完成选购后，网上商店系统会自动算出该消费者所选购商品的应付金额，消费者可使用电子支付方式支付货款，然后商家利用自己或第三方的物流服务系统送货上门。

通过网上商店买卖的商品可以是实体化的，如书籍、鲜花、服装、食品、汽车、电视等；可以是数字化的，如新闻、音乐、电影、数据库、软件及各类基于知识的商品；可以是提供的各类服务，如安排旅游、在线医疗诊断和远程教育等。

从长远来看，企业与消费者之间的电子商务将取得长足的发展，并最终在电子商务领域占据重要地位。

2）企业与企业之间的电子商务（Business to Business，B to B/B2B）又称批发电子商务，主要进行企业之间的产品批发业务。它是将买方、卖方及中间商之间的信息交换和交易行为，集成到一起的电子运作方式，是电子商务应用最重要和最受企业重视的形式。

企业之间的电子商务还可以细分为非特定企业之间的电子商务和特定企业之间的电子商务。非特定企业之间的电子商务是在开放的网络中对每笔交易寻找最佳伙伴，并与伙伴进行从定购到结算的全面交易行为。特定企业之间的电子商务是过去一直有交易关系，而且今后要继续进行交易的企业之间围绕交易进行的各种商务活动，特定企业之间买卖双方既可以利用大众公用网络进行从订购到结算的全部交易行为，也可以利用企业之间专门建立的网络完成买卖双方的交易。

该交易模式是指以企业为主体，在企业之间通过互联网或专用网方式进行电子交易活动。企业与企业之间的电子商务是电子商务交易的主流。就目前来看，电子商务最热心的推动者是商家。因为相对来说，企业和企业之间的交易才是大宗的，通过引入电子商务才能大量提升效益。它也是企业在面临激烈竞争的情况下，改善竞争条件、建立竞争优势的主要方法。典型的B2B网站，如阿里巴巴、中国供应商、生意宝等。

3）消费者与消费者之间的电子商务（Customer to Customer，C to C/C2C），简单来说就是消费者提供服务或产品给其他消费者。目前，我国C2C电子商务类型代表有淘宝。最早的C2C是指网上拍卖。消费者可以在网上卖出自己多余的商品或不再使用的商品，也可以在网上买到自己需要的商品或喜爱的物品，甚至可以进行物物交换。随着电子商务的发展，C2C开始出现网上开店的形式。网上开店成为一种创业模式。

4）企业与政府之间的电子商务（Business to Government，B to G/B2G & Business to Administration，B to A/B2A）主要是指政府通过网上服务，处理企业与政府的各种事务。此类电子商务包括政府在网上采购，企业以电子方式响应；政府项目或工程进行网上招标，企业在网上竞标；政府通过网上审批企业上报的各种手续或单证，如网上报关、报验、网上产地证申请；通过电子方式发放进出口许可证、配额、开展统计工作；网上征税、缴税；政府在网上发布与企业相关的管理条例、经济信息，提供咨询服务等，可以为企业提供决策依据和商机。因此，它是电子政务的有机组成部分。

企业与政府之间的电子商务是政府机构应用现代信息和通信技术，将管理和服务通过网络技术进行集成，在互联网上实现政府组织机构和工作流程的优化重组，超越时间、空间及部门之间的分隔限制，向社会提供优质和全方位的、规范而透明的、符合国际标准的管理和服务。

在电子商务中，政府担当着双重角色，既是电子商务的使用者，进行购买活动，属商业行为，又是电子商务的宏观管理者，对电子商务起着扶持和规范的作用。

5）消费者与政府间的电子商务（Consumer to Government，C to G/C2G & Consumer to Administration，C to A/C2A）是指政府通过互联网来管理公民的社会活动，如通过网络交纳个人所得税、发放养老金、进行车辆年检等。政府在网上发布与消费者、公民生活相关的管理条例，提供咨询服务等。它也是电子政务的有机组成部分之一。

## 1.3.2 按交易涉及的商品内容分类

按交易涉及的商品内容或电子化程度可将电子商务分为以下两类。

1）有形商品电子商务（Indirect Electronic Commerce，间接电子商务）。有形商品是指实体类商品，它在交易过程中所涉及的信息流和资金流完全可以在网上传输，买卖双方在网上签订购货合同后又可以在网上完成货款支付。但交易的有形商品必须由卖方通过某种运输方式送达买方指定地点，所以有形商品电子商务还必须解决好货物配送问题。有形商品电子商务由于物流不能完全在网上传输，又称间接电子商务或者非完全电子商务，如书籍、鲜花礼品、计算机及零配件、家用电器等的交易。

2）无形商品电子商务（Direct Electronic Commerce，直接电子商务）。无形商品电子商务是指商家将无形商品和服务产品内容数字化，不需要某种物质形式和特定的包装，直接在网上以电子形式传送给消费者，收取费用的交易活动。这类电子商务在网上交易的是无形商品和各种服务，如计算机软件、音像制品、网上订票、网上参团旅游或娱乐、网上咨询服务，以及网上银行、网上证券交易等，通过互联网或专用网直接实现交易。无形商品网上交易与有形商品网上交易的区别在于前者可以通过网络将商品直接送到购买者手中。这种无形商品电子商务模式完全可以在网上实现，又称直接电子商务或者完全电子商务。

## 1.3.3 按交易涉及的网络类型分类

按交易涉及的网络类型可以将电子商务分为以下 3 类。

1）EDI 电子商务。EDI 电子商务是指将商业或行政事务处理，按照一个公认的标准，形成结构化的事务处理或报文数据格式，从计算机到计算机的数据传输方法。EDI 电子商务主要应用于企业与企业、企业与批发商、批发商与零售商之间的批发业务。EDI 电子商务在 20 世纪 90 年代已得到较大的发展，技术上也较为成熟，但是因为开展 EDI 电子商务对企业有较高的管理、资金和技术的要求，因此普遍受到限制。

2）互联网电子商务。互联网电子商务是利用连通全球的网络开展的电子商务活动。它以计算机、通信、多媒体、数据库技术为基础，在网上实现营销、购物服务，真正实现了网上商务投入少、成本低、零库存、高效率的优势，避免了商品的无效搬运，从而实现了社会资源的高效运转和最大节余。消费者不再受时间、空间和厂商的限制，在网上以最低的价格获得了最满意的商品和服务。

在互联网上可以进行各种形式的电子商务业务，这种方式涉及的领域广泛，企业和个人都可以参与，是目前电子商务的主要形式。

3）企业内部网电子商务。企业内部网是在互联网基础上发展起来的，它在原有的局域网上附加一些特定的软件，将局域网与互联网连接起来，从而形成企业内部的虚拟网络。企业内部网与互联网最主要的区别在于企业内部网内的敏感或享有产权的信息受到企业防火墙安全网点的保护，它只允许被授权者访问内部网点，外部人员只有在许可条件下才可进入企业内部网。

企业内部网将大型、中型企业分布在各地的分支机构及企业内部有关部门和各种信息，通过网络连接起来，使企业各级管理人员能够通过网络获取信息，利用在线业务的申请和注册代替纸张贸易和内部流通的形式，通过这种形式形成一个商务活动链，这样可以大大提高工作效率和降低业务成本。

## 技能实操 调查电子商务工作岗位及其要求

### 1. 实操要求

根据上文介绍的电子商务行业主要的就业岗位，请到智联招聘、中华英才、拉钩等招聘网站，查找电子商务专业新兴的工作岗位。

### 2. 实操内容

以团队方式调研，并按要求完成表1-4。

表1-4 工作岗位和要求

| 岗位类型 | 工作岗位名称 | 工作岗位职责 | 工作岗位要求 | 工资待遇 |
|---|---|---|---|---|
| 新媒体类 | | | | |
| | | | | |
| 运营类 | | | | |
| | | | | |
| 营销类 | | | | |
| | | | | |
| 管理类 | | | | |
| | | | | |
| 职能类 | | | | |
| | | | | |
| … | | | | |

### 3. 实训评价

实训评价见表1-5。

表 1-5　实训评价

| 评分项目 | 优<br>（90～100 分） | 良<br>（80～89 分） | 中<br>（70～79 分） | 及格<br>（60～69 分） | 不及格<br>（0～59 分） |
|---|---|---|---|---|---|
| 素养：体现团队分工合作 | | | | | |
| 德育：不同岗位对素质结构的要求 | | | | | |
| 知识：符合题目要求、言简意赅 | | | | | |
| 技能：调查归纳能力 | | | | | |

## 本章小结

本章是全书的先导，在引导学生识记相关知识的同时，使其熟悉相应的就业岗位。重点是熟悉电子商务发展的新趋势，熟记电子商务的概念模型、框架结构和组成要素，牢记电子商务的分类。通过学习，学生应能区分电子商务应用的不同类型，能概括电子商务的组成要素等。最后，通过技能操作提高学生对数据的分析运用能力。

## 思考与练习

### 1. 单项选择题

1）“互联网 +”是利用信息通信技术以及（　　），让互联网与传统行业进行深度融合，创造新的发展生态。

A. 物联网平台　　B. 互联网平台　　C. 大数据　　D. 云计算

2）电子商务的每一笔交易中都包含 4 种基本的“流”，即信息流、物流、商流和（　　）。

A. 数据流　　B. 资金流　　C. 知识流　　D. 企业流

3）直接电子商务是指（　　）。

A. 软件订购　　B. 计算机配件订购

C. 无形货物和服务　　D. 有形货物的电子订货

4）间接电子商务是指（　　）。

A. 软件订购　　B. 计算机配件订购

C. 无形货物和服务　　D. 有形货物的电子订货

### 2. 多项选择题

1）共享经济包括三大主体，即商品或服务的（　　）。

A. 需求方　　B. 供给方　　C. 生产方　　D. 共享经济平台

2）按企业对电子商务人才的需求，将就业岗位分为（　　）。

A. 技术类　　B. 商务类　　C. 综合管理类　　D. 仓储类

3）在传统商务活动的贸易磋商过程中使用的工具有（　　　）。

A．电话　　B．网络　　C．传真　　D．邮寄

4）企业将重要的信息以企业内部网或外联网直接与分布在各地的（　　　）连接，创造更具竞争力的经营优势。

A．客户　　B．员工　　C．经销商　　D．供应商

### 3. 填空题

1）电子商务和传统商务的运作过程中的实务操作步骤都是由四个环节构成的，即________、________、________、________。

2）电子商务概念模型是将实际运作中的电子商务活动过程进行抽象描述，它由________、________、________，以及信息流、商流、资金流、物流等基本要素构成。

### 4. 思考题

1）电子商务的定义是什么？

2）按照参与交易涉及的对象，电子商务可分为哪几类？

3）电子商务框架结构的三个层次和两大支柱分别是什么？

# 第 2 章

# 电子商务模式

## 学习目标

### 知识目标

- 识记各类型电子商务模式的概念和分类。
- 熟记各类型电子商务模式的交易流程。

### 能力目标

- 熟练应用各类型电子商务平台，学会交易流程，体验其与传统商务的不同。
- 能准确区分各类型电子商务平台归属的交易模式。

### 素质目标

- 培养学生对电子商务平台信息进行分析与处理的能力。
- 培养学生实践动手的能力。

## 思维导图

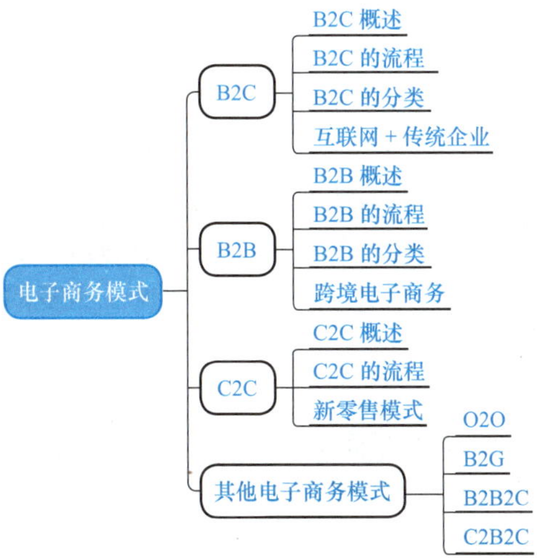

引导案例

**网易严选的电子商务模型**

网易严选是一个线上电子商务平台，上线后受到了众多用户的喜爱，也吸引了许多企业的效仿。企业搭建多用户商城系统电子商务平台，采取直播和分销，以“平台自营+多商户入驻”为主要经营模式，集B2C、B2B、O2O等多业务模式于一体的B2B2C多用户商城系统，帮助企业搭建类似网易严选的电子商务平台。

在产品选择上，网易严选使用与知名品牌同样的制造商和材质，价格却是这些品牌的1/2甚至接近1/10。在营销推广中，网易严选不断强调同品质、超低价格。网易严选从最初的家纺家居，再到厨卫、洗护、箱包、母婴、食品等产品，已经发展出九大品类，库存量已经从试运营时的30多个增长到5 000多个。

网易严选电子商务模式的理念，决定了它要做一个品牌，而不能做成平台。因为只有做品牌，才能深入和监控整个商品的流程，保证品质。网易严选深度参与每个链条，如原料、工艺、设计、质检等。例如，在质检这一环节，在商品选品进入流水线生产前，网易严选会要求制造商先行打样。网易严选自费将样品送往全球权威的第三方检测机构进行质检，更有产中检测、产后检测、入库检测、巡检、抽检等诸多环节。业内人士还透露，在检测标准方面，网易严选正聚力打造企业质检的最高标准。

网易严选对于消费者个性化、定制化、优质商品的需求持续高涨，品质电子商务将成为满足市场消费升级的首要选择；对于供应商，随着国内制造业升级，C2B生产模式也将帮助制造商降低市场需求的不确定性，从而制订更高效的生产计划，并将库存保持在更健康的水平；对于电子商务平台，通过与制造商更密切的合作缩短价值链，以提供削减品牌溢价的优质商品及实现更为稳定、完善的服务。未来，向上游制造商渗透的品质化电子商务将成为网上零售业升级的一个重要趋势。

通过网易严选电子商务模式的介绍，请思考以下问题：

1）网易严选属于哪种电子商务模式？

2）随着互联网和信息技术的发展，未来电子商务的模式会有哪些变化？

## 2.1 B2C

随着信息技术的发展，以互联网为基础，方便快捷、价格优惠的网上购物受到消费者青睐。在互联网中分布着许多网上商城，它们提供从书籍、音像制品到汽车、房产的各类商品和服务，为消费者的生活带来了诸多的便利和实惠。

扫码观看视频

### 2.1.1 B2C概述

B2C（Business to Customer）是指企业与消费者之间的电子商务模式。B2C是以互联网技术为基础，企业依靠网站向消费者提供产品和服务的一种经营模式。它是目前常见的电子商务模式之一，也是主要的网购模式之一。

B2C 主要由以下 3 个部分组成。

1）为消费者提供在线购物场所的商场网站。

2）负责为消费者所购商品进行配送的物流系统。

3）负责消费者身份的确认及货款结算的银行及认证系统。

B2C 极大地改变了传统的企业商业模式。首先，在交易环境上，以网络技术为基础，企业在互联网上构建网上商城提供网络交易场所，消费者通过互联网足不出户完成网上产品和服务的购买。其次，在支付环节上，不再采取“一手交钱一手交货”的面对面交易方式，而是采取网上付款、移动支付和货到付款等多样性网上支付相结合的方式。最后，在商品流转上，采取物流服务外包、企业自营配送等方式，实现物品从企业到消费者的流通。

在网购行为方面，B2C 的优势主要体现在以下几个方面。

1）企业提供品类全、质量佳、服务优的商品和服务。依赖信息技术的发展，使消费者的购物方式更加便捷，也让其消费观念产生了改变，成为电子商务市场主流的发展模式之一。相关行业报告显示，在我国零售电子商务营收排行榜中，以 B2C 电子商务为主，市场份额占比较大。

2）企业以互联网为基础，高效地管理信息，为消费者提供低成本、快速响应的交易平台，使消费者和企业在商务活动中实现双赢。B2C 企业以网上商城平台为依托，分析消费者的购买行为，并做出及时的反馈，以低成本的销售和快速的流程反应，赢得在市场中的竞争优势。同时，在这个过程中消费者也享受到企业提供的低价格和优质服务。

3）B2C 企业较采用其他电子商务模式的企业而言，更依赖于服务优、速度快的物流。B2C 企业在实现物品流转过程中，主要采取配送中心和第三方物流公司合作的物流方式，将产品第一时间传递给消费者，快速实现线上到线下的物品流通过程。同时，为保证产品的品质，无论是产品的包装还是运输，配送中心和第三方物流公司都采取标准化运营，传递给消费者优质服务的印象。

## 2.1.2 B2C 的流程

B2C 虽然平台众多，但交易模式基本相同，大致可以分为用户注册、商品选购、商品加入购物车、支付结算、物流配送和购后评价 6 个步骤，如图 2-1 所示。

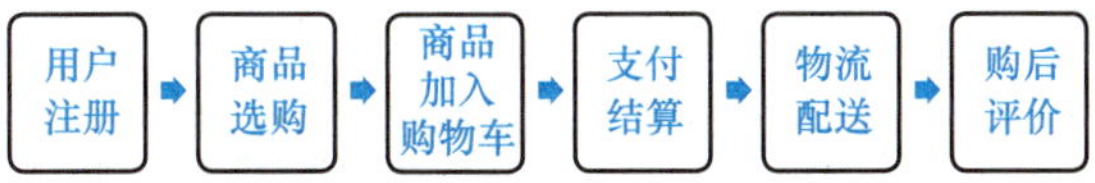


图 2-1　B2C 商城购物流程图

1）用户注册。消费者在网上商城购物前，必须先进行新用户注册。虽然网站的页面不同，但是用户的注册信息相似。一般来说，必要信息主要包括用户名、用户密码、送货地址和电话、支付方式、物流配送方式等。

2）商品选购。用户注册好后就可以在网上商城选购商品。若用户购买目标明确，则可利用网站提供的搜索功能来查询商品。若用户购买目标比较模糊，则可利用商品分类或者商城广告等边浏览边选购。

3）商品加入购物车。选购出的商品可以加入购物车并修改产品数量，完成该产品的选购。

4）支付结算。购物车中的订单确认无误后，网上商城会显示选购商品的明细，以及商品的总价格，此时消费者选择支付结算的方式完成支付。目前，网上商城结算的方式主要包括网上银行、支付宝、微信支付、公司转账、货到付款、银行转账等。

5）物流配送。网上商品选购完成后，在支付结算的同时，还必须选择物流配送的方式，以方便企业将商品送达消费者手中。一般来说，主要的物流方式包括配送中心配送、第三方物流公司合作运输等方式。

6）购后评价。消费者在收到商品后签字确认，对于商品、企业和物流的服务进行评价，并享有无理由退换货的权利。

## 2.1.3 B2C 的分类

### 1. 按交易双方的买卖关系分类

按交易双方的买卖关系，B2C 可以分为卖方企业对买方个人、买方企业对卖方个人两类。

1）卖方企业对买方个人电子商务。这种电子商务模式是比较常见的 B2C 模式，即企业开设网上商城将产品和服务销售给消费者，消费者对产品和服务选购、下单、支付，企业安排物流配送。这种电子商务模式在我国主要以网上商城的方式体现，如京东商城、天猫商城、拼多多等。

2）买方企业对卖方个人电子商务。这种电子商务模式主要是企业在网上发布产品或服务的需求信息，由个人提供并上网洽谈。企业网上人才招聘是该种模式的主要应用领域，智联招聘网站截图如图 2-2 所示。

图 2-2 智联招聘网站截图

### 2. 按交易客体分类

按交易客体，B2C 可以分为无形商品和服务的电子商务模式及有形商品和服务的电子商务模式两类。

（1）无形商品和服务的电子商务模式

信息传输和信息处理是计算机网络的基本功能，因此如计算机软件、数字音像制品、信息等无形的商品和服务一般直接通过网络提供给消费者，具体分为以下 4 种模式。

1）付费浏览模式。企业通过网页安排向消费者提供计次收费的网上信息浏览和信息下载的电子商务模式，被称为付费浏览模式。例如，百度文库资料的付费浏览。消费者根据自身需求，在百度文库中购买文章。这种模式在 B2C 企业中逐渐成为主流。

2）网上订阅模式。消费者先在网上订阅企业提供的无形产品或服务，企业在收到消费者的付款信息后，允许消费者使用无形产品或服务，被称为网上订阅模式。这种模式被在线教育、视频播放、电子杂志等广泛应用。

3）网络广告支持模式。网络广告支持模式是电子商务模式中比较成功的模式之一。它不向消费者收取费用，消费者只负责免费接收平台提供的广告信息服务，而平台企业网站的持续发展完全由该平台的广告收入来维持。这种模式主要依靠网站的知名度，如搜狐、百度在线搜索等。

4）网上赠予模式。网上赠予模式在出版商、软件公司和网络游戏公司比较常见。这种模式简单来说就是“先试用，再付费”。在新软件测试阶段，消费者通过免费下载试用的方式尝试使用。当该软件进入正式发布阶段，需要支付一定金额的费用才能继续使用。例如 Photoshop、Dreamweaver 等软件。

（2）有形商品和服务的电子商务模式

有形商品是相对于无形商品而言的，是指实体商品。有形商品与无形商品在电子商务领域的区别在于，无形商品购后不需要物流参与，购后即享用；有形商品购后需要物流实现商品使用价值的转移。这种模式也被称为有形商品的在线销售，具体分为以下两种模式。

1）独立 B2C 网站。独立 B2C 网站是对于具有强大的资金保障和技术水平的企业而言的，能自己构建并维护网站（网上商城）的前台系统和后台系统。采用这种模式的企业分为两种：一种是实体企业，另一种是虚拟企业（如京东商城、当当网）。前者依靠网络扩展业务领域和市场规模，形成互补性的经营策略；后者则是全新的商业模式，带来商业领域的变革。

2）中介平台的 B2C 网站。中介平台的 B2C 网站为其他企业和消费者“搭桥”——提供虚拟交易平台，将买卖双方集合到该平台，实现电子商务交易。一般来说，中介平台的 B2C 网站不直接参与双方的交易过程中，他们只依赖信息和网络技术运营平台。对许多中小企业来说，中介平台的 B2C 网站为它们的发展壮大，打下了坚实的基础，如天猫商城。

### 3. 按平台商品的种类分类

这种分类方式以商品的种类和相关性为标准，B2C 分为 3 类：综合型电子商务商城、垂直型电子商务商城和水平型电子商务商城。

（1）综合型电子商务商城

综合型电子商务商城是指商品的种类多、商品之间相关性复杂的销售网站。例如，亚马逊、京东商城、天猫商城等，它们经营的商品种类包括图书、鞋服、家居用品等。

（2）垂直型电子商务商城

垂直型电子商务商城是指某一商品、某一品牌进行深度挖掘，形成该商品、该品牌的专门销售网站，商品之间的相关性较为单一。这类电子商务商城的品牌往往比较有影响力，并且拥有多样化的产品，如华为官网。

（3）水平型电子商务商城

水平型电子商务商城是指在某领域经营多品种、商品之间相关性比较单一的销售网站。它是消费者需求细致划分的结果，既提供多品牌供消费者选择，又针对某类商品做出了“小而精”的划分，如聚美优品。

### 2.1.4 互联网 + 传统企业

“互联网 +”是创新 2.0 下的互联网发展的新业态。它代表互联网与传统行业的结合，是共享经济诞生的基础。“互联网 +”是指充分发挥互联网的优势，将互联网与传统产业深入融合，以产业升级提升生产力，最后实现社会财富的增加。“互联网 +”代表一种新的经济形态，是指依托互联网信息技术实现互联网与传统产业的联合，以优化生产要素、更新业务体系、重构商业模式等途径来完成经济转型和升级。

#### 1. 互联网企业 + 线下体验店

互联网企业 + 线下体验店模式是针对网络经营成功的线上商城而言的。线下开办实体体验店，实现线上与线下相结合的模式。这种模式是将网络商城的商品置于实体体验店中，消费者到店里亲自尝试，消除对线上商品的顾虑和疑惑，同时也方便企业提供售后服务。例如，小米手机商城开设实体体验店，推出面对面维修服务、全系列产品现场购，以及新品线下同步首发，大宗商品可付款后快递上门等特有服务。

#### 2. 传统实体企业 + 线上商城

随着电子商务的蓬勃发展，传统实体企业受到冲击。为扩大企业的市场影响力，占领更多的市场份额，传统实体企业开始转战电子商务市场。传统实体企业 + 线上商城模式就此诞生。该模式表现为以下 3 种形式。

1）建立自营商城网站。这种形式是指拥有强大的经济实力和技术水平的大型实体企业，设立电子商务部门，独立构建、运营和维护企业商城网站，将企业的品牌优势发展到互联网领域，以扩大产品种类和市场份额，使实体企业在“互联网 +”经济中占有一席之地。

2）借力中介电子商务平台。这种形式适用于刚进入互联网领域的实体企业，它们借助中介电子商务平台构建电子商务商城，既可以占领网络市场份额，又可以为企业培养电子商务人才，如百雀羚化妆品。

3）开发手机 App 软件或小程序。这种形式主要是针对移动电子商务市场而言的。传统实体企业通过开发手机 App 软件或小程序，将移动端、PC 端和实体店融合为一体，使用大数据技术精准定位用户需求，实现线上与线下的融合，帮助企业在市场竞争中占领主导地位。

**技能实操 1**　体验京东商城注册和购物流程

### 1. 实操要求

学生以消费者的身份体验京东商城新用户注册与购买流程。

### 2. 实操报告

实操报告见表 2-1。

表 2-1　实操报告

| 序　号 | 实操文字描述 | 实 操 截 图 |
| --- | --- | --- |
| 1 | | |
| 2 | | |
| … | | |

### 3. 评价标准

评价标准见表 2-2。

表 2-2　评价标准

| 评 分 项 目 | 优（90～100分） | 良（80～89分） | 中（70～79分） | 及格（60～69分） | 不及格（0～59分） |
| --- | --- | --- | --- | --- | --- |
| 素养：信息分析及处理能力 | | | | | |
| 德育：注册及购物注意事项 | | | | | |
| 知识：符合题目要求，流程表述合理 | | | | | |
| 技能：调查归纳技能 | | | | | |

## 2.2　B2B

### 2.2.1　B2B 概述

B2B 是企业与企业之间的电子商务模式。有业务联系的企业之间通过互联网或各种商务网络平台进行产品、服务及信息交换的商务活动。具体来说，B2B 是指通过业务联系起来的上下游企业，将传统商务中的信息发布、商业洽谈、招投标、订购货物、签订合同等活动过程，利用互联网、私营或增值网络平台连接起来，形成虚拟企业网。网络的快速反应，不仅使企业之间联系得更加紧密，也促进了企业和行业的发展。B2B 相较于传统商务来说，不同点表现在交易周期、交易流程、交易成本 3 个方面。

1）交易周期。B2B 交易因在网络平台开展交易活动，不受时间、空间的限制，企业可以 24h 在全球范围内选择查找合适的货源，在线选择订购货物。交易周期的缩短，使企业以最短的时间、最快的速度推动生产销售，扩大企业的市场影响力。

2）交易流程。在B2B交易过程中，从采购商以询价的方式选择供应商并签订合同订购产品，到供应商按在线合同发货、交货、纳税等一系列操作，B2B都按照规范化、标准化及流程化的方式运行，极大地降低和减少了企业的经营成本和时间，有效地提高了工作效率。

3）交易成本。采用传统商务方式，企业在销售和采购方面都投入了大量的资源和时间，交易成本极高。B2B交易的双方因依赖网络平台完成业务流程，减少了许多流程与费用，使企业的经营成本降低。

## 2.2.2 B2B的流程

B2B的流程如图2-3所示。

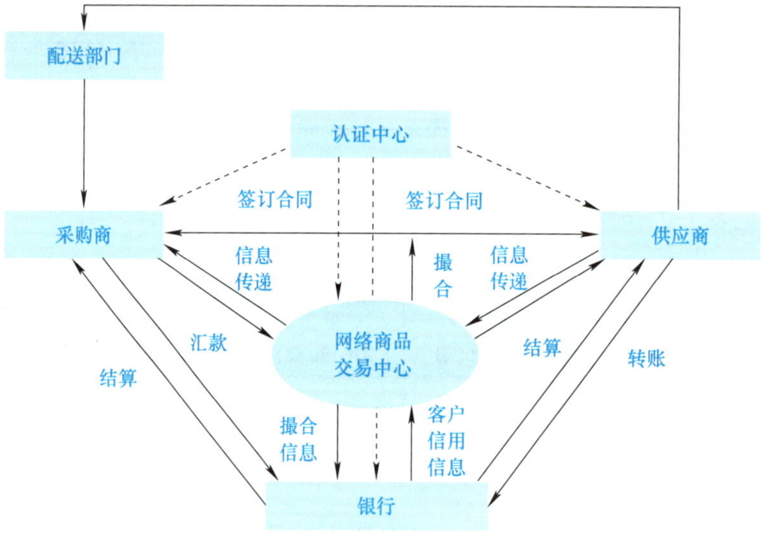


图2-3　B2B的流程

1）采购商向供应商表明交易意向，提出商品报价请求并询问想购买商品的详细信息。

2）供应商向采购商回答该商品的报价，并反馈信息。

3）采购商向供应商提出商品订购单。

4）供应商对采购商提出的商品订购单做出应答，说明有无此商品及目前存货的规格型号、品种、质量等信息。

5）采购商根据供应商的应答决定是否对订购单进行调整，并最终确定购买商品信息。

6）采购商向供应商提出商品运输要求，明确使用的运输工具和交货地点等信息。

7）供应商向采购商发出发货通知，说明所用运输公司的名称、交货的时间和地点、所用的运输设备和包装等信息。

8）采购商向供应商发回收货通知。

9）交易双方收发汇款通知。采购商发出汇款通知，供应商告之收款信息。

10）供应商备货并开出电子发票，采购商收到货物，供应商收到货款，整个 B2B 交易流程结束。

为确保企业之间的 B2B 交易安全有效，认证中心还需要对在线交易企业、网络平台、网络银行颁发数字证书，以确认交易各方的身份。如果是跨境贸易，还将涉及海关、商检、国际运输、外汇结算等业务。

## 2.2.3　B2B 的分类

B2B 按照不同的标准存在以下两种分类方式。

### 1. 按交易网站构建主体的不同划分

（1）供应商构建 B2B 网站

在这种 B2B 中，供应商独立构建维护网站，并公布产品或服务的信息，然后等待采购企业上网洽谈、交易。这是一种最普遍的 B2B，以期寻求众多的采购商，旨在建立或维持其在交易市场中的地位。例如，全球路由器、交换机和其他网络互联设备的领导厂商思科公司（Cisco）使用互联网提供电子化支持，包括在线订货、软件下载、故障跟踪和技术建议等，如图 2-4 所示。

图 2-4　思科中国网站截图

（2）采购商构建 B2B 网站

采购商构建 B2B 网站是以需求产品或服务的企业为主导建立网站，将需求信息公布在网站上，等待供应企业上网洽谈和交易。这种 B2B 旨在使采购企业在市场中享有主动权。目前，我国采购商 B2B 以在线招投标为主要模式。例如，中国采购与招标网，它是以服务采购商为主的 B2B 网站，通过网络招投标的方式，选定供应商并订立合同，如图 2-5 所示。

图 2-5 中国采购与招标网截图

（3）第三方公司构建 B2B 网站

第三方公司是独立于供应企业和采购企业的中立平台公司。这种 B2B 是以第三方公司的平台为基础吸引买卖双方，便于匹配双方的需求与价格。第三方公司构建 B2B 网站的目的是降低本公司的交易成本并拥有大量用户信息，往往在较为分散的买方和卖方市场中应用广泛，如环球资源网。

### 2. 按面向目标市场的不同划分

（1）面向制造业或面向商业的垂直 B2B

垂直 B2B 可以分为两个方向，即上游和下游。生产商或零售商可以与上游的供应商形成供货关系；生产商与下游的经销商可以形成销货关系。例如，我的钢铁网是一个进行钢铁业信息服务、网上交易、网上分销、网上采购等的电子商务公司。

（2）面向中间交易市场的 B2B

这种交易模式是水平 B2B，它将各个行业中相近的交易过程集中到一个场所，为企业的采购方和供应方提供了交易机会。B2B 只是企业实现电子商务的一个开始，它的应用会不断发展和完善，并适应所有行业和企业的需要。例如，阿里巴巴为千万企业提供海量商机信息和便捷安全的在线交易市场。

## 2.2.4 跨境电子商务

跨境电子商务对于推动经济一体化、贸易全球化具有非常重要的战略意义。对消费者来说，跨境电子商务使他们非常容易地获取其他国家的信息并买到物美价廉的商品；对企业来说，跨境电子商务构建的开放、多维、立体的多边经贸合作模式，极大地拓宽了进入国际市场的路径，大大促进了多边资源的优化配置与企业之间的互利共赢。跨境电子商务不仅使国际贸易走向无国界贸易，也引起了世界经济贸易的巨大变革。

### 1. 跨境电子商务概述

跨境电子商务简称跨境电商，是指分属不同关境的交易主体，通过电子商务平台达成交易、进行支付结算，并通过跨境物流送达商品、完成交易的一种国际商业活动。

跨境电子商务由跨境电子商务平台、跨境支付和跨境物流 3 个部分构成。

1）跨境电子商务平台主要用于产品和服务的信息发布，并在线匹配双方交易，如速卖通、亚马逊、Wish 等。

2）跨境支付是指为交易双方提供线上、线下的支付手段完成收汇款服务，如信用卡支付、银行转账、第三方支付等。

3）跨境物流是跨境电子商务的最后环节，是实现将跨境交易的产品由卖方转移到买方手中的活动，一般采取国际快递、国际物流专线、海外仓等方式。

### 2. 跨境电子商务分类

跨境电子商务的模式多种多样，一般来说主要有以下两种分类方式。

1）按照进出口方向来分，分为进口跨境电子商务和出口跨境电子商务。

进口跨境电子商务是境内买家购买境外卖家的商品，通过国际电子商务网站下单购买，由国际快递负责将产品送达国内消费者。当前国内主要的海淘平台包括天猫国际、京东国际、淘宝全球购、考拉海购等。

出口跨境电子商务是指境内卖家将商品销售给境外买家，境外买家访问跨境电子商务平台，选择、订购、支付商品后，由国内卖家发国际物流至国外买家。当前国内主要的出口电子商务平台包括阿里巴巴国际站、亚马逊全球开店、eBay、全球速卖通、Wish、环球资源、敦煌网、SHEIN、安克创新、环球易购等。

2）按照交易主体来分，分为 B2B 跨境电子商务、B2C 跨境电子商务、C2C 跨境电子商务。

① B2B 跨境电子商务是指不同关境的企业之间，通过跨境网络平台进行产品、服务和信息交换的国际商业活动。代表性的 B2B 跨境电子商务平台有阿里巴巴国际站、敦煌网、环球资源网等。据中华人民共和国商务部分析，跨境电子商务在中国进出口贸易中已占有重要位置，跨境电子商务已成为主要的外贸模式之一，其中 B2B 已经占跨境电子商务进出口的七成以上。我国对 B2B 跨境电子商务给予了极大的支持。

2022 年 11 月，国务院批复同意在廊坊等 33 个城市和地区设立跨境电子商务综合试验区。这是我国设立的第七批跨境电子商务综合试验区。至此，我国跨境电子商务综合试验区数量扩至 165 个。新设一批跨境电商综合试验区，大力发展跨境电子商务等新业态新模式，有利于激发外贸主体的活力，提升外贸运行效率，稳定外贸产业链供应链，实现产业数字化和贸易数字化融合。B2B 出口试点全面铺开，“中欧班列”“集拼转口”等新模式融合发展。为助力跨境电子商务出口企业更好地开拓国际市场，B2B 跨境电子商务出口监管试点在全国海关正式复制推广，配套政策不断完善。与此同时，“上合示范区—明斯克”“义新欧”

"苏新欧"、合肥至德国汉堡、威廉港等跨境电子商务专列先后开通并常态化开行，实现了"中欧班列"与跨境电子商务模式融合。

② B2C跨境电子商务是指不同关境内的企业与消费者之间，企业利用网站实现直接销售产品或服务给消费者的国际商业活动，代表性的网站有速卖通、亚马逊、兰亭集势等。

③ C2C跨境电子商务是指不同关境内的消费者之间，通过第三方电子商务平台实现产品或服务从卖方到买方转换的国际商务活动。代表性的第三方电子商务平台有eBay、淘宝全球购等。巨大的国际电子商务消费市场为中国品牌出海提供了最佳机遇，随着"一带一路"的推进，尤其是东南亚市场的跨境电子商务，未来将成为增长最快的跨境市场。

## 技能实操2 体验阿里巴巴网站注册和发布供应信息流程

### 1. 实操要求

学生以采购商的身份体验阿里巴巴网站企业注册与发布供应信息流程。

### 2. 实操步骤

（1）企业注册

双击浏览器，在浏览器的地址栏中输入"http://www.1688.com"，打开阿里巴巴的首页。在首页的左上角找到"免费注册"入口，单击进入，根据企业情况，填写详情页面中的各类信息，单击"同意并注册"按钮，完成企业注册，如图2-6所示。

图2-6 阿里巴巴企业注册页面

（2）发布供求信息

1）登录账户。注册成功后，打开阿里巴巴首页，单击左上角的“请登录”按钮，输入会员名和登录密码，进入首次登录的提示页面。在页面中完善企业的联系信息，方便企业之间进行联系。

2）进入发布供求信息栏。单击进入发布供求信息栏页面，进入“我的阿里”页面后选择左侧通栏的“供应产品—发布供应产品”，如图 2-7 所示。

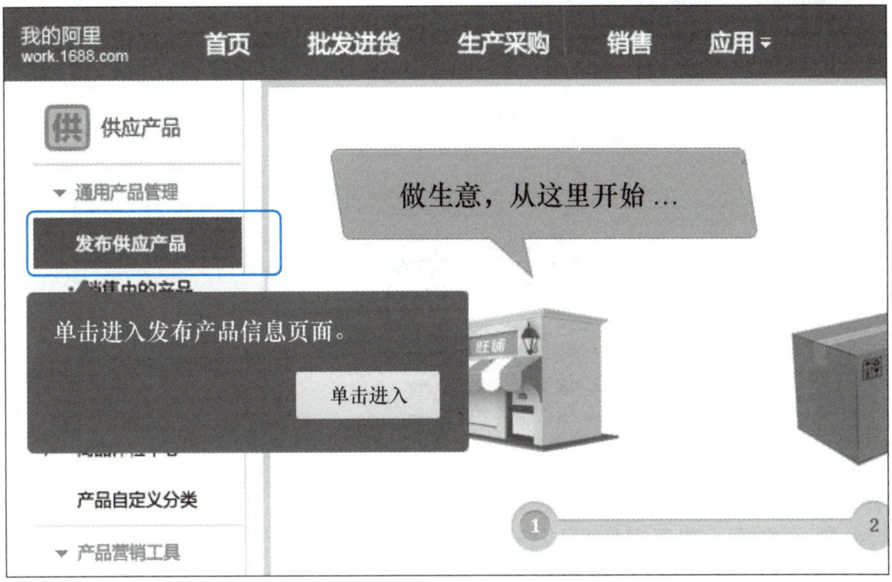


图 2-7　发布供求信息栏页面

3）选择发布商品类目。在发布供应产品信息栏中，单击“我要发布”按钮，进入发布页面。在发布商品类目中，根据商品特性，选择发布商品的类目，如图 2-8 所示。

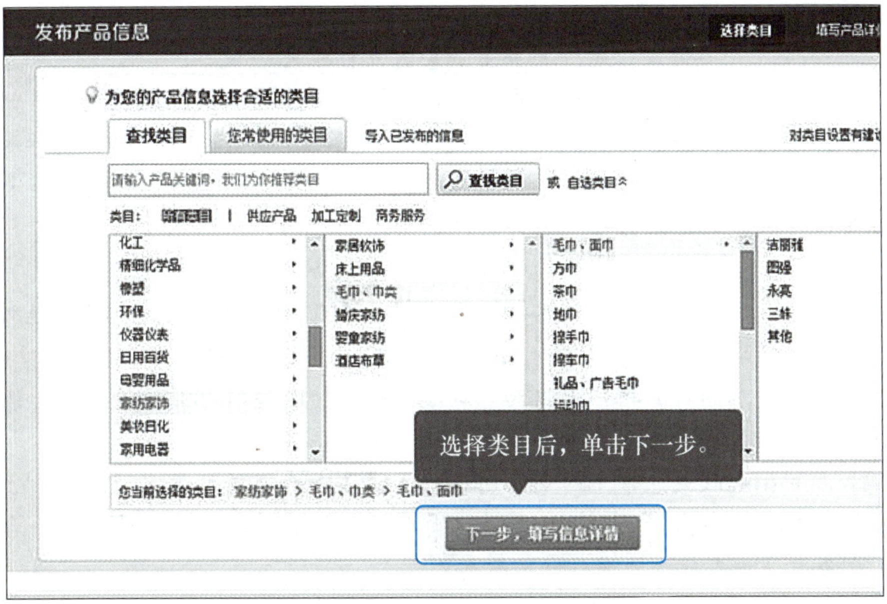


图 2-8　选择发布商品的类目

4）填写商品详情页。在产品详情页中，填写商品详情，然后单击“同意协议条款，我要发布”按钮，完成商品详情的编辑，如图 2-9 所示。

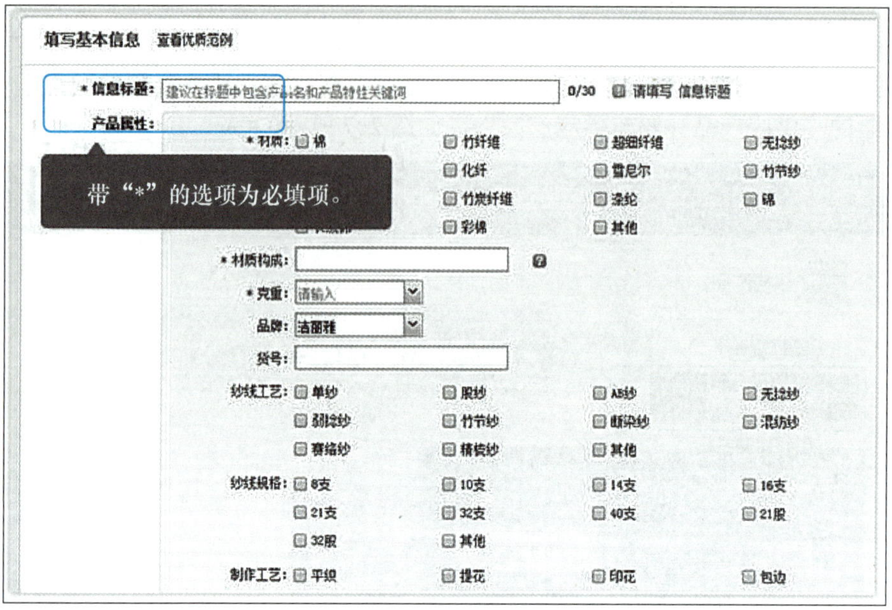


图 2-9 商品详情页

5）信息发布成功。商品详情页编辑提交后，页面会显示“发布成功，您的信息已提交审核！”供求信息提交后，审核需要两个工作日，审核通过后发布上线。

### 3. 学生任务

尝试作为采购方在阿里巴巴网站上体验采购进货的流程，分析阿里巴巴的经营模式。

**社会责任**

**电子商务企业助力乡村振兴**

时代变更，电子商务经济飞速发展，国内掀起了电子商务产业联盟，众多优秀并具有社会使命感的电子商务企业脱颖而出，陕西永倍达电子商务有限公司（简称永倍达）就是其中之一。随着国家脱贫攻坚和乡村振兴战略的开幕，永倍达抓住商机布局农村电子商务，完成企业责任，助力乡村振兴。2022 年 5 月 3 日，永倍达承办的“青耘中国”在洋县“三馆一中心”举办，这次的举办，让电子商务和近些年来把坚持生产有机农作物的乡村振兴产业和互联网电子商务相互联合，把农作物卖出去，把经济带进来。永倍达和当地产业联合开启了“电子商务＋直播＋特色农产品”的新兴模式，从而把洋县的“绿色、有机”蔬菜和农副产业推广出陕西，加速了普通传统型农产业的转型和升级，进一步加快了互联网和基础农业的联系和交融。近年来许多乡村借助电子商务平台制定了一系列扶贫和乡村振兴政策，常见的就是通过电子商务平台直播带货农产品，让各地网民能够通过这一平台购买农产品，助力扶贫工作的开展。目前，随着电子商务平台的进一步扩大，“互联网＋农业”呈现良好发展态势。

讨论：电子商务企业的社会责任和社会主义核心价值观体现在哪些方面？

## 2.3　C2C

### 2.3.1　C2C 概述

C2C 是指消费者与消费者之间的电子商务模式，简单地说就是在互联网平台上个人消费者之间交易服务或产品的活动。这种模式是由第三方企业构建网络平台，卖家在该平台上搭设网络店铺，买家通过浏览网店寻找需求，并使用即时通信工具进行交流，买卖双方意见统一之后借用支付工具支付货款，卖家依靠物流公司发送货物给买家，至此 C2C 的购买过程完成。

与 B2B、B2C 相比，C2C 的特点表现在以下 4 个方面。

1）参与者众多，具有双重身份。C2C 平台平等开放，使用户数量大且分散，而且平台中个人既可以是卖家，也可以是买家。

2）交易产品数量多，种类丰富。C2C 类似于网络上开办的“自由市场”，数量众多的个体经营者在第三方平台上，供应多种多样的产品和服务。

3）单笔交易金额少，但交易次数较多。因为 C2C 交易是在个人之间开展的，所以交易频繁，但交易金额较小。

4）支付、物流的服务支持必不可少。C2C 交易过程中，第三方平台只提供给买卖双方选购、洽谈、订购的服务，要满足资金和货物的需求还要为买卖双方提供支付平台和物流系统的支持，保证信息流、资金流、物流、商流的实现。

### 2.3.2　C2C 的流程

C2C 主要是指卖方在在线交易平台上开设店铺，买方在该交易平台上选择购买商品的过程。我国目前最大的 C2C 交易平台是淘宝网。因此，下面以淘宝网为例从开店和购买两个方面介绍 C2C 交易流程。

#### 1. 开店流程

卖家开店流程如图 2-10 所示。

图 2-10　卖家开店流程

1）账户注册。在 C2C 平台注册账户信息，成为会员享有开店购物的权利。一般必须填写会员名、密码、手机号等个人信息，以手机验证码方式激活会员账号。

2）实名认证。在交易过程中，C2C 平台为了保证交易真实有效，要求卖家提交个人身份证信息进行实名认证。

3）绑定支付工具。为了便于网络收付款，卖家需要绑定第三方支付工具，提交银行卡号、身份证号、真实姓名等个人信息。

4）产品发布。实名认证成功后，卖家可以设置店铺，并免费发布产品。虽然发布产品是免费的，但店铺在设计过程中，为了适应市场的需求，会收取增值服务费。

5）处理订单并发货。在C2C交易过程中，卖家通过即时通信软件随时解决买家的疑问，并引导其下单。在收到买家已支付的订单后，卖家需要确认订单商品和数量、仔细包装、安排物流公司发货。

6）评价与售后处理。买家收到商品后，会在平台中给出购后评价。卖家应本着客观、公平、礼貌的方式回应，对有售后需求的客户给予帮助并提供相应的服务，如退换货、维修、质保等。

### 2. 购买流程

买家购买流程如图2-11所示。

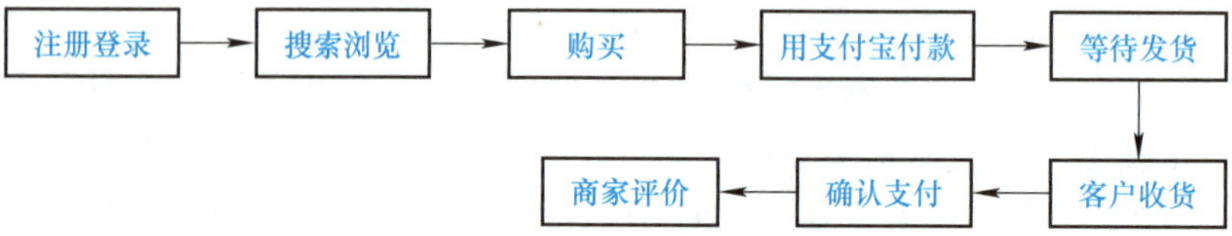


图2-11　买家购买流程示意

1）会员注册。C2C电子商务平台需要注册为会员方可进行购物，买方注册步骤和卖方注册步骤相同。

2）选购商品。买家登录后，可以在搜索引擎或者分类栏中，选择要购买的商品。

3）下单并付款。买家选定购买商品，可使用购物车或者直接购买的方式下单。在订单页面中，买家需要输入收货地址、联系人、联系方式等信息。在支付页面中，输入支付账户和密码，完成下订单的过程。

4）收货和评价。买家收到物流公司的送货后，需要确认商品的质量，如不满意，即时联系卖家退换货，并给出客观、公正、礼貌的评价。

扫码观看视频

## 2.3.3　新零售模式

随着电子商务的发展，传统的零售行业受到了冲击，零售业被分为线下零售和线上零售两个部分。近几年，线下零售因为信息技术的进步使消费者对消费体验的要求越来越高。线上零售的电子商务大格局已经固定，快速增长已不太可能。2016年下半年，新零售这一概念开始迅速火爆起来。同年11月，《国务院办公厅关于推动实体零售创新转型的意见》在促进线上与线下融合的问题上强调："建立适应融合发展的标准规范、竞争规则，引导实体零售企业逐步提高信息化水平，将线下物流、服务、体验等优势与线上商流、资金流、信息流融合，拓展智能化、网络化的全渠道布局"。

### 1. 新零售概述

新零售即企业以互联网为依托，通过运用先进技术手段，对商品的生产、流通与销售过程进行升级改造，进而重塑业态结构与生态圈，并对线上服务、线下体验，以及现代物流进行深度融合的零售新模式。简单来说，新零售就是线上、线下和物流的整合。线上是指网络平台，线下是指零售门店或制造商，线上与线下相结合时，才能将物流成本降到最低，减少囤货量。核心是全息消费者画像，挖掘消费者的需求，将线上、线下的支付、服务、物流统一到一起的新商业模式。

新零售的“新”体现在以下 3 个方面。

1）以消费者为核心。线下零售店不能有效收集、监控消费者行为，无法精细化运营，但新零售可以利用信息技术对消费者数据进行收集、分析，检测用户的购买行为，优化营销方案，精准推送商品。

2）交易主客体的双重性。在交易过程中，新零售是将线上与线下的人、货、场整合，所以商品、卖方、买方都存在双重身份，即实体身份与数字身份。

3）各行业零售形态产生。信息技术的发展使各行各业之间的边界模糊化，如餐饮业、物流业、娱乐业等将产生新的零售形态，零售业最终会变成人人零售的新形式。

### 2. 新零售的产生

新零售的发展主要受信息技术发展、消费需求升级、行业变革 3 个方面的影响。

1）信息技术发展。新零售最大的特点是以消费者为核心，全息消费者画像，深度挖掘消费者的需求，为了达到这一目的，信息技术的使用功不可没。大数据、云计算、移动互联网、人工智能、智慧物流、互联网金融等信息技术运用到新的商业基础设施，使传统分散的线下零售市场统一成为线上的大市场。

2）消费需求升级。主力消费者发生改变推动了消费的新变革。消费主力逐渐成为 90 后和 00 后、农村市场消费潜力释放，移动网络和电子支付推动消费新增长。中国互联网信息中心数据显示，目前我国网民规模中手机网民规模占比较高，我国网民以 20 ～ 49 岁群体为主，大部分用户使用网络支付。数字人民币试点工作稳步推进，国家有关部门进一步加强网络支付、个人信息保护、互联网消费贷款等领域的监管力度，切实保护人民群众的合法权益。移动支付和线上与线下的融合使消费需求产生新的变化。随着移动支付设备的普及和移动支付体系的完善，移动支付正在逐步融入衣食住行的生活方式中，成为新型的消费方式。同时互联网 + 促进传统商业模式发生转变，消费者对消费数字化的需求程度更高，线上与线下的融合便于全方位地解答消费者的消费诉求，促进传统商业的转型。

3）行业变革。零售增速放缓，单纯依靠线下零售或者纯电子商务难以扩大消费市场。国内相继出现线下实体品牌店铺销量下跌，门店关闭的情况。为了应对零售行业的问题，线上与线下企业均在进行跨界融合。线下零售具有无可替代的价值。具体表现在，线下实体店给消费者提供商品或服务时，具备的可视性、可听性、可触性、可感性、可用性等直观属性，而线上电子商务始终没有找到能够提供真实场景和良好购物体验的现实路径。另外，线下零售店铺的分布广和品类全，对消费者有很大的吸引力，尤其体现在生鲜产品的保鲜方面。

创新创业

**盒马鲜生的诞生**

盒马鲜生作为最先开创新零售的代表，首先，结合“传统商超 + 外卖 + 盒马 App”，开创了一种线下零售超市，线上 App 加入，消费者可以到线下门店进行消费，也可以通过盒马 App 进行下单，实现了线上与线下的深度融入。其次，盒马鲜生每个商品都有独特的电子标签，当线上下单之后，拣货员用 PDA 扫码之后放入专用拣货袋，进行配送，并使用支付宝结账，做到大数据、互联网、智能化设备相结合。智能技术的使用实现了效率的提升。最后，构建以吃为主要场景的线下超市，推行“生熟联动”的体验方式，消费者在选购水产品之后，如果不愿自己烹饪，可选择在门店制作海鲜。盒马鲜生的创建，是在互联网时代下联合智能技术创新零售模式的成功尝试。

讨论：盒马鲜生的创新体现在哪些方面？创新对电子商务行业的发展有什么作用？

### 技能实操 3 体验淘宝注册和购物流程

#### 1. 实操要求

学生以买家的身份体验淘宝网站的购物流程。

#### 2. 实操报告

实操报告见表 2-3。

表 2-3 实操报告

| 序 号 | 实操步骤描述 | 实 操 截 图 |
|---|---|---|
| 1 | | |
| 2 | | |
| … | | |

#### 3. 评价标准

评价标准见表 2-4。

表 2-4 评价标准

| 评 分 项 目 | 优（90～100分） | 良（80～89分） | 中（70～79分） | 及格（60～69分） | 不及格（0～59分） |
|---|---|---|---|---|---|
| 素养：信息分析处理能力 | | | | | |
| 德育：注册及购物注意事项 | | | | | |
| 知识：符合题目要求，流程表述合理 | | | | | |
| 技能：调查归纳技能 | | | | | |

## 2.4 其他电子商务模式

电子商务模式是指在网络环境和大数据环境中基于一定技术基础的商务运作方式和盈利模式。分析电子商务模式的分类，有助于挖掘新的电子商务模式，为电子商务模式创新提供途径。前文提到的 B2C、B2B、C2C 是基本的电子商务模式，伴随电子商务的发展、信息技术的进步和产业的调整，产生了许多电子商务的新形态。

### 2.4.1 O2O

#### 1. O2O 的定义

O2O（线上到线下电子商务模式）是指让互联网成为线下交易的平台，将线下的商务机会与互联网相结合。O2O 就是线下商家通过在网上开设店铺将产品和服务信息进行展示，消费者通过线上筛选和比对寻找喜欢的产品和服务，并在线下体验后有选择地进行消费，如图 2-12 所示。目前，O2O 代表性网站有大众点评、滴滴出行、美团等。

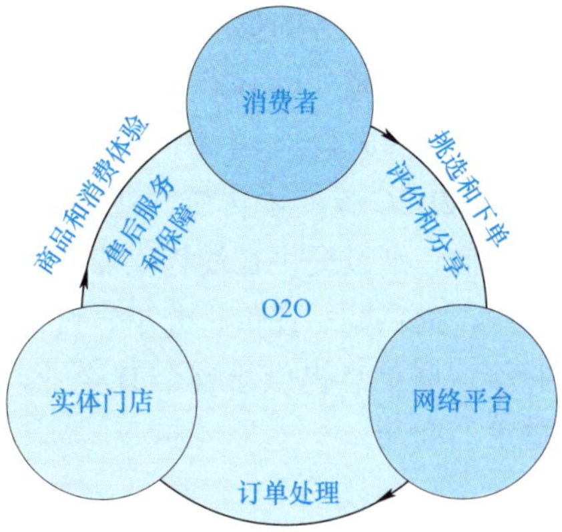


图 2-12　O2O

### 2. O2O 的分类

按照用户的需求，O2O 可以分为线上为线下引流、线下为线上导流、线上与线下渠道并行三类。

（1）线上为线下引流

线上为线下引流模式是最流行的 O2O，以线下门店为核心，通过线上的流量、信息和产品聚集，给线下合作商家带客户，提高线下门店的销售，如大众点评、美团等。

（2）线下为线上导流

线下为线上导流模式是指充分利用线下门店的体验优势，以及线上的在线支付、物流等服务优势，实现“线下体验 + 线上销售”的模式。该模式适合线下门店的品牌影响力大的企业，尤其是服装、鞋和箱包类等行业，如优衣库。

（3）线上与线下渠道并行

线上与线下渠道并行模式以企业的业务为核心，重新整合线上与线下的销售渠道，扩大品牌的影响力。传统企业线下有大量门店或加盟商，线上同时运营网上商城和个人店铺，会有线上与线下价格冲突、总部与加盟商冲突的问题。因此，针对这种情况，传统企业整合渠道使线上与线下销售的产品规格或品类不一样，让线上与线下品牌形成呼应，如李宁公司。

## 2.4.2　B2G

### 1. B2G 的定义

B2G 是指企业与政府之间通过网络进行管理活动的运作模式。例如，电子通关、电子报税等。由于活动在网上完成，使企业可以随时随地了解政府的动向，还能减少中间环节的时间延误和费用，提高政府办公的公开性与透明度。因此，B2G 电子商务模式因速度快、程序透明、费用低而被广泛应用。

### 2. B2G 的分类

（1）网上服务

政府通过网上服务，为企业创造良好的电子商务空间。网络为政府与企业之间的管理活动提供了平台，如电子报税。

（2）网上采购

政府上网采购，为企业提供大量的商机。政府通过网络精简管理业务流程，为企业提供了各种快捷的信息服务，如电子采购。

## 2.4.3　B2B2C

B2B2C（Business to Business to Customer，企业—企业—消费者）电子商务模式，第一个

B为产品或服务的供应商或者生产商，第二个B为网络销售商，C是指目标客户或者普通消费者。这种模式以B2C为基础、B2B为重点，将两个商务流程衔接起来，从而形成一种新的电子商务模式。

B2B2C改变了传统产业模式，促进了产品供应链系统的形成。处在该模式中间的网络销售商，通过提供在线售卖服务，方便下游的消费者买到心仪的商品。同时，在网络销售平台中，提供购后评价、分享、讨论等交流沟通服务，获取更多的消费者对产品的需求信息，并将这些信息提供给首个B企业，即产品生产商或者供应商，便于其改进并生产满足市场需求的商品。

## 2.4.4 C2B2C

C2B2C（Customer to Business to Customer，消费者到企业再到消费者）电子商务模式，它是电子商务发展过程中的新型商业模式。在这种电子商务模式中，消费者占主导地位。有需求的潜在消费者，通过互联网平台向企业平台发布需求信息，企业对这些信息及可提供相应产品的卖方信息进行整合，出售满意的产品给有需求的消费者。这种模式不仅由企业向消费者提供商品，而且由消费者个体贡献产品，由企业消费产品价值。

这种模式出现的原因在于C2C模式中卖方多为个人，资质、信誉等都难以得到保障；B2C市场发展壮大，消费者更倾向于在官方网络渠道进行网购。C2B2C由电子商务企业构建网站以买家或卖家的身份介入交易的过程，使卖家的信用度提高，也减少商家欺诈，能够有效解决线上交易买卖双方信息不对称的问题。

## 本章小结

本章着重阐述了电子商务的交易模式，重点分析了电子商务模式的在线交易流程、模式分类、模式新发展，最后介绍了随着信息技术和互联网技术的进步，我国电子商务发展过程中出现的新型商务模式。本章的部分章节后都安排了有针对性的技能操作，目的在于提高学生的认知能力和动手能力。

## 思考与练习

### 1. 单项选择题

1）商家要开展电子商务活动，应该用（　　）作为其主要的生意平台。

A. BBS　　B. 电子邮件　　C. 在线商店　　D. 电话订购

2）电子商务模式是指（　　）。

A. 使用网络信息技术的商务模式

B. 企业产品、资金、信息及其创造过程的运行机制

C．对一个公司的消费者、顾客、结盟公司与供应者之间角色的叙述

D．体现公司如何获利以及在未来长时间内的计划

3）京东属于（　　）。

A．B2B　　B．B2C　　C．C2B　　D．C2C

4）第三方构建 B2B 平台的网站是（　　）。

A．世界工厂网　　B．海尔商城　　C．思科中国　　D．阿里巴巴

5）企业与消费者之间以互联网为主要服务提供手段进行的商务活动是（　　）。

A．B2C　　B．B2B　　C．C2C　　D．B2G

6）以下哪种网站属于 C2B2C（　　）。

A．京东商城　　B．瓜子二手车交易网站

C．阿里巴巴　　D．淘宝

## 2. 多项选择题

1）B2C 网上商城包括（　　）。

A．淘宝　　B．京东商城　　C．当当　　D．亚马逊

2）跨境电子商务由（　　）部分构成。

A．跨境物流　　B．跨境支付

C．跨境电子商务平台　　D．跨境交易

3）新零售包括（　　）。

A．B2G　　B．P2P　　C．B2C　　D．C2C

4）O2O 分为（　　）。

A．线上为线下引流　　B．线下为线上导流

C．线上线下渠道并行　　D．线下线上分离

5）以下属于电子商务平台的是（　　）。

A．阿里巴巴　　B．淘宝网　　C．敦煌网　　D．美团网

## 3. 思考题

1）B2C 网站是如何分类的？

2）简述 C2C 交易流程。

3）什么是电子商务模式？电子商务模式有哪些？请举例说明。

# 第 3 章

# 电子商务信息技术

## 学习目标

### 知识目标

- 识记互联网的基础知识，熟记互联网技术和工具。
- 熟识 EDI 技术概念和组成，了解它的发展概况。
- 熟记 Web 开发技术，理解各类技术的应用。
- 了解新技术的基础知识与应用。

### 能力目标

- 能以实例的形式描述 Web 技术的应用。
- 掌握互联网技术的应用方法。

### 素质目标

- 引导学生关注我国在科技兴国方面取得的成果，增强民族自豪感。
- 培养学生利用网络传递正面信息的能力，提高学生遵纪守法的意识。

## 思维导图

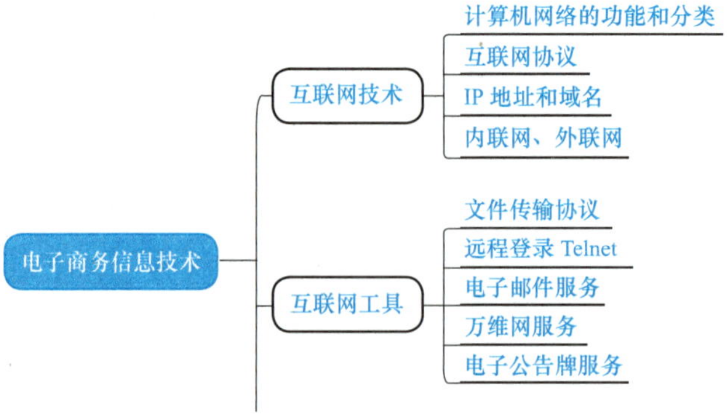

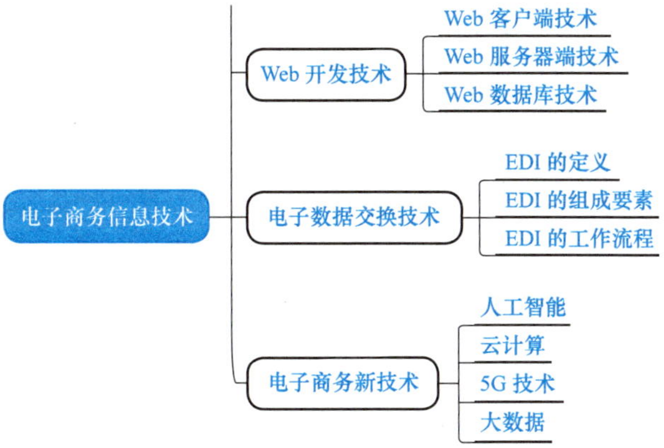


## 引导案例

**大数据的应用**

大数据，给生活及各行各业带来了颠覆性的变革和发展。大数据，不仅代表着大量的数据，还演变为一种全新的思维方式和决策依据。大数据在实际生活中是如何运用的，通过以下案例来观察一下。

**1．利用大数据、AI 等技术减少市民的通勤时间**

2022 年成都市两会期间，“智慧蓉城”建设是代表们关注的热词，其中，城市智慧交通建设无疑是“智慧蓉城”建设布局里市民最关注的领域。

“民有所呼，我有所应。”从“信号灯”到“交通网”，代表委员们将来自一线的声音，甚至是一些“金点子”带进会场，共谋事关千家万户的智慧交通民生事。

“今年成都民生实事提到‘信号灯联网控制率达 80%’，这个‘不显眼’的‘小目标’却是建设智慧交通，治理城市拥堵的基础。”一位市政协委员边用笔画边介绍道，“你看报告里提出，‘交通出行’除了地铁、公交，还应关注到交通细分领域，如信号灯联网、井盖治理等方面。”该委员还补充道，一旦交通连接成网，城市拥堵可以获得明显改善。“如果智慧交通搭建起来，把拥堵时间减少 10%，每个人的通勤时间将减少 3 ～ 4 分钟。”

智慧交通是 5G、大数据、人工智能等新技术与交通运输深度融合的新兴业态，是提升综合交通质量效率的重要手段。

**2．“大数据驾驶舱”让社区治理更智慧**

社区是城市基层治理的“最后一公里”。宝鸡市一个街道社区治理发展中心的 240 块小屏拼成一个智能化的“大数据驾驶舱”，10 万余条民生数据在“驾驶舱”内运转，涵盖了社区党建、居委会事务等 17 个数据模块，实现了以数字化手段助力高效能基层治理。

“大数据驾驶舱”是该街道联合一家科技公司打造的社区治理智能系统。该系统将智慧社区建设与党建引领基层治理相结合，按照“为社区减负、为治理赋能、为居民便捷”的思路，通过“数字孪生社区”“智慧网格”“智慧走访”建设，实时掌握辖区各网格民情信息和动态，用于社区工作研判、调度、查询等工作。

智能管理的背后，民生数据的积累是基础。该街道前期将辖区人、房、事、物、情、组织等信息录入管理大数据平台，以“多元标签”的形式清晰呈现，生成“数字虚拟社区”，对社区网格、小区、人口对象信息精准定位和查询，商超、酒吧等重点场所精准掌握，同时将特殊群体和重点人口标签化，对社区重点服务对象信息动态更新、精准掌握，实现了社区社情民情可视化和数据化。

**3．智慧消防大脑，“大数据”提供新的消防思维**

目前，国家大数据战略走向深化阶段，各个行业与数据的融合在逐渐深入，消防产业也插上了智慧的翅膀。消防系统推进“智慧应急”建设，建立符合大数据发展规律的应急数据治理体系，完善监督管理、监测预警、指挥救援、灾情管理、统计分析、信息发布、灾后评估和社会动员等功能。

多年来，智慧城市系统全面融入数字化发展，以数据赋能，通过海量数据的收集储存、可视化展示、挖掘分析等，为消防行业信息化、数字化改革升级装上了“智慧大脑”；通过搭建全链路物联网基础设施，火灾信号全掌握，精准监测消防系统各项数据及安全运行状态；研发辅助应用平台，实现更小型的数据采集和管理，为火灾防控和救援处置提供信息化、精细化手段；应用可视化大数据监测云平台，海量数据统一管理，深度挖掘数据价值，真正实现对消防安全的态势感知和隐患防范。此外，该系统还将多方数据共享，破除层级壁垒，打造线上与线下、企业与政府闭环管理体系，提升第一响应能力。

通过阅读大数据应用案例，请思考以下问题：

1）你知道的大数据应用领域有哪些？

2）谈谈信息技术对电子商务发展的作用。

## 3.1　互联网技术

随着社会对信息需求量的增加，计算机已经成为信息处理的重要工具，计算机系统的应用发展也已经深入社会的各行各业，甚至一些家庭。因此，把地理位置分散的计算机应用系统链接在一起，组成功能强大的计算机网络，以达到资源共享、分布处理和相互通信的目的，是信息化发展的必然趋势。

扫码观看视频

### 3.1.1　计算机网络的功能和分类

计算机网络是根据应用的需要发展而来的，从本质上说，它应该是以资源共享为其主要目的，以便发挥分散的、各不相连的计算机之间的协同功能。关于计算机网络较完整的定义是：计算机网络是利用通信设备和线路将功能独立的多个计算机系统互联起来，通过功能完善的网络软件（操作系统、应用软件等）实现网络中资源共享和信息传递的系统。

计算机网络的功能主要表现在数据交换、资源共享和分布处理3个方面。

#### 1．数据交换

计算机网络为分布在各地的用户提供了强有力的通信手段。用户可以通过计算机网络传送电子邮件、发布新闻消息，进行电子商务活动。

### 2. 资源共享

（1）硬件资源共享

计算机网络可以在全网范围内提供对处理资源、储存资源、输入输出资源等昂贵设备的共享，如具有特殊功能的处理部件、高分辨率的激光打印机、大型绘图仪、巨型计算机，以及大容量的外部存储器等，从而使用户节省投资，也便于集中管理和均衡分担负荷。

（2）软件资源共享

互联网上的用户可以远程访问各类大型数据库，可以通过网络下载某些软件到本地机上使用，可以在网络环境下访问一些安装在服务器上的公用网络软件，可以通过网络登录到远程计算机上使用该计算机上的软件。这样可以避免软件研制过程中的重复劳动，以及数据资源的重复储存，也便于集中管理。

### 3. 分布处理

分布处理通过算法将大型的综合性问题交给不同的计算机同时进行处理。用户可以根据需要合理选择网络资源，就近快速地进行处理。

从不同的角度看，计算机网络有不同的分类方法。按网络规模大小和通信距离远近分类，计算机网络可分为广域网、城域网、局域网；按信息交换方式分类，计算机网络可分为线路交换网、分组交换网及综合交换网；按网络拓扑结构分类，计算机网络可分为星形网、树形网、环形网及总线网等；按传输介质带宽分类，计算机网络可分为基带网络和宽带网络；按通信方式分类，计算机网络可分为双绞线网、同轴电缆网、光纤网、无线网及卫星网等；按使用目标分类，计算机网络可分为专用计算机网络和公共计算机网络。

这些分类方法对于网络本身并无实质的意义，只是表明人们讨论问题的立场不同，是从不同的角度观察网络系统、划分网络的，有利于全面地了解网络系统的特性。一般常用的方法是按网络规模大小和通信距离远近分类。据此计算机网络可分为局域网、广域网和城域网。

1）局域网（Local Area Network，LAN）。局域网规模相对较小、计算机硬件设备不多、通信线路不长（距离一般为几十公里），属于一个部门或单位组建的小范围网络。例如，一座建筑物内、一个学校内等。局域网规模小、速度快，应用非常广泛，是计算机网络中较活跃的领域之一。

2）广域网（Wide Area Network，WAN）。广域网的作用范围通常为几十公里到几千公里甚至上万公里，可以跨越辽阔的地理区域进行长距离的信息传输。广域网适用的地理区域可以是一个地区、一个省、一个国家及跨国集团。在广域网内，用于通信的传输装置和介质一般由电信部门提供，网络则由多个部门或国家联合组建，网络规模大，能实现较大范围的资源共享。

3）城域网（Metropolitan Area Network，MAN）。城域网的作用范围介于广域网和局域网之间，是一个城市或地区组建的网络，地域范围可从几十公里到上百公里。城域网以及宽带城域网的建设已成为目前网络建设的热点。

需要指出的是，局域网、广域网和城域网的划分只是一个相对的分界。随着计算机网络技术的发展，三者的界限将变得模糊化。

## 3.1.2 互联网协议

协议对于计算机网络而言是非常重要的，可以说没有协议，就不可能有计算机网络。ARPANET是最早出现的计算机网络之一，由美国国防部高级研究计划局（Advanced Research Projects Agency，ARPA）提出并构建。其主要目的是希望很多宝贵的主机、通信控制处理机和通信线路在战争中，若部分被破坏，其他部分还能正常工作。它要求一种灵活的网络体系结构，实现异型网的互联。

网络协议TCP/IP正是在此需要的基础上发展而来的。虽然TCP/IP都不是OSI标准，但它们是目前最流行的商业化的协议，并被公认为当前的工业标准。TCP/IP协议出现后，TCP/IP参考模型也在1974年由卡恩（Kahn）提出。TCP/IP参考模型由上到下可以分为4个层次：应用层、传输层、互联网层和网络接口层。

1）应用层。应用层是用户打交道的部分，即用户在应用层上操作，必须通过应用层表达出它的意愿，才能达到目的。

它向用户提供一组常用的应用程序，相当于OSI的高三层（应用层、表示层、会话层）。该层使用的协议还在不断增加，就目前来说，常用的有以下协议。

远程终端协议（TELNET）：用于实现互联网中远程登录。

文件传输协议（File Transfer Protocol，FTP）：用于实现互联网中交互式文件传输功能。

简单电子邮件协议（Simple Mail Transfer Protocol，SMTP）：用于实现互联网中电子邮件传送功能。

域名服务（Domain Name System，DNS）：用于实现网络设备名字到IP地址映射的网络服务。

路由信息协议（Routing Information Protocol，RIP）：用于网络设备之间交换信息。

网络文件系统（Network File System，NFS）：用于网络中不同主机之间的文件共享。

超文本传输协议（Hyper Text Transfer Protocol，HTTP）：用于WWW服务。

2）传输层。传输层即TCP层，它的功能主要包括：对应用层传递过来的用户信息进行分段处理，然后在各段信息中加入一些附加说明，如说明各段的顺序等，保证对方收到可靠的信息。

传输层包括两种协议：①传输控制协议（Transport Control Protocol，TCP）是一种可靠的面向连接的协议；②用户数据报协议（User Datagram Protocol，UDP）是一种不可靠的无连接的协议。

3）互联网层。互联网层用于把来自互联网上的任何网络设备的源分组发送到目的设备，而且这一过程与它们所经过的路径和网络无关。就像我们发一封信时并不关心它是如何到达目的地的，只关心它是否到达了目的地。管理这一层的协议称为互联网络协议（IP）。这一层进行最佳路径的选择和分组交换。

4）网络接口层。网络接口层负责网络发送和接收IP数据报。TCP/IP参考模型允许主机连入网络时使用多种现成的和流行的协议，如局域网协议或其他协议。

在TCP/IP模型中，不管是哪个应用程序请求网络服务，也不管使用什么传输协议，都只有一种网络层协议；IP作为一种通用协议，允许任何地点的任何计算机在任何时间进行通信。

### 3.1.3　IP 地址和域名

互联网上计算机的地址指能唯一确定互联网上每台计算机、每个用户的位置，可以写成两种形式：IP 地址和域名。

#### 1. IP 地址

互联网是一个信息海洋，这些信息存放在世界各地称为“站点”的计算机上，为了区别各个站点，必须为每个站点分配一个唯一的地址，这个地址即称为 IP 地址。互联网上的每台计算机（包括路由器）在通信之前必须指定一个 IP 地址，IP 地址由 4 个 0 ～ 255 的数字组成，如 192.168.0.251。

互联网上的 IP 地址分为 A 类、B 类、C 类、D 类和 E 类 5 种，分别用于不同类型的网络。

A 类地址的最高端二进制位为 0，第一个字节段表示网络标识，后 3 个字节段表示主机标识，主要用于拥有大量主机的网络，它的特点是网络数少，而主机数多。

B 类地址的高端前两个二进制为 10，前两个字节段为网络标识，后两个字节段为主机标识，主要用于中等规模的网络，它的特点是网络数和主机数大致相同。

C 类地址高端前 3 个二进制为 110，前 3 个字节段为网络标识，后一个字节段为主机标识，主要用于小型局域网络。它的特点是网络数多，而主机数少。

D 类地址高端前 4 个二进制位为 1110，通常用于已知的多点传送或者组的寻址。

E 类地址高端前 4 个二进制为 1111，是一个实验地址，它保留给将来使用。

当我们把一台计算机或一个网络连接到互联网上时，大多数情况下，互联网服务提供商将能够为此网络安排 IP 地址登记。

#### 2. 域名

要通过互联网互相通信，必须记住对方的地址。IP 地址作为互联网上主机的数字标识，对计算机网络来说是非常有效的。但对于使用者来说，就很难记忆这些由数字组成的 IP 地址了。为此，人们研究出一种字符型标识，在互联网上采用“名称”寻址方案，为每台计算机主机都分配一个独有的“标准名称”，这个用字符表示的“标准名称”就是人们现在广泛使用的域名（Domain Name，DN）。域名采用分层次方法命名，每一层都有一个子域名。域名是由一串用小数点分隔的子域名组成。一般格式为：计算机名、组织机构名、网络名、最高层域名（各部分之间用小数点隔开）。

在域名格式中，最高层域名也称第一级域名，代表建立该网络的部门、机构或者该网络所在的地区、国家等，根据 1997 年 2 月 4 日因特网国际特别协会（Internet International Ad Hoc Committee，IAHC）关于最高层域名的报告，它可以分为以下 3 类：①通用最高层域名：常见的有 edu（教育、科研机构）、com（商业机构）、net（网络服务机构）、info（信息服务机构）、org（专业团体）、gov（政府机构）等；②国际最高层域名：int（国际性组织或机构）；③国家最高层域名：cn（中国）、us（美国）、uk（英国）、jp（日本）、de（德国）、it（意大利）、ru（俄罗斯）等。

网络名是第二级域名，反映主机所在单位的性质，常见的类型代码有 edu（教育机构）、gov（政府部门）、mil（军队）、com（商业系统）、net（网络服务机构）、org（非营利性组织或团体）、int（国际性组织）等。

组织机构名是第三级，一般表示主机所属的域或单位。

计算机名是第四级，根据需要由网络管理员自行定义。

例如：www.tsinghua.edu.cn，其中 cn 代表中国（China），edu 代表教育网（education），tsinghua 代表清华大学，www 代表全球网（或称万维网，World Wide Web），整个域名合起来就代表中国教育网上的清华大学站点。

注意：在域名中不区分大小写字母；域名在整个互联网中是唯一的，当高级域名相同时，低级子域名不允许重复。

在我国，用户可以在国家域名 .cn 下进行注册。根据中国互联网络信息中心的规划，.cn 下的第二级域名有两种情况：一种是组织机构类别，通常由 2 ～ 3 个字母组成，如 .edu，.com，.gov，.org，.net 等；另一种是省市地区，如 bj、tj、gd、hb 等。

有了域名标识，对计算机用户来说，在使用上的确方便了很多。但计算机本身并不能自动识别这些域名标识，于是域名管理系统（Domain Name System，DNS）就应运而生了。域名管理系统就是以主机的域名来代替其在互联网上实际的 IP 地址的系统，它负责将互联网上主机的域名转化为计算机能识别的 IP 地址。

IP 地址、域名和域名管理系统把互联网上面的每一台主机给予了唯一的定位。三者之间的具体联系过程如下：当连接网络并输入想访问的主机的域名后，由本地机向域名服务器发出查询指令，域名服务器通过连接，在整个域名管理系统中查询对应的 IP 地址，如找到则返回相应的 IP 地址，反之则返回错误信息。

## 3.1.4 内联网、外联网

### 1. 内联网

近些年来，互联网技术已经发展成为以 TCP/IP 和 WWW 技术为核心的信息技术。特别是 WWW 技术的发展和普及，使互联网技术更加成熟和完善。在局域网内部，同一网络连接不同类型的计算机已成为许多机构必须面对并要着手解决的问题。只有解决了这一问题，才能使各个机构共享信息并保护自己已经拥有的投资。由于这些计算机可能是包括个人计算机、Macintosh（Mac）和运行 UNIX 操作系统的小型机或大型机，而且硬件的体系结构不同，操作系统也可能不一样，因此网络系统要处理复杂的硬件和软件，就导致了管理员的负担加重。要解决这一问题，迫使许多单位不得不指定使用统一的硬件和软件平台，以保证网络顺利地建立和管理。互联网技术的出现和发展给这些问题的解决带来了新的希望和转机。信息技术人员从这次成功中，看到了该信息技术的新价值，将互联网技术和产品引入企业或机构内部网络，创造出一种全新的内部网络，即内联网。

内联网也叫企业内部网，是指利用互联网技术构建的一个企业、组织或者部门内部的提供综合性服务的计算机网络。

内联网是基于 WWW 的专用网络，它在局域网中使用互联网应用软件。从技术角度讲，内联网和互联网没有太大的差别，只是访问内联网需要授权。一般来说，内联网是局限于企业或机构内部的互联网，与互联网相比，内联网具有如下优点：在网络安全方面提供了更加有效的控制措施，克服了互联网安全保密方面的缺点；内联网属于具体的企业或机构所有，对外界的开放是有限制的，可防止外来的入侵和破坏，适用于金融、保险、政府机构等对安全要求严格的单位；为了确保安全，有些内联网同互联网在物理上是隔离的，有些则是连入互联网，但利用防火墙技术保护内部网络的安全。在确保安全的同时，内联网在企业或机构内部同样具有开放性和易操作性。

内联网作为用于企业内部信息建设的重要组成部分，它主要利用互联网上的服务方式为企业内部提供服务，主要有 WWW、电子邮件技术、BBS 和新闻组、FTP 和 Gopher（信息查找系统）等。

内联网主要应用于领导决策的多媒体查询，远程办公，无纸公文传输，公告、通知发布，专题讨论，人事管理或人力资源管理，财务与计划，企业动态与企业刊物，形象宣传与联机服务等。

### 2. 外联网

如果一个公共网络连接了两个或两个以上的贸易伙伴，一般被称为企业的外联网，它是内联网的一种延伸 。

外联网给企业带来的好处有提高了生产效率，信息可以以各种形式体现，降低了生产费用，实现了跨地区的各种项目合作，可为客户提供多种及时、有效的服务。

外联网的几种实现方式如下。

1）公共网络。如果一个组织允许公众通过任何公共网络（如互联网）访问该组织的内部网，或两个及更多的企业同意用公共网络把它们的内部网连在一起，这就形成了公共网络外部网。

2）专用网络。专用网络是两个企业之间的专线连接，这种连接是两个企业的内部网之间的物理连接。

3）虚拟专用网络（VPN）。虚拟专用网络是一种特殊的网络，它采用一种叫作“IP 通道”或“数据封装”的系统，用公共网络及其协议向贸易伙伴、顾客、供应商和雇员发送敏感的数据。

## 技能实操 1　互联网技术体验

### 1. 实操要求

使用 ipconfig 命令查询本机 IP 地址，使用 Ping 命令检测网络通断性。

### 2. 实操步骤

（1）利用 ipconfig 命令查询本机局域网 IP

ipconfig 程序采用 Windows 窗口的形式来显示 IP 协议的具体配置信息，如果 ipconfig 命令后面不跟任何参数直接运行，程序将会在窗口中显示网络适配器的物理地址、主机的 IP 地址、子网掩码及默认网关等。

1）单击计算机桌面左下角的“开始”找到“运行”，单击“运行”。开始页面如图3-1所示。

2）在出现的对话框里面输入“cmd”。运行页面如图3-2所示。

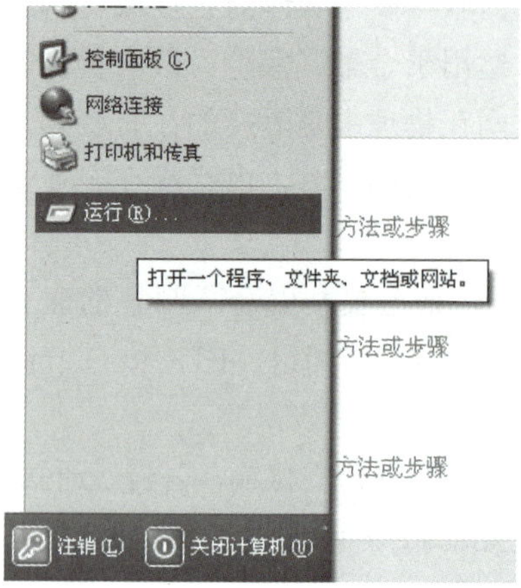


图3-1 开始页面

图3-2 运行页面

3）输入后单击“确定”按钮，会出现一个黑色的命令行窗口，“>”后面有一个光标在闪动。IP地址查询页面如图3-3所示。

图3-3 IP地址查询页面

4）输入ipconfig然后按下<Enter>，会出现一串数据，框内显示即是计算机的IP地址。IP地址查询结果如图3-4所示。

（2）利用Ping命令检测网络通断性

Ping命令主要是用来检查网络是否能够连通的。它的使用格式是在命令提示符下输入ping + IP地址或主机名，执行结果显示响应时间，重复执行这个命令，就可以发现ping报告的响应时间是不同的，这主要取决于网络的繁忙程度。ping命令后还可跟很多参数，我们可以键入“ping”后按下<Enter>键，其中会有很详细的说明。如果用户的计算机不能正常联网，可以使用 ping 命令来进行故障排除。

图 3-4 IP 地址查询结果

1）网络管理员可在服务器上使用 ping 命令 ping 用户机，如果成功，接着在用户端对服务器执行 ping 命令。如果也成功，则说明这一网络故障很有可能是用户的应用程序安装、设置存在问题。

2）如果网络管理员的 ping 命令执行成功而用户的 ping 命令执行不成功，则故障原因很可能是用户端的网络系统配置文件有问题。

3）如果网络管理员和用户的 ping 命令执行都失败了，这时可注意 ping 命令显示的出错信息。这种出错信息通常分为以下 3 种情况。

第一，“unknown host”（不知名主机），这种出错信息的意思是该台计算机的名字不能被 DNS 服务器转换成 IP 地址。网络故障可能为 DNS 服务器有故障，或者其名字不正确，或者服务器与客户机之间的通信线路出现了故障。

第二，“network unreachable”（网络不能到达），这是用户计算机没有到达服务器的路由，可用“netstat-rn”检查路由表来确定路由配置情况。

第三，“no answer”（无响应），服务器没有响应。这种故障说明用户计算机有一条到达服务器的路由，但接收不到它发给或服务器发来的任何信息。这种故障的原因可能是服务器没有工作，或者用户计算机或服务器网络配置不正确。

下面就给出一个典型的检测次序及对应的可能故障。

ping 127.0.0.1——这个 Ping 命令被送到本地计算机的 IP 软件，该命令永不退出该计算机。如果没有做到这一点，则表示 TCP/IP 的安装或运行存在某些最基本的问题。

ping 本机 IP——这个命令被送到计算机所配置的 IP 地址，计算机始终应该对该 Ping 命令做出应答。如果没有，则表示本地配置或安装存在问题。当出现此问题时，局域网用户请断开网络电缆，然后重新发送该命令。如果网线断开后本命令正确，则表示另一台计算机可能配置了相同的 IP 地址。

ping 局域网内其他 IP——这个命令应该离开所用的计算机，经过网卡及网络电缆到达其他计算机，再返回。收到回送应答表明本地网络中的网卡和载体运行正确。但如果收到0个回送应答，那么表示子网掩码（进行子网分割时，将IP地址的网络部分与主机部分分开的代码）不正确或网卡配置错误或电缆系统有问题。

3. 学生任务

掌握常用网络命令ipconfig和ping命令的使用方法。

## 3.2 互联网工具

从网络通信技术的观点看，互联网是一个以TCP/IP为基础，连接各个大小计算机网络的数据通信网，下面介绍经常应用的互联网工具。

### 3.2.1 文件传输协议

文件传输协议（File Transfer Protocol，FTP）是互联网中最重要的服务之一。在互联网实现文件传输的软件是文件传输协议，简称FTP。使用FTP服务用户可以相互进行文件传输，实现信息共享。它通过网络可以将文件从一台计算机传送到另一台计算机。不管这两台计算机距离多远，使用何种操作系统，采用何种技术与网络连接，文件传输协议都能在网络上两个站点之间传输文件。

FTP服务器系统是典型的客户机/服务器工作模式。只要在网络中的两台计算机上分别安装FTP服务器和客户端软件，就可以在这两台计算机之间进行文件传输。如果用户有权限，还可以在客户端对服务器上的文件进行管理，如文件重命名、文件删除，以及目录的建立、删除等。FTP传输的文件可以是数据、图形或文本文件。把文件从远程服务器上拷贝到本地主机上的过程称为“下载”，把本地主机上的文件拷贝到远程服务器上称为“上传”。

用户在使用FTP命令行或浏览器下载文件时，如果在下载过程中网络连接意外中断，那么已经下载完的那部分文件也会被丢弃，一切前功尽弃。专用FTP工具具有断点续传功能，可以在网络重新连接后继续进行剩余文件部分的传输。目前，常用的FTP工具有Cute FTP、Leap FTP、Flash FXP等。

### 3.2.2 远程登录Telnet

Telnet服务属于客户机/服务器工作模式，其意义在于实现了基于Telnet协议的远程登录。登录是指分时系统允许多个用户同时使用一台计算机。为了保证系统的安全和记账方便，系统要求每个用户有单独的账号作为登录标识，系统还为每个用户指定了一个口令。用户在使用该系统之前要输入标识和口令，这个过程被称为“登录”。

远程登录是指用户使用Telnet命令，使自己的计算机暂时成为远程主机的一个仿真终端的过程。仿真终端等效于一个非智能的机器，它只负责把用户输入的每个字符传递给主机，再将主机输出的每个信息显示在屏幕上。

Telnet协议进行远程登录时需要满足以下条件：在本地计算机上必须装有包含Telnet协

议的客户程序，必须知道远程主机的 IP 地址或域名，必须知道登录标识与口令。

## 3.2.3　电子邮件服务

电子邮件（Electric Mail，E-mail）是互联网上应用最频繁的业务之一。电子邮件是利用互联网进行通信的工具，是互联网上一种典型的客户机 / 服务器（Client/Server）系统。这个系统主要包括电子邮件客户机、电子邮件服务器，以及在电子邮件客户机和服务器上运行、支持互联网上电子邮件服务的各种服务协议。

电子邮件具有价格低、速度快、可以传送多媒体信息、可以将同一邮件同时转发给多个收件人等特点。

电子邮箱实际上就是在互联网服务商的 E-mail 服务器上为用户开辟出一块专用的磁盘空间，用来存放用户的电子邮件文件。每个电子邮箱都有一个地址，称为电子邮箱地址（E-mail Address）。电子邮箱地址的格式是固定的，并且在全球范围内是唯一的。电子邮件的地址格式为：用户名 @ 主机名。其中“@”符号读作“at”，用户名是申请电子邮箱时用户自己起的名字。主机名是拥有独立 IP 地址的计算机的名字。例如，lfyapingwei@lfgx.net，用户名为“lfyapingwei”，主机名为“lfgx.net”。

互联网上的个人用户是不能直接接收电子邮件的，因为个人计算机经常关闭或没有与互联网建立连接。因此，电子邮件的发送和接收实际上是由网络服务提供商的邮件服务器完成的。网络服务提供商的邮件服务器 24 小时不停地运行着，这样用户才可能随时发送和接收邮件，而不必考虑收件人的计算机是否打开。

互联网上的电子邮件系统的工作过程是发送方把一封电子邮件发给收件人，接收方的邮件服务器收到电子邮件后，先将其存在收件人的电子信箱中，并告知收件人有新邮件到来。当收件人的计算机连接到服务器上后，就会看到服务器的通知，随后打开邮箱查收邮件。

互联网服务提供商（Internet Service Provider，ISP）的电子邮件服务器起到了网上“邮局”的作用。它管理着众多用户的电子邮箱。当用户有邮件来时就暂存其中，供用户查收阅读。由于电子邮箱容量有限，需要用户定期整理，以便腾出空间接收新邮件。

同时，电子邮件在发送和接收过程中，还要遵循一些基本协议和标准，如 SMTP、POP3 等。这些协议和标准保证电子邮件在各种不同系统之间进行传输。简单邮件发送协议（Simple Mail Transfer Protocol，SMTP）是互联网上基于 TCP/IP 的应用层协议。SMTP 定义了邮件发送和接收之间的连接传输。其作用是当发送方的计算机与支持 SMTP 协议的电子邮件服务器连接时，将电子邮件从发送方的计算机中准确无误地传送到接收方的电子邮箱中。

电子邮件接收协议 POP3 是电子邮件系统中的基本协议之一。它的作用是当用户的计算机与支持 POP3 协议的电子邮件服务器连接时，把储存在该服务器的电子邮箱中的邮件准确无误地接收到用户的计算机中。现在 ISP 的电子邮件服务器都安装了这两项协议，即用 SMTP 服务器作为电子邮件发送服务器，POP3 服务器作为电子邮件接收服务器。目前，大多数电子邮件客户端软件都支持 SMTP 协议和 POP3 协议。用户在首次使用这些软件发送和接收电子邮件之前，需要对 ISP 的电子邮件服务器进行设置。

### 3.2.4 万维网服务

万维网（World Wide Web，WWW）服务是指帮助人们从互联网上浏览所需的信息。万维网是建立在 TCP 基础上的，采用浏览器 / 服务器（Browser/Server，B/S）工作模式的一种网络应用。它将分散在世界各地的 Web 服务器（专门存放和管理 WWW 资源）中的信息，用超文本方式链接在一起，供互联网上的计算机用户查询和调用。

在 WWW 上，每个信息资源都有统一的且在网上唯一的地址，该地址称为统一资源定位符（Uniform Resource Locator，URL），它是 WWW 的统一资源定位标志。URL 由 3 个部分组成：资源类型、存放资源的主机域名和资源文件名。

URL 的地址格式如下。

应用协议类型：// 信息资源所在主机名（域名或 IP 地址）/ 路径名 /…/ 文件名。

例如：http://www.100e.com/Inspirit/index.asp，表示用 HTTP 协议访问主机名为 www.100e.com 的一个 asp 文件。

HTTP 是超文本协议，与其他协议相比，它简单、通信速度快，耗时少，并且 HTTP 允许传输任意类型的数据。互联网上的所有资源都可以用 URL 来表示，如 Ftp、Telnet、Mailto、News、Gopher 等。

### 3.2.5 电子公告牌服务

电子公告牌服务（Bulletin Board Service，BBS）是互联网上的一种电子信息服务系统。BBS 起源于美国，1978 年在芝加哥地区的计算机交流会上，克瑞森（Krison）和苏斯（Russ Lane）两个人经常在各方面进行合作，但两个人并不住在一起，只能进行电话交流，但有些问题是很难用语言表达清楚的，因此，他们就借助当时刚上市的 Hayes 调制解调器（Modem）将他们家里的两台苹果Ⅱ计算机通过电话线连接在一起，实现了世界上的第一个 BBS，这样他们就可以互相通过计算机聊天、传送信息了。他们把自己编写的程序命名为计算机公告牌系统（Computer Bulletin Board System）。这就是第一个 BBS 系统的诞生。当时，有一位软件销售商看到这一成果，立即意识到它的商业价值。在他的推动下，CBBS 加上调制解调器组成的第一个商用 BBS 软件包于 1981 年上市。

早期的 BBS 是一些计算机爱好者团体自发组织的，以讨论计算机或游戏问题为多，后来 BBS 逐渐进入互联网，出现了以互联网为基础的 BBS，政府机构、商业公司、计算机公司也逐渐建立了自己的 BBS，使 BBS 迅速成为全世界计算机用户交流信息的园地。

大部分 BBS 由教育机构、研究机构或商业机构管理。像日常生活中的黑板报一样，电子公告牌按不同的主题分成很多个布告栏。布告栏设立的依据是大多数 BBS 使用者的要求和喜好。使用者可以阅读他人关于某个主题的最新看法，也可以将自己的想法毫无保留地贴到公告栏中。同样地，别人对你的观点的回应也很快。如果需要私下交流，也可以将想说的话直接发到某个人的电子信箱中。如果想与正在使用 BBS 的某个人聊天，可以启动聊天程序加入闲谈者的行列，虽然谈话的双方素不相识，但可以亲近地交谈。在 BBS 里，人们之间的交流打破了空间、时间的限制。在与别人进行交往时，无须考虑自身的年龄、学历、知识、社会地位、财富、外貌、健康情况，而这些条件往往是人们在其他交流形式中无可回避的。同样地，也无从知道交谈的对方的真实社会身份。这样，参与 BBS 的人可以处于平等的位置与其他人进行任何问题的探讨。

**技能实操 2**　网络工具的使用

### 1. 实操要求

发送带有附件的电子邮件。

### 2. 实操报告

实操报告见表 3-1。

表 3-1　实操报告

| 序　　号 | 实操文字描述 | 实操截图 |
|---|---|---|
| 1 | | |
| 2 | | |
| … | | |

### 3. 评价标准

评价标准见表 3-2。

表 3-2　评价标准

| 评 分 项 目 | 优<br>（90～100 分） | 良<br>（80～89 分） | 中<br>（70～79 分） | 及格<br>（60～69 分） | 不及格<br>（0～59 分） |
|---|---|---|---|---|---|
| 素养：使用网络传递信息的能力 | | | | | |
| 德育：利用网络工具传播正面信息 | | | | | |
| 知识：符合题目要求，流程表述合理 | | | | | |
| 技能：给电子邮件添加附件并发送邮件 | | | | | |

## 3.3　Web 开发技术

Web 开发技术是指开发互联网应用的技术总称，一般包括 Web 客户端技术、Web 服务器端技术和数据库技术。

### 3.3.1　Web 客户端技术

Web 客户端的主要任务是展现信息内容。Web 客户端技术主要包括 HTML、Java Script、CSS、DHTML、插件技术及 VRML 技术等。这些技术各有特色，简要介绍前 3 种。

#### 1. HTML

HTML（Hypertext Markup Language，超文本标记语言）它是构成 Web 页面的主要工具，包括一系列标签。这些标签可以将网络上的文档格式统一，使分散的互联网资源连接为一个逻辑整体。HTML 文本是由 HTML 命令组成的描述性文本。HTML 命令可以说明文字、图形、动画、声音、表格、链接等。

超文本标记语言文档制作简单，但功能强大，支持不同数据格式的文件嵌入。HTML 文档具有简易性、可扩展性、通用性等特点。目前，HTML5 是 HTML 的最新版本。

目前，网页设计软件主要有 Adobe Dreamweaver，简称 DW，其最初由美国 Macromedia 公司开发，2005 年被 Adobe 公司收购。DW 是集网页制作和管理网站于一身的网页代码编辑器。它可以支持 HTML、CSS、JavaScript 等内容，设计师和程序员几乎可以在任何地方快速制作和进行网站建设。

除 DW 之外，HBuilder 也是一款常用 Web 开发软件。HBuilder 是一款支持 HTML5 的 Web 开发 IDE（Integrated Development Environment，集成开发环境）。HBuilder 的最大优势是“快”，通过完整的语法提示和代码输入法、代码块等，大幅提升 HTML、JavaScript、CSS 的开发效率。

#### 2. JavaScript

JavaScript，简称“JS”，是一种具有函数优先的轻量级的解释型或即时编译型的编程语言。JavaScript 基于原型编程、多范式的动态脚本语言，并且支持面向对象、命令式、声明式、函数式编程范式，已经被广泛用于 Web 应用开发，常用来为网页添加各式各样的动态功能，为用户提供更流畅、美观的浏览效果。

#### 3. CSS

CSS（Cascading Style Sheets，层叠样式表）是一种用来表现 HTML 或 XML 等文件样式的计算机语言。CSS 能够对网页中元素位置的排版进行像素级精确控制，几乎支持所有的字体字号样式，拥有对网页对象和模型样式编辑的能力。CSS 样式可以直接储存于 HTML 网页中或者保存为单独的样式表文件。

### 3.3.2 Web 服务器端技术

随着电子商务的发展，静态网页已不能满足用户的需求。在这种背景下，动态网页技术应运而生，成为电子商务系统中 Web 服务器端的基本实现方式。以下介绍 4 种服务器端技术。

#### 1. ASP

ASP（Active Server Pages，动态服务器页面）是 Microsoft 公司开发的服务器端脚本环境，可用来创建动态交互式网页并建立强大的 Web 应用程序。当服务器收到用户对 ASP 文件的请求时，它会处理包含在用于构建发送给浏览器的 HTML 网页文件中的服务器端脚本代码。除服务器端脚本代码外，ASP 文件也可以包含文本、HTML（相关的客户端脚本）和 com 组件调用。

#### 2. PHP

PHP（Hypertext Preprocessor，超文本预处理器）是在服务器端执行的脚本语言，尤其适用于 Web 开发并可嵌入 HTML 脚本语言中。PHP 语言作为一种高级语言，其特点是开源，在设计体系上属于 C 语言体系。它可以让很多接受过网络技术教育的初学者能快速接受并掌握。

#### 3. JSP

JSP（Java Server Pages，爪哇服务器页面）是由 Sun Microsystems 公司主导创建的一种动态网页技术标准。JSP 部署于网络服务器上，可以响应客户端发送的请求，并根据请求内容动态地生成 HTML、XML 或其他格式文档的 Web 网页，然后返回给请求者。JSP 技术以 Java 语言作为脚本语言，为用户的 HTTP 请求提供服务，并能与服务器上的其他 Java 程序共同处理复杂的业务需求。

#### 4. Python

Python 由荷兰数学和计算机科学研究学会的吉多 • 范罗苏姆于 20 世纪 90 年代初设计，该技术既提供了高效的高级数据结构，又能简单有效地面向对象编程。Python 是一种代表简单主义思想的语言，阅读一个良好的 Python 程序感觉像是在读英语一样。Python 具有易学、易读、易维护、用途广泛、速度快、免费、开源等特点。

### 3.3.3 Web 数据库技术

数据库技术是信息系统的一个核心技术，是一种计算机辅助管理数据的方法。它研究如何组织和储存数据，如何高效地获取和处理数据。技术人员通过研究数据库的结构、储存、设计、管理，以及应用的基本理论和实现方法，并利用这些理论来实现对数据库中的数据进行处理、分析和理解的技术。目前，关系型数据库是比较常用的数据库模型之一。

关系型数据库是指采用了关系模型来组织数据的数据库，以行和列的形式储存数据，以便于用户理解。关系型数据库这一系列的行和列被称为表，一组表组成了数据库。关系模型可以简单理解为二维表模型，而一个关系型数据库就是由二维表及其之间的关系组成的一个数据组织。用户通过查询来检索数据库中的数据，而查询是一个用于限定数据库中某些区域的执行代码。主流的关系型数据库有 Oracle、DB2、MySQL、Microsoft SQL Server、Microsoft Access 等多个品种，每种数据库的语法、功能和特性也各具特色。

## 3.4 电子数据交换技术

电子数据交换（Electronic Data Interchange，EDI）是指按照同一规定的一套通用标准格式，将标准的经济信息通过通信网络传输，在贸易伙伴的电子计算机系统之间进行数据交换和自动处理。由于使用 EDI 能有效地减少直到最终消除贸易过程中的纸面单证，因而 EDI 也被称为无纸交易。

### 3.4.1 EDI 的定义

EDI 是指将商业或行政事务按一个公认的标准，形成结构化的事务处理或文档数据格式，从计算机到计算机的电子传输方法。简单地说，EDI 就是按照商定的协议，将商业文件标准化和格式化，并通过计算机网络，在贸易伙伴的计算机网络系统之间进行数据交换和自动处理。

EDI 是公司之间传输订单等作业的一种电子手段。它通过计算机网络系统将贸易、运输、保险、银行和海关等行业信息，用一种国际公认的标准格式，实现各有关部门或公司与企业之间的数据交换与处理，并完成以贸易为中心的全部过程。它是计算机到计算机之间结构化的事务数据互换。ISO 将 EDI 描述成“将贸易（商业）或行政事务处理按照一个公认的标准变成结构化的事务处理或信息数据格式，从计算机到计算机的电子传输”。

## 3.4.2 EDI 的组成要素

构成 EDI 系统的 3 个要素是 EDI 软件和硬件、通信网络、数据标准化。

一个部门或企业要实现 EDI，首先必须有一套计算机数据处理系统；其次为使本企业内部数据比较容易地转换为 EDI 标准格式，必须采用 EDI 标准；最后通信环境的优劣也是关系到 EDI 成败的重要因素之一。

EDI 标准是整个 EDI 最关键的部分。由于 EDI 是以实现商定的报文格式形式进行数据传输和信息交换的，一次制定统一的 EDI 标准至关重要。EDI 标准主要分为以下几个方面：基础标准、代码标准、报文标准、单证标准、管理标准、应用标准、通信标准、安全保密标准等。

## 3.4.3 EDI 的工作流程

1）甲企业的商务应用系统（EDP）产生一个原始文件，如订货单。

2）EDI 转换软件自动将订货单转换成平面文件，作为向标准化格式转换的过渡。

3）EDI 翻译软件将上步生成的平面文件转化成标准化格式报文。

4）通信软件将标准化报文放在含有乙方 EDI ID（识别号码）标识的电子信封里，并同时进行安全加密处理，然后通过 EDI 通信系统传输给乙方。

5）贸易伙伴乙收到电子信封后再进行反向操作，直到得到最初的原始订货单，这样就完成了一次电子数据传输。EDI 工作流程如图 3-5 所示。

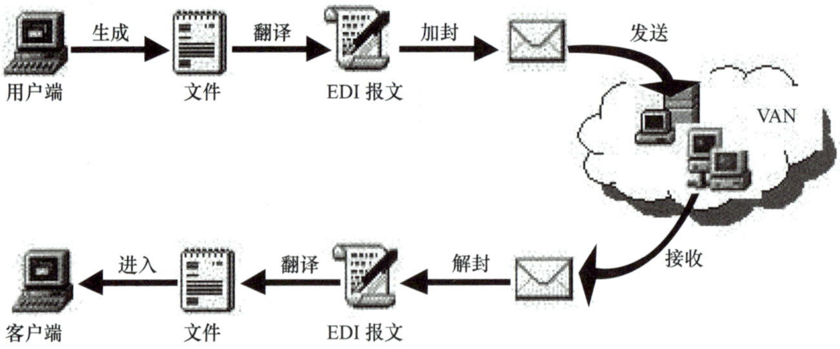


图 3-5　EDI 工作流程

其实对于企业来说，EDP 与转换软件和翻译软件之间的模块集成较为重要，三者之间应互相兼容，易于对话，以便快捷地生成标准化报文。对于 EDI 服务商来说，最重要的是保证数据在传输过程中的安全性。

## 3.5 电子商务新技术

如今科技飞速发展，一大批新型技术兴起并应用于电子商务领域，包括人工智能、云计算、5G、大数据等。

### 3.5.1 人工智能

扫码观看视频

#### 1. 概述

人工智能（Artificial Intelligence，AI）是研究、开发用于模拟、延伸和扩展人的智能的理论、方法、技术及应用系统的一门新的技术科学。它是研究使计算机模拟人的某些思维过程和智能行为（如学习、推理、思考、规划等）的学科，其中一个主要目的是让计算机做只有人才能做的智能工作。即便人工智能在近些年发展迅速，但其未来仍待进一步探索。机器智能在逻辑、计算、储存等方面，只能无限趋近人类大脑，而在思维方式、情感表达等方面根本不如人脑。

#### 2. 人工智能技术的细分领域

1）深度学习。深度学习是学习样本数据的内在规律和表示层次，这些在学习过程中获得的信息对文字、图像和声音等数据的解释有很大的帮助。它的最终目标是让机器能够像人一样具有分析学习能力，能够识别文字、图像和声音等数据。例如，AlphaGo 通过一次又一次的学习、更新算法，最终在人机大战中打败围棋大师，就是深度学习的结果。

2）计算机视觉。计算机视觉是指计算机从图像中识别出物体、场景和活动的能力。计算机视觉有着广泛的细分应用，其中包括医疗成像分析被用来提高疾病的预测、诊断和治疗；人脸识别被网络支付或者网络自助服务用来自动识别照片里的人物。

3）语音识别。语音识别技术就是将语音转化为文字，并对其进行识别、认知和处理。语音识别的主要应用包括医疗听写、语音书写、计算机系统声控、电话客服等。

**科技强国**

**北京冬奥会智慧餐厅**

智慧餐厅和无人超市一样，早就不是什么新鲜事儿了，但北京冬奥会智慧餐厅才真正诠释了什么是智慧餐厅。

北京冬奥会智慧餐厅接待了来自 100 多个国家和地区的运动员、摄影记者，以及过万名转播人员。一般的智慧餐厅是指利用互联网或人工智能技术，优化点餐、取餐、用餐及收银流程，实现无人收银的功能。高级的智慧餐厅，还会配备“机器人服务员”，完成自动点餐、送餐，以及后厨打理等工作。北京冬奥会智慧餐厅则将“智慧”发挥到了极致。结合媒体人员不同时区突发任务多，用餐时间不规律等工作特点，北京冬奥会智慧餐厅采用了汉堡机、煲仔饭机、自动炒菜机等十余款智能烹饪及传送设备。所有设备均能够24小时运作，不间断提供餐饮服务，顺利保障运动员、摄影记者和工作人员的餐饮需要。

讨论：北京冬奥会应用了哪些人工智能技术？

## 3.5.2 云计算

### 1. 概述

云计算不是一种全新的网络技术，而是一种全新的网络应用概念。云计算的核心就是以互联网为中心，在网站上提供快速且安全的云计算服务与数据储存，让每一个使用互联网的人都可以使用网络上的庞大计算资源与数据中心。

“云”实质上就是一个网络。从狭义上讲，云计算就是一种提供资源的网络，使用者可以随时获取“云”上的资源，按需求量使用，并且可以看成是无限扩展的，只要按使用量付费就可以。“云”就像自来水厂一样，人们可以随时接水，并且不限量，按照自己家的用水量，付费给自来水厂就可以。从广义上说，云计算是与信息技术、软件、互联网相关的一种服务。这种计算资源共享池叫作“云”，云计算把许多计算资源集合起来，通过软件实现自动化管理，只需要很少的人参与，就能快速提供资源。也就是说，计算能力作为一种商品，可以在互联网上流通，就像水、电、煤气一样，可以方便地取用，并且价格低廉。

### 2. 云计算服务类型

1）基础设施即服务（IaaS）。基础设施即服务是主要的服务类别之一，它向云计算提供商（个人或组织）提供虚拟化计算资源，如虚拟机、储存、网络和操作系统。

2）平台即服务（PaaS）。平台即服务是一种服务类别，为开发人员提供通过全球互联网构建应用程序和服务的平台。PaaS为开发、测试和管理软件应用程序提供按需开发环境。

3）软件即服务（SaaS）。软件即服务也是服务的一类，通过互联网提供按需软件付费应用程序，云计算提供商托管和管理软件应用程序，并允许用户连接到应用程序并通过全球互联网访问应用程序。

## 3.5.3 5G技术

### 1. 概述

第五代移动通信技术（5th Generation Mobile Communication Technology，5G）是具有高速率、低时延和大连接特点的新一代宽带移动通信技术，是实现人、机、物互联的网络基础设施。

移动通信延续着每十年出现一代新技术的发展规律，已历经1G、2G、3G、4G的发展。每一次代际跃迁，每一次技术进步，都极大地促进了产业升级和经济社会发展。5G作为一种新型移动通信网络，不仅要解决人与人通信，为用户提供增强现实、虚拟现实、超高清（3D）视频等更加身临其境的极致业务体验，更要解决人与物、物与物的通信问题，满足移动医疗、车联网、智能家居、工业控制、环境监测等物联网应用需求。最终，5G 将渗透经济社会的各行业各领域，成为支撑经济社会数字化、网络化、智能化转型的关键新型基础设施。

#### 2. 性能指标

1）峰值速率满足高清视频、虚拟现实等大数据量传输的需要。

2）空中接口时延低至 1ms，满足自动驾驶、远程医疗等实时应用。

3）在单位空间内具备大量的移动设备连接物联网通信的能力。

4）频谱效率要比 LTE 提升 3 倍以上。

5）连续广域覆盖和高移动性下，用户体验速率达到 100Mbit/s。

6）流量密度达到 $10Mbps/m^2$ 以上。

7）移动性支持 500km/h 的高速移动。

### 3.5.4 大数据

#### 1. 概述

大数据是指无法在一定时间范围内用常规软件工具进行捕捉、管理和处理的数据集合，是需要新处理模式才能具有更强的决策力、洞察发现力和流程优化能力的海量、高增长率和多样化的信息资产。

大数据技术的战略意义不在于掌握庞大的数据信息，而在于对这些含有意义的数据进行专业化处理。换言之，如果把大数据比作一种产业，那么这种产业实现盈利的关键在于提高对数据的加工能力，通过加工实现数据的增值。在加工过程中，数据信息的价值含量、挖掘成本比数量更重要。对于很多行业而言，如何利用这些大规模数据是赢得竞争的关键，企业组织利用相关数据和分析可以帮助它们降低成本、提高效率、开发新产品、做出更明智的业务决策。

#### 2. 大数据的价值体现

1）大数据帮助企业挖掘市场机会、探寻细分市场。

2）大数据能够有效地帮助各个行业的用户做出更准确的商业决策，从而实现更大的商业价值。

3）大数据创新企业管理模式，挖掘管理潜力。

4）大数据变革商业模式，催生产品和服务的创新。

5）大数据为每个人提供个性化的服务。

6）通过大数据手段的应用可以提升社会治理水平、维护社会和谐稳定。

7）大数据使人们了解系统中不同机体的运作模式，控制机体的下一个操作。

大数据是看待现实的新角度，不仅改变了市场营销、生产制造，也改变了商业模式。数据本身就是价值来源，也意味着新的商业机会，没有哪一个行业能对大数据产生免疫能力，适应大数据才能在变革中生存。

### 科技强国

**北京冬奥会大数据**

北京冬奥会期间，百度发布《百度热搜·北京冬奥会大数据》。大数据显示北京冬奥会成为史上最火冬奥会，热度超过上届冬奥会5倍；南方对冬奥会的关注超过北方，女性对冬奥会的关注高于男性；冰壶反超滑雪、滑冰，登顶项目热度位居榜首；冬奥会中国队员搜索热度排名前十；北京冬奥会激发国人的冰雪热情，冰雪运动热度春节激增。

百度热搜大数据显示，北京冬奥会的搜索热度远超前两届同期，相比索契冬奥会与平昌冬奥会分别高出1 372%与558%，也超过2008年北京奥运会后的历届夏奥会，比2021年延期举办的东京奥运会热度还高68%。

该报告显示，此前碍于赛事规模、项目普及度等因素，冬季奥运会的公众关注度往往弱于夏季奥运会。但北京冬奥会的举行，以及“带动三亿人参与冰雪运动”的成功开展，大众对冰雪赛事的关注兴趣明显提升。

讨论：北京冬奥会期间让你印象深刻的热搜是哪个？

## 技能实操3 体验百度热搜

### 1. 实操要求

查询当天的百度热搜榜，选出一个你感兴趣的热搜信息并发表自己的观点。

### 2. 实操报告

实操报告见表3-3。

表3-3 实操报告

| 序　号 | 实操步骤描述 | 实操截图 |
| --- | --- | --- |
| 1 | | |
| 2 | | |
| … | | |

### 3. 评价标准

评价标准见表3-4。

表3-4 评价标准

| 评分项目 | 优（90～100分） | 良（80～89分） | 中（70～79分） | 及格（60～69分） | 不及格（0～59分） |
| --- | --- | --- | --- | --- | --- |
| 素养：使用网络获取信息并分析信息的能力 | | | | | |
| 德育：关注社会热点，树立正确的三观 | | | | | |
| 知识：符合题目要求，流程表述合理 | | | | | |
| 技能：信息分析能力 | | | | | |

## 本章小结

本章介绍了互联网的基础知识及互联网工具。Web 开发技术，包括 Web 客户端技术、Web 服务器端技术和数据库技术；EDI 电子数据交换技术；电子商务新技术，包括人工智能、云计算、5G、大数据技术等内容。本章把专业技能和素养结合，引导学生增强民族自豪感和遵纪守法的意识。本章的技能操作，目的在于提高学生对于网络技术和网络工具的认知和使用体验，同时提升学生使用网络获取信息并分析信息的能力。

## 思考与练习

### 1. 单项选择题

1）早期的 EDI 是在（　　）上进行电子数据交换。

A．互联网　　B．企业内网　　C．企业外网　　D．VAN

2）（　　）是简单的邮件传输协议。

A．DNS　　B．Telnet　　C．HTTP　　D．SMTP

3）内联网能够为企业提供的服务项目有（　　）。

A．信息发布　　B．文件传送

C．管理和业务系统　　D．安全性管理

4）移动技术在移动通信技术与移动计算技术融合的推动下，不包括（　　）技术。

A．基于无线电的双向无线电通信（专业或公共移动无线电）或广播

B．基于蜂窝电话的移动语音服务、SMS、WAP、GPRS、UMTS

C．基于移动设备的共享服务

D．基于网络的 Wi-Fi 或我国正在开发的 WAPI 无线局域网

5）网络协议由（　　）构成。

A．语法　　B．进程　　C．语句　　D．时序

### 2. 填空题

1）EDI 系统的三大要素是________、________、________。

2）IP 地址可以分为：A 类、B 类、C 类、D 类和____________。

3）从协议分层模型来讲 TCP/IP 协议的结构包括：网络层、网络接口层和__________、__________。

4）计算机网络的功能主要表现在________、________、________3 个方面。

5）在互联网上有许多 BBS 服务器，每一个服务器由于发布的信息内容不同而各有特色，但大多有________、________、________、________、________等基本功能。

6）云计算的服务类型有________、________、________。

### 3. 思考题

1）简述 EDI 的工作过程。

2）简述计算机网络的功能。

3）简述 TCP/IP 参考模型。

4）简述 HTML 的定义。

# 第4章

# 电子商务支付

## 学习目标

### 知识目标

- 识记电子支付及电子支付系统的定义，熟记常用的电子支付工具。
- 熟记第三方支付的定义和常用的第三方支付平台。
- 熟记银行支付的定义、特点及优势。
- 识记移动支付的定义和分类，理解网络金融的应用。

### 能力目标

- 会操作网上银行的相关功能。
- 能够熟练使用第三方支付软件进行日常购物、消费等。

### 素质目标

- 培养学生细心踏实、思维敏锐、爱岗敬业的责任心。
- 引导学生维护健康的电子支付环境的职业精神。

## 思维导图

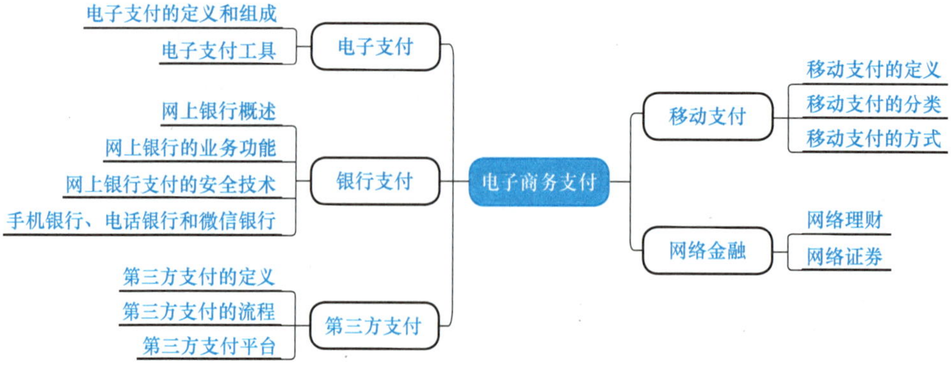

引导案例

**“短信嗅探”盗刷与验证码**

海南省三亚市宋女士的手机上突然收到了几条短信验证码。不一会儿，手机又接到短信，显示她的银行卡被刷走了 5 万元。

央视的报道再次让“短信嗅探”进入大众的视野。所谓“短信嗅探”技术，是指通过特殊设备可以采集附近手机的号码和机主信息，实现不接触目标手机而获得目标手机所接收到的验证短信的犯罪手段。

有专家认为短信被嗅探并导致资金账户被盗发生的概率是极低的，普通用户无须过于担心，更不需要在晚上睡觉时“主动关机”。但实际上，用户除了关机或打开飞行模式并没有其他有效的防御方法。这意味着如果用户碰上了“短信嗅探”盗刷，基本上是没有抵抗能力的。只要被攻击，短信验证码肯定会被拦截，至于会不会被盗刷，主要看支付平台的风险控制做得如何，用户自己则完全无法控制。

对于这个漏洞，目前也有解决方案。中国移动、中国电信、中国联通携手 11 家合作伙伴共同发布《5G 消息白皮书》。5G 消息作为短信业务的升级或将彻底解决这个漏洞。

通过“短信嗅探”盗刷与验证码案例的介绍，请思考以下问题：

在追求和享受支付便捷性的同时，消费者怎样保护自身的金融信息安全？

## 4.1　电子支付

20 世纪 90 年代，互联网逐步从大学、科研机构走向企业和家庭，商业贸易活动进入网络世界。人们使用互联网，既降低了成本，又造就了更多的商业机会。电子商务技术的发展，使其逐步成为互联网应用的最大热点。为适应电子商务这一市场潮流，电子支付随之发展起来。

扫码观看视频

### 4.1.1　电子支付的定义和组成

电子支付是指从事电子商务交易的当事人，即客户、商家和金融机构，在很短的时间内，借助信息网络使用安全的信息传输手段，采用数字化方式支付货币或流转资金。

基于互联网的电子交易支付系统由客户、商家、认证中心、支付网关、客户银行、商家银行和金融专用网络 7 个部分组成。

1）客户。客户一般是指利用电子交易手段与企业或商家进行电子交易活动的单位或个人。客户通过电子交易平台与商家交流信息，签订交易合同，用自有的网络支付工具进行支付。

2）商家。商家是指向客户提供商品或服务的单位或个人。在电子支付系统中，商家必须能够根据客户发出的支付指令向金融机构请求结算。这一过程一般是由商家设置的一台专门的服务器来完成的。

3）认证中心。认证中心是交易各方都信任的公正的第三方中介机构，它主要负责为参与电子交易活动的各方发放和维护数字证书，以确认各方的真实身份，保证整个电子交易过程安全稳定进行。

4）支付网关。支付网关是完成银行网络和互联网之间的通信、协议转换和进行数据加密、解密，保护银行内部网络安全的一组服务器。它是互联网公用网络平台和银行内部的金融专用网络平台之间的安全接口。电子支付的信息必须通过支付网关进行处理后，才能进入银行内部的支付结算系统。

5）客户银行。客户银行是指为客户提供资金账户和网络支付工具的银行，在利用银行卡作为支付工具的网络支付体系中，客户银行又被称为发卡行。客户银行根据不同的政策和规定，保证支付工具的真实性，并保证对每一笔认证交易的付款。

6）商家银行。商家银行是为商家提供资金账户的银行，因为商家银行是依据商家提供的合法账单来工作的，所以又被称为收单行。客户向商家发送订单和支付指令，商家将收到的订单留下，将客户的支付指令提交给商家银行，然后商家银行向客户银行发出支付授权请求，并进行它们之间的清算工作。

7）金融专用网络。金融专用网络是银行内部及各银行之间交流信息的封闭的专用网络，通常具有较高的稳定性和安全性。

## 4.1.2 电子支付工具

随着信息技术的发展，电子支付工具的种类越来越多。

### 1. 银行卡

（1）借记卡

借记卡是指先存款后消费不具备透支功能的银行卡。借记卡具有转账结算、存取现金、购物消费等功能。按功能不同，可分为转账卡、专用卡、储值卡、联名 / 认同卡。

1）转账卡是实时扣账的借记卡，具有转账结算、存取现金和消费功能。

2）专用卡是具有专门用途，在特定区域使用的借记卡，具有转账结算、存取现金功能，专门用途是指除百货、餐饮、娱乐行业以外的用途。

3）储值卡是发卡银行根据持卡人要求将其资金转至卡内储存，交易时直接从卡内扣款的预付钱包式借记卡。

4）联名 / 认同卡是商业银行与营利性机构 / 非营利性机构合作发行的银行卡，发卡银行和联名单位应当为联名卡持卡人在联名单位用卡提供一定比例的折扣优惠或特殊服务；持卡人领用认同卡表示对认同单位事业的支持。

（2）信用卡

信用卡是银行向个人和单位发行的，凭此可向特约单位购物、消费和向银行存取现金，其形式是正面印有发卡银行名称、有效期、号码、持卡人姓名等内容，卡面有芯片、磁条、签名条。信用卡由银行或信用卡公司依照用户的信用度与财力发给持卡人，持卡人持信用卡消费时无须支付现金，待还款日再进行还款。

根据清偿方式的不同，信用卡分为贷记卡和准贷记卡。

1）贷记卡是国际标准的信用卡，是指发卡银行给予持卡人一定的信用额度，持卡人可在信用额度内先消费、后还款，非现金消费设有免息还款期，允许按最低还款额还款，信用额度可循环使用的信用卡。

2）准贷记卡也称为信用卡，是指持卡人必须先按发卡银行要求交存一定金额的备用金，当备用金账户余额不足支付时，可在发卡银行规定的信用额度内透支，但透支即时计息、不设免息还款期的信用卡。

### 2. 智能卡

智能卡简称 IC 卡，即芯片卡，是一种集成电路卡。将一个专用的集成电路芯片镶嵌于塑料基片中，封装成外形与磁卡类似的卡片形式，即制成一张 IC 卡。当然也可以封装成纽扣、钥匙、饰物等特殊形状。以 IC 卡技术为核心，以计算机和通信技术为手段，就能将智能建筑内部的各项设施连接成为一个有机的整体，用户通过一张 IC 卡便可完成通常的钥匙、资金结算、考勤和某些控制操作，如社保、公交、零售、医院、自助售票及售货等，从而使金融 IC 卡被广泛应用于除银行外的各个合作领域，可实现“一卡多用、一卡通行”。

### 3. 电子钱包

（1）电子钱包的定义

电子钱包是电子商务购物活动中常用的一种电子支付工具，尤其适用于小额购物或小商品购买，是一种新式钱包。电子钱包和实际钱包的功能一样，可存放电子现金、电子信用卡、所有者身份证书、所有者地址，以及在电子商务网站的收款台上所需要的其他信息。

（2）常用的电子钱包

1）支付宝钱包。支付宝钱包是国内领先的移动支付平台。支付宝钱包的主要功能有随时随地查询账户账单、账户余额、物流信息；支持异地跨行转账，信用卡还款、充值、缴费、付款、卡券信息智能提醒等线上服务功能。除此之外，它还添加了 AA 收款、在线打车、购物线下支付、政务服务线上预约等线上与线下相结合的服务功能。支付宝钱包操作页面如图 4-1 所示。

2）QQ 钱包。QQ 钱包采取卡包的形式，方便用户管理自己的 Q 币、财付通账号、银行卡，同时沿用财付通体系的支付密码，可以用于财付通支付和银行卡支付，让用户用便捷的方式进行移动支付。用户可以通过 QQ 钱包，为手机充值、购买电影票，以及购买 QQ 会员、QQ 阅读、游戏等。QQ 钱包操作页面如图 4-2 所示。

3）百度钱包。百度钱包是由百度公司创办的，百度旗下的产品及海量商户与广大用户连接，提供超级转账、付款、缴费、充值等支付服务，包括个人理财、消费金融等金融服务。百度钱包操作页面如图 4-3 所示。

4）微信钱包。微信钱包作为微信支付中的一项功能，是集成在微信客户端的第三方支付功能，用户可以通过手机完成快速支付流程。微信钱包以绑定银行卡和零钱的快捷支付为基础，向用户提供安全、快捷、高效的支付服务。微信钱包操作页面如图 4-4 所示。

图 4-1 支付宝钱包操作页面

图 4-2 QQ 钱包操作页面

图 4-3 百度钱包操作页面

图 4-4 微信钱包操作页面

法律法规

**电子支付应遵守法律法规**

在线上与线下融合的背景下，越来越多的支付活动采用互联网进行。在网购之前，你是不是也在银行或者第三方支付的页面中，确认过支付金额和收款人信息？在电子支付之后，你是不是也收到了银行或者第三方支付发送的确认支付信息？这都是法律对网购过程中电子支付的要求。《中华人民共和国电子商务法》第五十五条规定："用户在发出支付指令前，应当核对支付指令所包含的金额、收款人等完整信息。支付指令发生错误的，电子支付服务提供者应当及时查找原因，并采取相关措施予以纠正。造成用户损失的，电子支付服务提供者应当承担赔偿责任，但能够证明支付错误非自身原因造成的除外。"第五十六条规定："电子支付服务提供者完成电子支付后，应当及时准确地向用户提供符合约定方式的确认支付的信息。"

讨论：你怎么看待网购过程中电子支付的安全问题？

## 4.2　银行支付

银行业金融机构为了适应社会信息化发展，利用面向社会公众开放的通信通道或开放型公众网络，以及银行特定自助服务设施为客户建立了专用电子支付网络，向客户提供电子支付服务，主要包括网上银行、电话银行、手机银行和微银行。

### 4.2.1　网上银行概述

网上银行也称网络银行、在线银行，是指利用互联网及相关技术处理传统的银行业务及支持电子商务网上支付的新型银行。它实现了银行与客户之间安全、方便、友好、实时的连接。客户向已推出了网上银行系统的开户银行申请后，可在任何地方利用自有计算机，通过互联网这一信息高速公路与银行的业务网络联网，实现开户、销户、查询、对账、行内转账、跨行转账、信贷、网上证券、投资理财，以及其他贸易或非贸易的全方位银行业务服务。可以说，网上银行是在互联网上的虚拟银行柜台。

网上银行是由银行在网络上开办的服务系统，其功能包括转账在内的一系列服务，是线上交易和从事金融活动的基础。网上银行与传统银行有很大的区别，这种区别显示了网上银行巨大的优越性，主要表现在以下几个方面。

第一，网上银行业务打破了传统银行业务的地域、时间限制，具有 3A 特点，即能在任何时候（Anytime）、任何地方（Anywhere）、以任何方式（Anyhow）为客户提供金融服务。这既有利于吸引和保留优质客户，又能主动扩大客户群，开辟新的利润来源，使银行更加贴近客户，方便客户。

第二，网上银行能降低成本，使银行的房地产投资和人员投资大幅度减少，提高效益，是更加有效的银行竞争手段。例如，全世界第一家网上银行——美国的"安全第一网上银行"，员工数量只有几十人，但在 1997 年却可拥有 4 万多亿美元存款。

第三，网上银行可实现交易无纸化、业务无纸化和办公无纸化。网上银行全面使用电子货币，取消了纸币的使用，一切银行业务的办公文件和凭证都改用电子化文件、电子化票据和证据，签名也采用数字化签名，利用计算机和数据通信网传送，利用电子数据交换进行往来结算。

第四，网上银行有利于服务创新，向客户提供多种类、个性化服务。

总之，和传统银行相比，网上银行比传统银行具有很大的优越性，网上银行不仅是电子商务发展的支撑点，而且是金融发展的新增长点，是未来金融业的出路。

## 4.2.2 网上银行的业务功能

网上银行的业务品种主要包括基本业务、网上投资、网上购物、个人理财助理、企业银行及其他金融服务。

### 1. 基本业务

商业银行提供的基本网上银行服务包括在线查询账户余额和交易记录、转账及网上支付等。中国工商银行个人网银截图如图 4-5 所示。

图 4-5 中国工商银行个人网银截图

### 2. 网上投资

由于金融服务市场发达，网上银行提供的金融投资种类也越来越多。传统的股票、基金、保险、债券的购买和交易都已经可以在网上进行。此外，网上新型的理财投资产品越来越多，人们可以通过网络进行虚拟贵金属买卖、期货买卖、网络借贷等。

### 3. 网上购物

网上银行设立的网上购物协助服务，大大方便了客户网上购物，为客户在提供与传统银行相同的服务品种的基础上，提供了优质的金融服务或相关的信息服务，加强了商业银行在传统竞争领域的竞争优势。

### 4. 个人理财助理

个人理财助理是网上银行重点服务品种之一。各大银行将传统银行业务中的理财助理转移到网上进行，通过网络为客户提供理财的各种解决方案，提供咨询建议，或者提供金融服务技术的援助，从而极大地扩大了商业银行的服务范围，并降低了相关的服务成本。

### 5. 企业银行

企业银行是网上银行服务中最重要的组成部分之一。企业银行的服务品种比个人客户的服务品种更多，更复杂，相关技术的要求也更高，只有实力强大的银行才能提供此类服务，纯网上银行只能部分提供，甚至完全不提供这方面的服务。

### 6. 其他金融服务

除了基本的银行服务，网上银行还与其他金融服务网站联合，为客户提供多种金融服务产品，如保险、抵押和按揭等，以扩大网上银行的服务范围。

## 4.2.3 网上银行支付的安全技术

网上银行作为一种银行业务和金融服务的大趋势很快席卷全球，特别是网上银行的支付业务，为广大用户提供了更方便、快捷的金融服务。但是，就在网上银行获得快速发展的同时，由于互联网是其业务实现的方式和媒介，因此网上银行在为客户提供支付便利的同时，也存在着难以避免的交易安全隐患。为了保障网上支付的安全性，银行采取了有效的安全保障技术。

### 1. 动态口令牌

动态口令牌（E-token）是一种每隔一定时间自动更新动态密码的专用硬件，如图 4-6 所示。它无须安装驱动，也不需要记忆密码，直接输入动态密码数字即可。动态密码每 60 秒随机更新一次，一次有效，不可重复使用，大大提升了网上银行的安全性。优点：安全、无须与计算机连接、无须安装驱动、简单方便。缺点：有一定的使用年限（一般为 3 年），到期后需要到银行更换。

### 2. USB Key 证书

USB Key 证书是目前大多数网上银行采用的安全认证工具，是一种 USB 接口形式的硬件设备。USB Key 用于存放网银数字证书，确保网上交易的保密性、真实性、完整性和不可否认性，即使计算机中了木马病毒，也不会被窃取，安全性非常高，如图 4-7 所示。优点：安全。缺点：要交工本费；使用时要插在计算机上，需要安装驱动，有时不太方便。

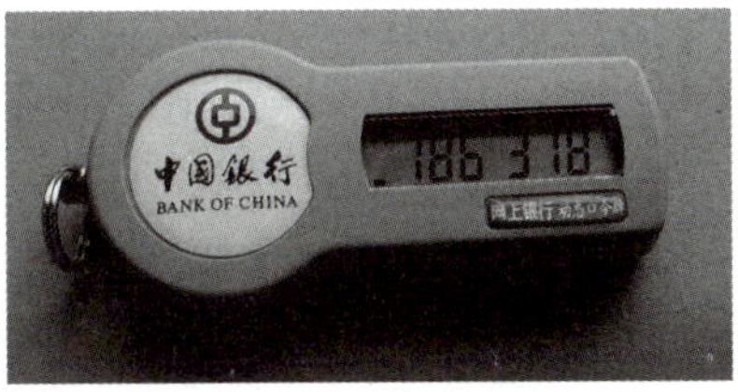


图 4-6 动态口令牌

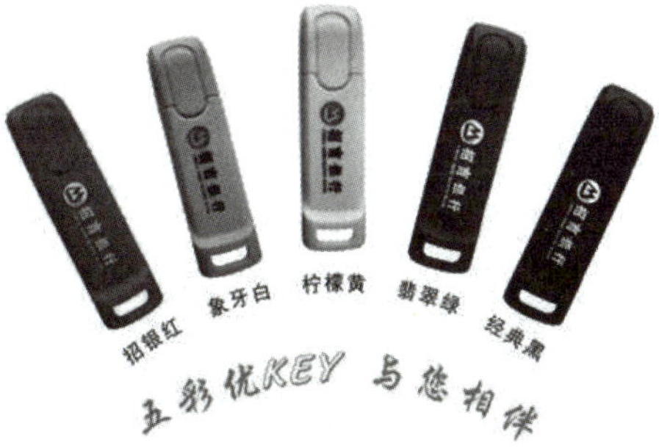


图 4-7 USB Key 证书

### 3. 动态密码卡

动态密码卡是动态密码的载体。每张动态密码卡覆盖若干个不同的口令，如图 4-8 所示。用户在启用动态密码卡后，进入网上银行办理转账汇款、缴费支付、网上支付等交易时，需要按顺序输入动态密码卡上的密码，每个密码只可以使用一次。优点：安全简单。缺点：每张卡使用次数有限（一般为 30 次），用完后就得到银行重新购买。

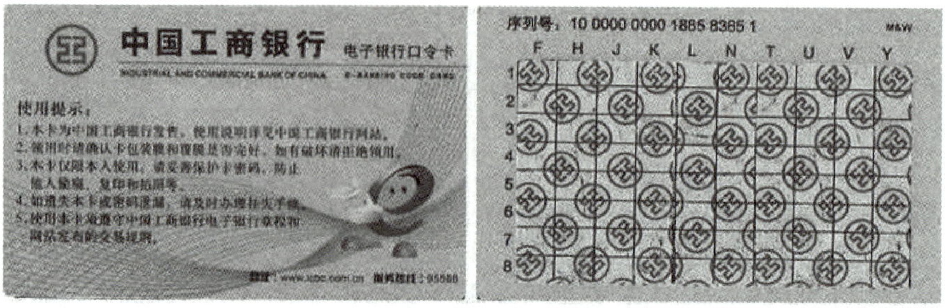


图 4-8 动态密码卡

### 4. 数字证书

数字证书就是一个包含个人身份信息的电子文件，类似于网络身份证。这个网络身份证是由一个权威的第三方安全认证机构发放的。数字证书是网银安全的根本保障，是被国内外普遍采用的一整套成熟的信息安全保护措施。数字证书一般被存放在浏览器中。优点：免费。缺点：容易被复制、窃取，安全性较差。

### 5. Active X 安全控件

Active X 安全控件是向非证书认证用户提供的安全手段，当控件安装完成后用户才能见到网上银行的登录页面。这种安全技术防止了信息被窃取。优点：简单。缺点：安全系数不高。

### 6. 动态验证及交易短信通知

在客户进行网上支付时，银行通过客户预留的手机号码实时发送动态验证码进行身份验证，有效保证该支付是经客户本人确认的操作。若账户发生网上支付交易或大额转账交易，银行将以短信或邮件形式发送交易信息至客户预留的电话或邮箱，以便客户及时了解账户变动情况，核实每笔交易。

### 7. 电子支付卡消费限额

电子支付卡是电子支付的一个主要渠道，由于没有采用证书验证方式，所以其申请无须柜面办理，可以大大方便客户的操作，但也降低了部分安全性。客户可自行注销，停用电子支付卡，并设置每日单笔最高交易限额、每日最高交易限额、每日交易笔数、有效期和使用次数。电子支付卡到期或自行注销后，可重新申请电子支付卡消费限额，在方便客户和保证客户资金安全之间达到较好的平衡。

## 4.2.4 手机银行、电话银行和微信银行

以互联网为代表的现代信息科技对电子银行服务模式产生了重大影响。我国的电子银行服务终端不局限于 PC 端的网上银行，手机银行、电话银行和微信银行，以及更多不同类型的移动终端，具有很大的发展空间。

### 1. 手机银行

手机银行也称移动银行，是利用移动通信网络及终端办理相关银行业务的简称。作为一种结合了货币电子化与移动通信的崭新服务，手机银行业务不仅可以使人们在任何时间、

任何地点处理多种金融业务，而且极大地丰富了银行服务的内涵，使银行能以便利、高效而又较安全的方式为客户提供传统和创新服务。手机银行业务需要依赖手机银行 App 实现。

（1）手机银行的操作原理

手机银行方便了人们的生活。人们通过手机银行，可以办理许多以前只能通过柜台才能办理的业务。手机银行开通流程：首先，需要开通网上银行业务。如果有需要，可以去银行柜台办理该项业务，只需要出具身份证、银行卡、手机号码，即可开通。确保手机银行业务正常开通后，可以从网上下载手机银行客户端。在程序主页面中单击“手机银行”，然后输入相关信息，最后单击“登录”按钮，就可以登录手机银行，办理相关业务。

（2）手机银行与网上银行相比的特点

手机银行与网上银行相比，优点比较突出。首先，手机银行有庞大的潜在用户群；其次，手机银行必须同时经过 SIM 卡和账户双重密码确认之后方可操作，安全性较高；最后，手机银行实时性较好，折返时间几乎可以忽略不计，而相同的业务在网络银行实现需要一直在线，是否办理成功还取决于网络拥挤程度与信号强度等许多不确定因素。

### 2. 电话银行

电话银行通过电话这种现代化的通信工具把用户与银行紧密相连，使用户不必去银行网点，无论何时何地，只要拨通电话银行的电话号码，就能够得到电话银行提供的服务。

电话银行的服务内容如下。

1）客户账户余额查询。

2）账户往来明细及历史账目档案。

3）大额现金提现预告。

4）银行存贷款利率查询。

5）银行留言。

6）银行通知。

7）其他各类指定的查询服务。

### 3. 微信银行

微信银行是使用微信为客户提供便捷电子银行服务的平台和快速获取信息服务的渠道，客户可通过关注各商业银行的服务号，享受各行微信银行服务。

（1）微信银行的功能

微信银行的功能主要为查询类业务功能。网点查询、手机银行客户端下载、非账务类查询功能无须身份认证即可使用；余额查询、明细查询、公务卡账单和额度查询等涉及账户操作的功能需要先绑定账号进行身份认证。

（2）开通方式

客户通过微信软件的公众号搜索功能关注各商业银行服务号或扫描二维码关注，即可享受微信银行服务。客户成功关注各商业银行的微信号，即可使用无须身份认证的服务。已在银行开立借记卡且开通手机银行的客户或持有该行公务卡的客户，可进行微信银行账号绑定使用提供的金融服务。

网上银行、手机银行、电话银行、微信银行丰富了银行为用户提供服务的方式，拓展了宣传推广的渠道，增强了对用户的吸引力，有利于提升用户的忠诚度；对用户而言，可以选择自己感兴趣的方式获取银行提供的服务，充分满足自己的个性化需求，高效便捷、成本低廉，极大地提升了用户的体验。

## 科技强国

**科技改变生活**

我国古代有四大发明，是创新的智慧成果和科学技术，包括造纸术、指南针、火药、印刷术。四大发明对我国古代的政治、经济、文化的发展产生了巨大的推动作用，经各种途径传至西方，对世界文明发展史产生了巨大的影响。

我国现代有新四大发明，来自“一带一路”沿线的20国青年评选出了中国的“新四大发明”：高铁、网购、支付宝、共享单车。在这些来自五湖四海不同种族的留学生眼里，中国最便利的生活方式——“新四大发明”已经深入他们的生活。高铁跑出“中国速度”，拉近城市之间的距离；优质商品借助发达的电子商务平台，到达世界各地消费者手中；扫码支付引领消费时尚，让不带钱包出门成为常态；共享单车为“最后一公里”提供解决方案，有效缓解交通拥堵……“新四大发明”是近年来中国科技创新的缩影，不仅改变了中国人的生活，也刷新了世界对中国的认识，生动阐释了中国创新模式给世界的启示。

讨论：新四大发明的历史意义？

## 技能实操1 网上银行使用流程

### 1. 实操要求

学生体验建设银行网上银行使用方法。

### 2. 实操步骤

1）首先需要去营业厅办理并开通网上银行业务。同时银行相关服务人员会给一个网上交易的凭证，据此，可以享受网上银行所提供的便利服务。例如，中国建设银行U盾如图4-9所示。

2）找到位于主页上面的“下载中心”链接并单击，如图4-10所示。

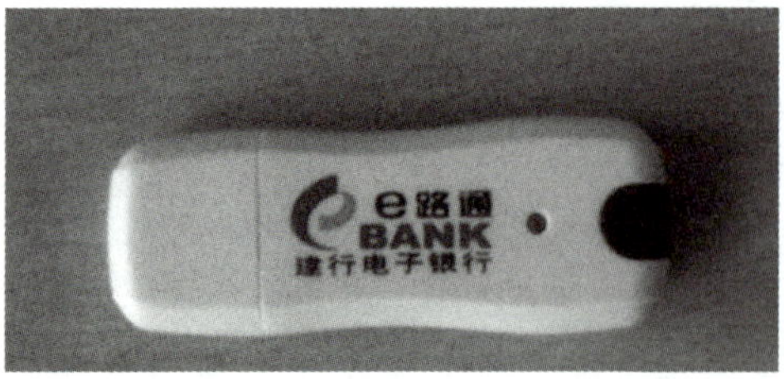


图4-9　中国建设银行U盾

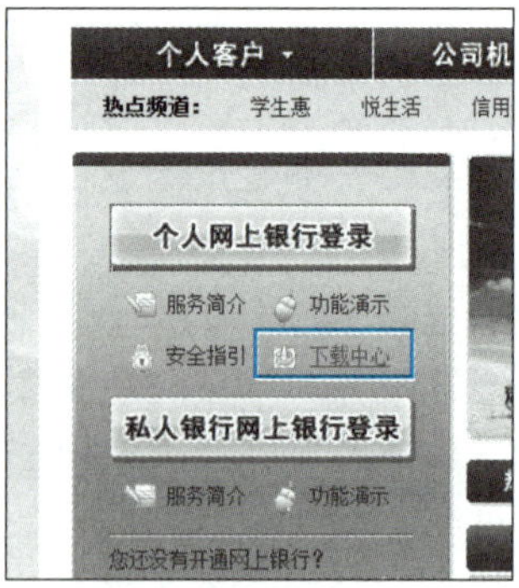


图4-10　下载中心页面

3）接着找到与当前网上交易凭证相符的驱动程序并单击“立即下载”按钮，如图 4-11 所示。

4）下载完成后，安装程序。安装完成后，选择“立即运行网盾安全检测工具”项并单击“完成”按钮。网银组件安装页面如图 4-12 所示。

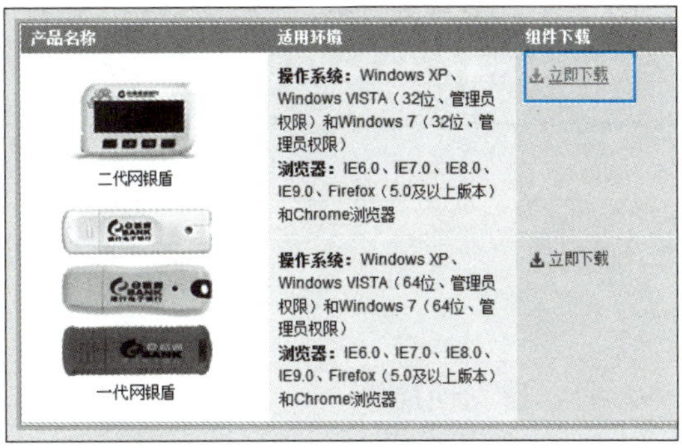


图 4-11　立即下载页面

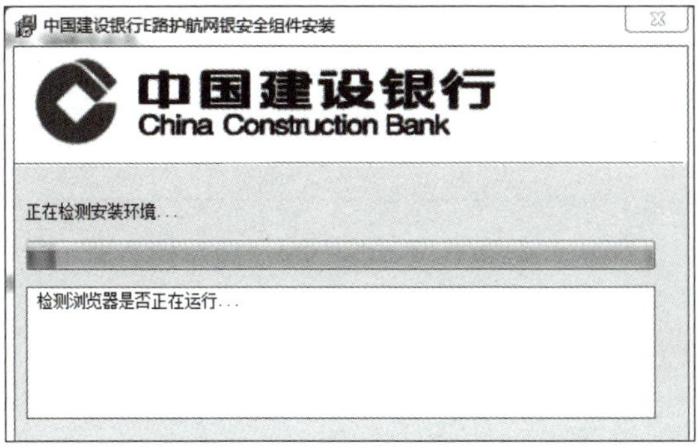


图 4-12　网银组件安装页面

5）此时程序会自动开始检查环境及配置情况，当所有项显示“正常”时就表明环境安全，可以正常使用网上银行。自动检测环境及配置页面如图 4-13 所示。

6）找到位于主页上面的“个人网上银行登录”链接并单击，如图 4-14 所示。

图 4-13　自动检测环境及配置页面

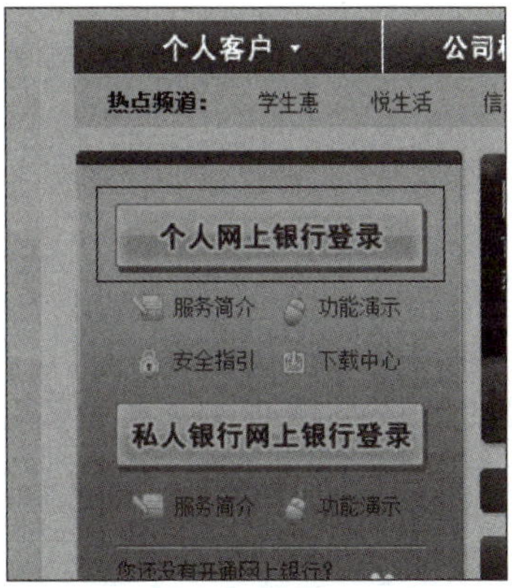


图 4-14　网上银行登录页面

7）然后根据提示，输入用户名和密码进行登录，如图 4-15 所示。

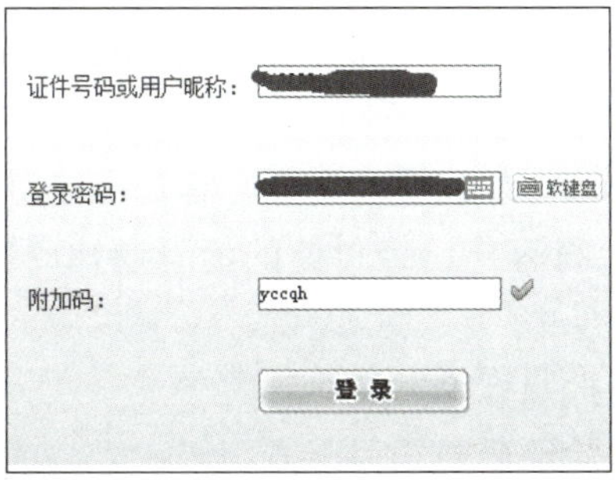


图 4-15　输入用户名和密码页面

8）成功登录后，就可以办理以下相关业务，如图 4-16 所示。

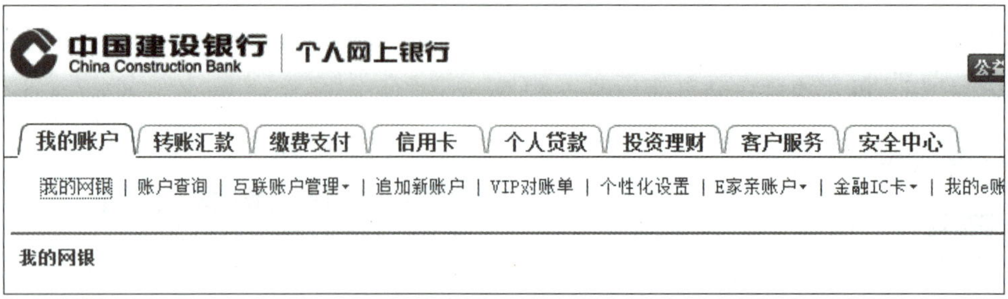


图 4-16　个人网银服务页面

### 3. 学生任务

尝试注册建设银行的网银，体验个人网银服务项目，感受便捷性。

## 4.3　第三方支付

除了网上银行、电子信用卡等支付方式以外，正在迅猛发展起来的第三方机构的支付模式及其支付流程也可以降低网络支付的风险，但这个第三方机构必须具有一定的诚信度。

### 4.3.1　第三方支付的定义

第三方支付是指具备一定实力和信誉保障的独立机构，采用与各大银行签约的方式，通过与银行支付结算系统接口对接而促成交易双方进行交易的网络支付模式。

第三方支付是买卖双方在缺乏信用保障或法律支持的情况下的资金支付中间平台，买方将货款付给买卖双方之外的第三方，第三方提供安全交易服务，其运作实质是在收付款人之间设立中间过渡账户，使转款实现可控性停顿，只有双方意见达成一致才能决定资金去向。第三方有中介保管及监督的职责，这是一种支付托管行为，通过支付托管实现支付保证。

### 4.3.2　第三方支付的流程

在第三方支付的流程中，支付模式使商家看不到客户信息，同时又避免了信息在网络上多次公开传输而导致客户信息被窃。以 B2C 交易为例，第三方支付流程如图 4-17 所示。

第一步，客户在电子商务网站上选购商品，最后决定购买，买卖双方在网上达成交易意向。

第二步，客户选择利用第三方作为交易中介，客户用信用卡将货款划到第三方账户。

第三步，第三方支付平台将客户已经付款的消息通知商家，并要求商家在规定时间内发货。

第四步，商家收到通知后按照订单发货。

第五步，客户收到货物并验证后通知第三方。

第六步，第三方将其账户上的货款划入商家账户中，交易完成。

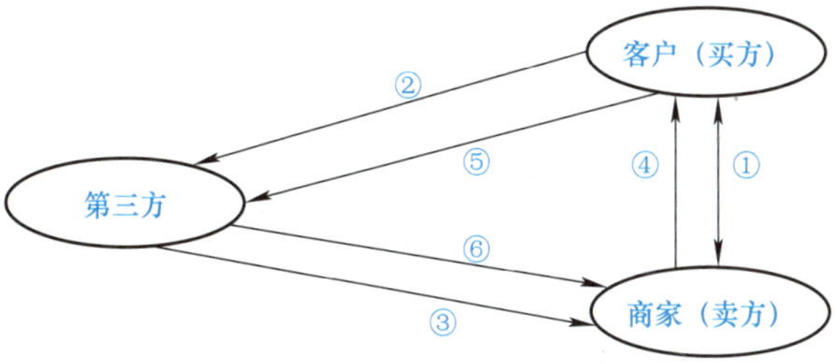


图 4-17　第三方支付流程

### 4.3.3　第三方支付平台

我国的第三方支付平台主要有支付宝、财付通、云闪付等。PayPal 主要在欧美国家应用。

#### 1. 国内知名的第三方支付平台

（1）支付宝

1）支付宝。支付宝是国内领先的独立第三方支付平台，由阿里巴巴集团在 2004 年创立。支付宝的“担保交易服务”原理为：买家下单后付款到支付宝，在订单交易显示“买家已付款”后，卖家发货，买家收到货后，检查无误，确认收货，输入支付密码或进行指纹识别，支付宝再将钱款打给卖家。

2）余额宝。蚂蚁集团 2014 年创立余额宝。蚂蚁集团承担的业务包括支付宝、余额宝、蚂蚁微贷、网商银行和芝麻信用等。余额宝是蚂蚁金服旗下的余额增值服务和活期资金管理服务产品。

随着应用场景拓展和产品创新，支付宝已发展成为融合了支付、生活服务、政务服务、理财、保险、公益等多个场景与行业的开放性平台。支付宝还推出了跨境支付、退税等多项服务，让中国用户在境外也能享受移动支付的便利。

（2）财付通

1）财付通。财付通是腾讯公司于 2005 年正式推出的专业在线支付平台，其核心业务是帮助在互联网上进行交易的双方完成支付和收款，致力于为互联网用户和企业提供安全、便捷、专业的在线支付服务。财付通支持全国各大银行的网银支付，用户也可以先充值到财付通，享受更加便捷的财付通余额支付体验。

2）财付通的功能。

① 财付通提供提现、收款、付款等配套账户功能，让资金使用更灵活。

② 财付通为广大用户提供手机充值、游戏充值、信用卡还款、机票专区等特色便民服务，让生活更方便。

③ 财付通具有虚拟物品中介保护交易功能。如果用户玩的是腾讯旗下的网游，那么在用户出售装备、游戏币的时候，可以通过财付通里的虚拟物品中介保护交易来进行操作，买卖双方通过 E-mail 通知对方进行付款、发货等。

（3）云闪付

云闪付是一种非现金收付款移动交易结算工具，是在中国人民银行的指导下，由中国银联携手各商业银行、支付机构等产业各方共同开发建设、共同维护运营的移动支付App。云闪付App具有收付款、享优惠、卡管理三大核心功能，与银联手机闪付、银联二维码支付同为银联三大移动支付产品。

云闪付App拥有强大的跨行银行卡管理服务，支持国内所有银联卡的绑定，一次性可管理15张银联卡。“卡管理”频道内打造了银行卡闭环服务，用户可在云闪付App内完成申卡、跨行银行卡交易管理、余额查询、账单查询、信用卡还款、记账等专业金融服务。

1）借记卡余额一站式查询。使用云闪付App能够一站式查询所有绑定借记卡的余额信息。

2）转账零手续费。支持转账到银行卡、转账到云闪付App账户、扫描个人收款码面对面转账等多种形式的转账，所有形式的转账均免收手续费，并在转账后可以抽取红包。

3）信用卡账单查询。用户单击任意绑定的信用卡，即可显示“还款日”“本期剩余应还”“最低应还”等账单信息。当绑定的信用卡账单变动时，云闪付App会进行实时提醒。

4）信用卡还款零手续费。云闪付App已支持各主流银行信用卡还款，还款时可自动填充还款金额。通过云闪付App进行的信用卡还款均不收取手续费，基本实现还款实时到账，避免逾期风险。

### 2. 国外知名的第三方支付平台：PayPal

PayPal（PayPal Holdings，Inc.）在我国的品牌名称为贝宝，是美国eBay公司的全资子公司。1998年12月由Peter Thiel及Max Levchin建立，总部位于美国加利福尼亚州圣荷西市。PayPal允许在使用电子邮件标识身份的用户之间转移资金，避免了传统的邮寄支票或者汇款的不便利性。PayPal也和一些电子商务网站合作，成为它们的货款支付方式之一。但是用这种支付方式转账时，PayPal会收取一定数额的手续费。

PayPal与支付宝的差异如下。

第一，PayPal是全球性的，支持加元、欧元、英镑、美元、日元、澳元等100多种货币。支付宝是中国的，以人民币结算。

第二，PayPal是一个将会员分等级的机构，对高级账户收取手续费，利益保障也更牢靠。支付宝则不存在这一分级。

第三，PayPal账户投诉率过高会导致账户永久性关闭，因此卖家是很谨慎的。支付宝不会轻易关闭账户。

## 技能实操2 支付宝注册流程

### 1. 实操要求

学生以客户的身份体验支付宝新用户注册流程。

### 2. 实操步骤

随着网络技术的发展，网站操作流程会有细节上的变化。

1）登录支付宝账户（www.alipay.com），单击“新用户注册”按钮，如图4-18所示。

2）单击“个人账户”，默认选择“中国大陆”，输入手机号或者邮箱地址均可进行注册。下面演示手机号码注册支付宝，如图4-19所示。邮箱注册支付宝的操作与此相同。

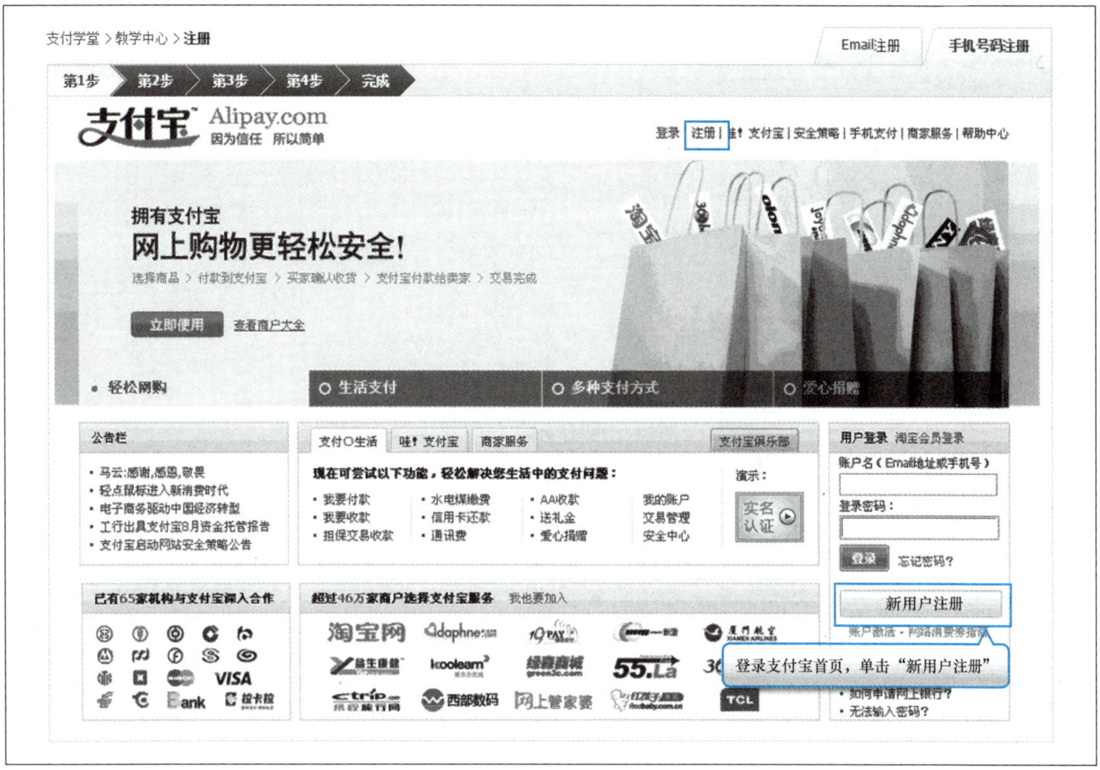


图 4-18　新用户注册页面

图 4-19　手机号码注册支付宝页面

3）输入账户基本信息（账户注册成功则默认为手机注册账户，账户绑定此手机号），单击“同意以下协议并提交”按钮进入下一步操作，如图 4-20 所示。

4）接收并填写手机校验码，如图 4-21 所示。

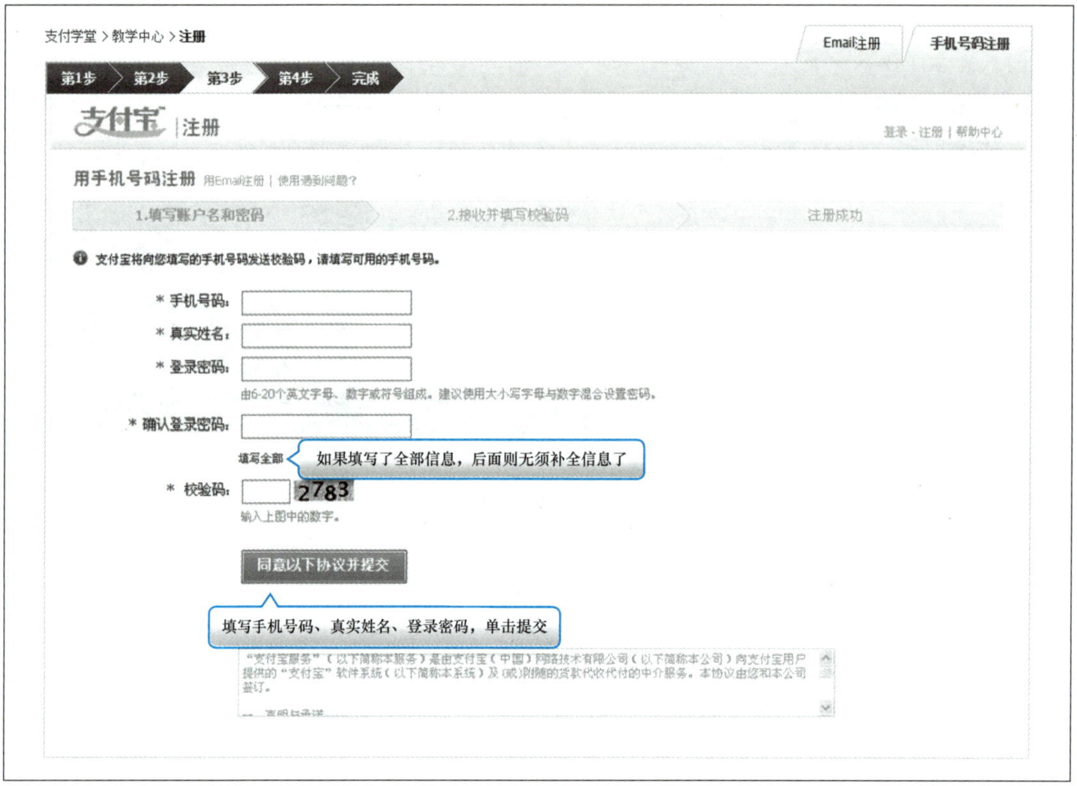


图 4-20 信息填写页面

图 4-21 填写手机校验码页面

5）完善个人信息并激活账户，如图 4-22 所示。

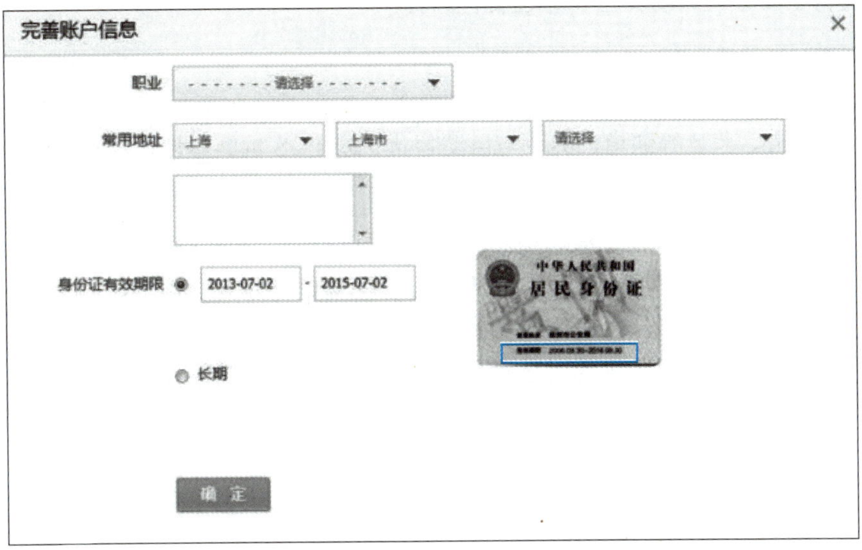


图 4-22　激活账户页面

6）注册完成，如图 4-23 所示。

图 4-23　注册成功页面

### 3. 学生任务

注册支付宝，体验支付宝付款流程。

## 4.4　移动支付

移动支付是电子支付方式的新形式，因其具有电子支付的特征，也属于电子支付的一种。移动支付与移动通信技术、无线射频技术、互联网技术相互融合，通过移动通信网络实现商业交易。

### 4.4.1　移动支付的定义

移动支付也称手机支付，就是允许用户使用移动终端对所消费的商品或服务进行账务支付的一种服务方式。单位或个人通过移动设备、远距离或者近距离传感直接或间接向银行金融机构发送支付指令产生货币支付与资金转移行为，从而实现移动支付功能。移动支付将终端设备、互联网、应用提供商及金融机构相融合，为用户提供货币支付、缴费等金融业务。

### 4.4.2 移动支付的分类

移动支付主要分为近场支付和远程支付两种。

#### 1. 近场支付

所谓近场支付，就是用手机刷卡的方式坐车、买东西等，支付的处理在现场进行，使用手机射频、红外、蓝牙等通道，实现与自动售货机及POS机的本地通信的一种支付方式。

#### 2. 远程支付

远程支付也称线上支付，是指利用移动终端通过移动通言网络接入移动支付后台系统，完成支付行为的支付方式。根据交易对象不同，远程支付可分为远程转账（个人对个人）和远程在线支付（个人对企业）。一个典型的远程支付流程是，用户通过移动终端在电子商务网站购买产品后，按照商家提供的付款页面，跳转至手机银行或第三方移动支付页面完成支付。此外，通过短消息服务、互动式语音应答等方式进行的移动支付也属于远程支付。

### 4.4.3 移动支付的方式

随着移动互联网的发展，各种创新的支付方式不断推出。

#### 1. 扫码支付

扫码支付也就是即拍即付。打开手机上的支付客户端，使用二维码识别的功能，拍摄和识别印制在各种物体上的二维码信息后，就可以识别收款方的账户信息及付款金额，输入支付密码，单击“付款”按钮便可完成交易。

#### 2. 条码支付

条码支付通过安装在手机的支付客户端，第三方支付账户自动生成一个条码，收银员用条码枪在用户的手机上扫描，用户同意，付款即完成。在支付过程中，消费者与商家之间只有扫描条码的接触，不需要出示任何银行卡。条码支付产品融合线上与线下市场，将对第三方支付、手机支付、POS机收银等各方产生重大影响。

**技能实操3** 体验微信支付的流程

#### 1. 实操要求

学生以客户的身份体验微信支付流程。

#### 2. 实操步骤

随着网络技术的发展，网站操作流程会有细节上的变化。

1）打开微信，单击下方的“我”，会看到“我的银行卡”页面，如图4-24所示，单击“进入”按钮，选择话费充值功能。下面以给指定号码充值30元为例予以说明。

2）如果没有绑定银行卡，则需要先绑定。在添加银行卡页面中输入银行卡号，储蓄卡、信用卡都可以，如图4-25所示。

3）输入银行卡号完成后单击“下一步”按钮，输入用户的具体信息，包括身份证号、姓名、手机号等，如图4-26所示。

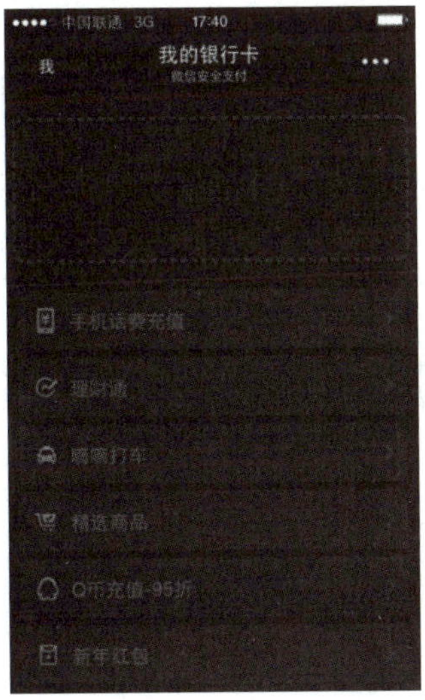

图 4-24　手机充值页面

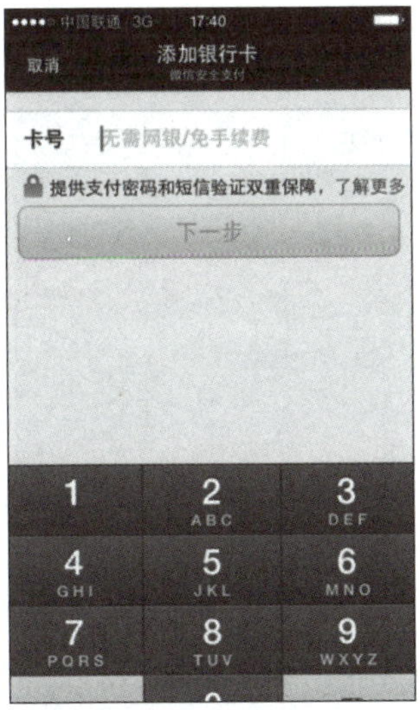

图 4-25　添加银行卡页面

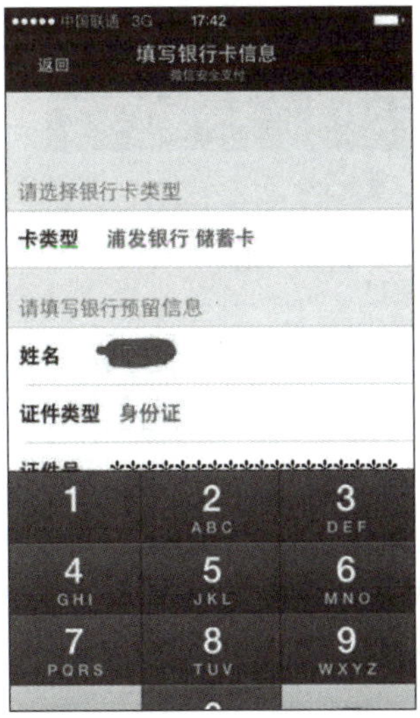

图 4-26　信息填写页面

4）各项信息输入完成后，单击“下一步”按钮，如果各项信息完整且无误，那么会进入新的页面，否则会提示错误，如图 4-27 所示。

5）进入的新页面中需要输入手机收到的验证码，这个步骤增加了安全系数，如图 4-28 所示。

6）验证码输入成功单击“下一步”按钮，由于是初次使用，要对微信进行 6 位支付密码设置，并重复设置确认，如图 4-29 所示。

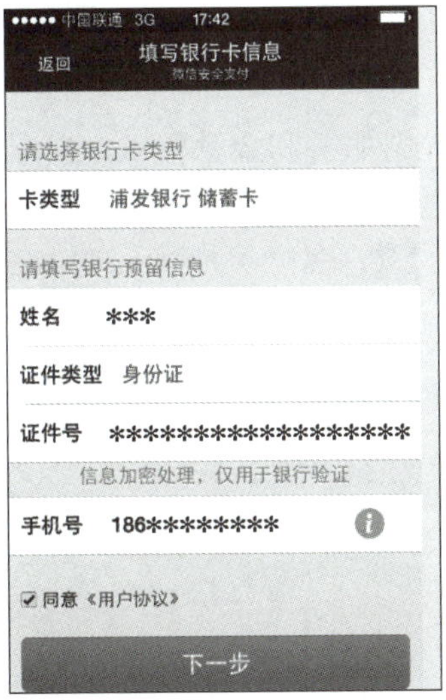

图 4-27　信息填写完成页面

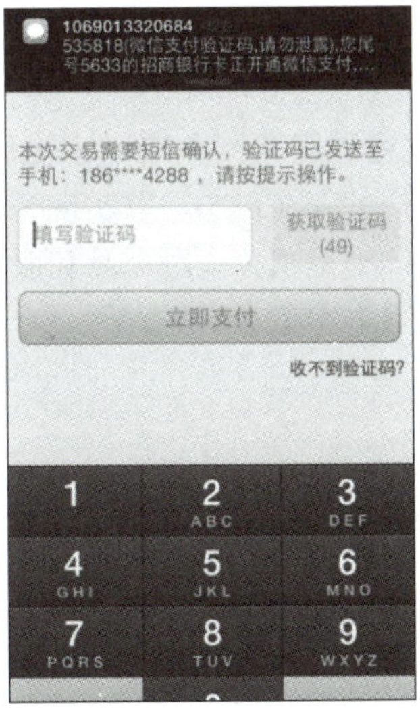

图 4-28　获取验证码页面

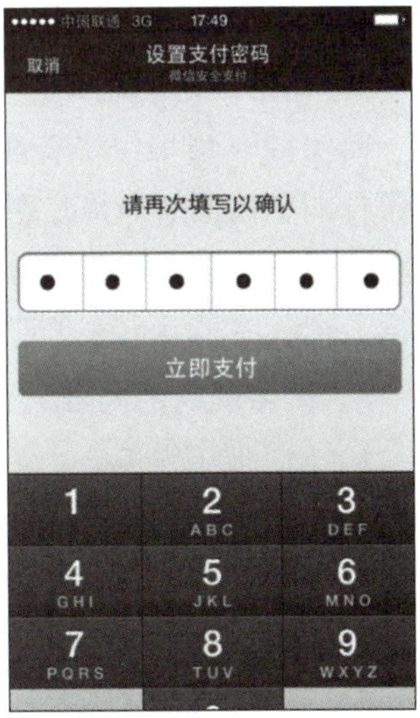

图 4-29　设置支付密码页面

7）密码设置成功并确认后，如果两次密码设置相同则支付成功，如图 4-30 所示。

8）支付成功后，银行卡绑定就完成了，这时“我的银行卡”功能选项下会显示您绑定的银行卡，如图 4-31 所示。

9）与支付宝相比，微信能够通过会话的形式提示支付进度。例如，在支付完成时，微信会发信息提示充值成功，如图 4-32 所示。

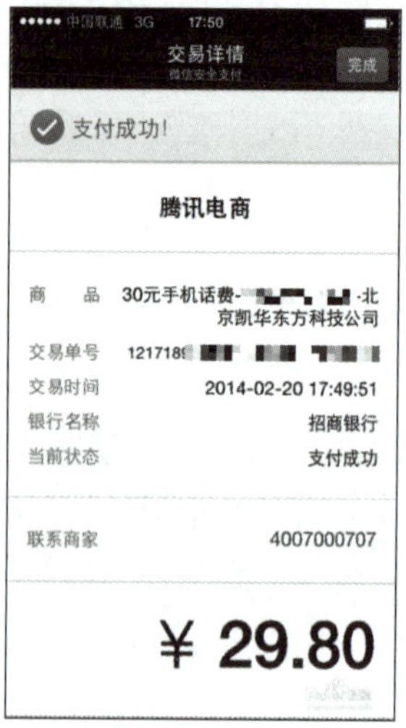


图 4-30 支付成功页面

图 4-31 绑定成功页面

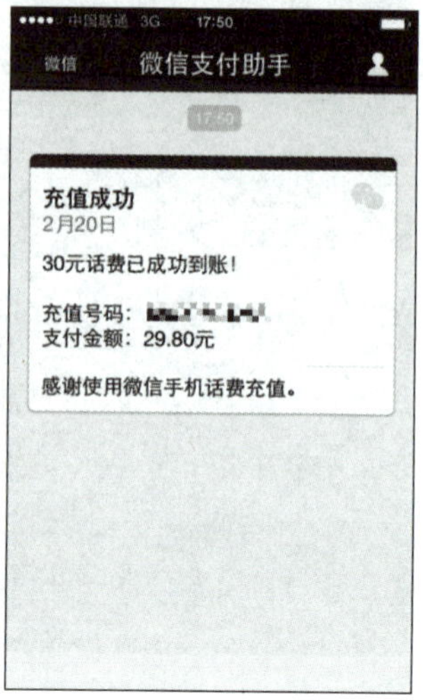


图 4-32 支付进度提示页面

#### 3. 学生任务

开通微信支付，绑定银行卡，体验微信支付过程。

## 4.5 网络金融

### 4.5.1 网络理财

#### 1. 网络理财的定义

网络理财是指投资者或家庭通过互联网获取商家提供的理财服务和金融资讯，根据外界条件的变化不断调整其剩余资产的存在形态，以实现个人或家庭资产收益最大化的一系列活动。网络理财具体包括两类：一类是相关金融产品和服务的交易；另一类是网上理财信息查询、理财信息分析、个性化理财方案设计。

#### 2. 网络理财的内容

1）网上股票理财。

2）网上计算存款、贷款利息。

3）网上投保。

4）网上自助缴费。

5）网上自助转存。

6）网上自助汇款。

除以上几项外，网络理财的内容还有网上自助贷款，网上账户挂失、网上理财咨询等。随着金融服务的完善，网络理财被越来越多的人接受。

#### 3. 网络理财的优势

1）信息优势。信息优势主要体现为信息量的广泛与传播的迅速。信息不对称是一个长久以来困扰投资者的问题。通过网络理财，投资者可以在网上轻松地掌握全国各地甚至全球的财经信息。各金融网站传递的信息几乎没有数量限制。一般来说，网络证券交易平台提供的行情更新时间为 8 ～ 10 秒，快于其他任何一种委托方式。

2）成本优势。网络理财服务与传统的理财服务相比，节省了大量的运营成本，使服务供应商能够不断地提高服务质量和降低服务费用，最终使投资者受惠。网络理财不但节省了设立庞大经营网点的费用，还大幅度节省了通信费用，整合了数据等资源，优化了工作流程。

3）时空优势。网络理财空间上覆盖面广，业务范围可以覆盖全球，拥有无限扩张的全球化目标市场。时间上提供全天候营业服务，真正做到了每周 7 天、每天 24 小时营业，极大地方便了客户。

4）服务优势。网络理财可以提高服务质量，最明显的就是给投资者提供个性化服务。投资者不是专家，要进行技术面分析和基本面分析都是相当困难的，需要耗费大量的时间和精力。但是借助互联网，尤其是网络的信息搜集功能，投资者可以获得权威的研究报告和现成的投资分析工具。

5）效率和质量优势。在金融市场上，效率就是金钱。理财活动要耗费投资者的时间、金钱和精力去搜集信息、研究市场行情、研究投资工具、做投资决策等。网络理财的运用可以节省投资者的投入，提高理财的效率，使投资者处处掌握先机，最终提高应变能力。而且，互联网技术和计算机技术的应用，可以使投资者减少投资的盲目性和随意性，从而提高理财活动的质量。

### 4.5.2 网络证券

网络证券又称网上证券，是证券行业以互联网为媒介向客户提供全新的商业服务。它是一种大规模、全方位、体系化、新型的证券经营模式，可为大量远离证券营业部的证券投资者提供与证券营业部相同的服务。网络证券具有以下几个作用。

第一，对投资者来说，利用证券电子商务可以得到比较公平、公正、高效的证券行情、信息和交易服务，可以减少因行情延迟、信息时差或交易不及时等引起的交易损失。

第二，对证券商来说，证券电子商务的实现，一方面可以大幅度降低成本，减少基础设施和人力资源的投入，另一方面可以方便地扩展业务范围，通过远程证券交易占领更大的市场。

第三，对交易所来说，支持证券电子商务的发展，积极向电子商务靠拢是非常必要的。这利于与国际接轨，也可以使我国证券交易所在国际市场竞争中处于有利地位。

**技能实操 4**　支付宝“余额宝”操作流程

#### 1. 实操要求

学生以客户的身份体验支付宝“余额宝”操作流程。

#### 2. 实操步骤

随着网络技术的发展，网站操作流程会有细节上的变化。

1）登录支付宝账户，选择“我的支付宝”→“转入”命令，如图 4-33 所示。

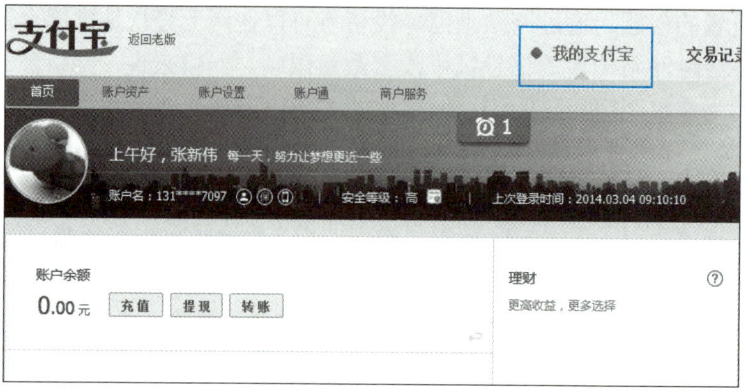


图 4-33 登录支付宝账户

2）首次转入是需要确认个人的身份信息的，在这一步单击“确认信息”按钮，如图 4-34 所示。

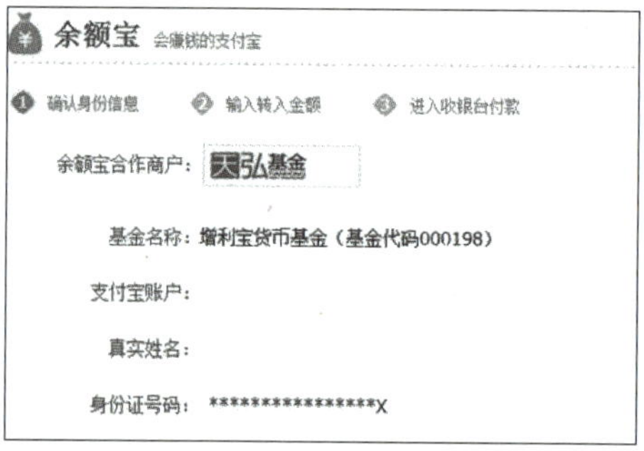


图 4-34 个人身份信息确认页面

3）上一步确认信息以后，到了购买环节，如图 4-35 所示，选择单次要转入的金额，然后单击“下一步”按钮（计算机转入或手机转入都可以，向支付宝账号里充钱是没有手续费的）。

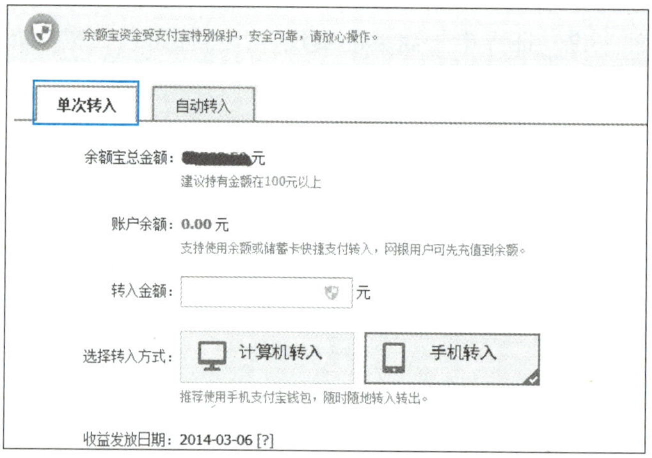


图 4-35 选择转入金额页面

4）选择支付卡，如图 4-36 所示，再单击“下一步”按钮（进行快捷支付的前提是你的支付宝已经开通了快捷支付）。

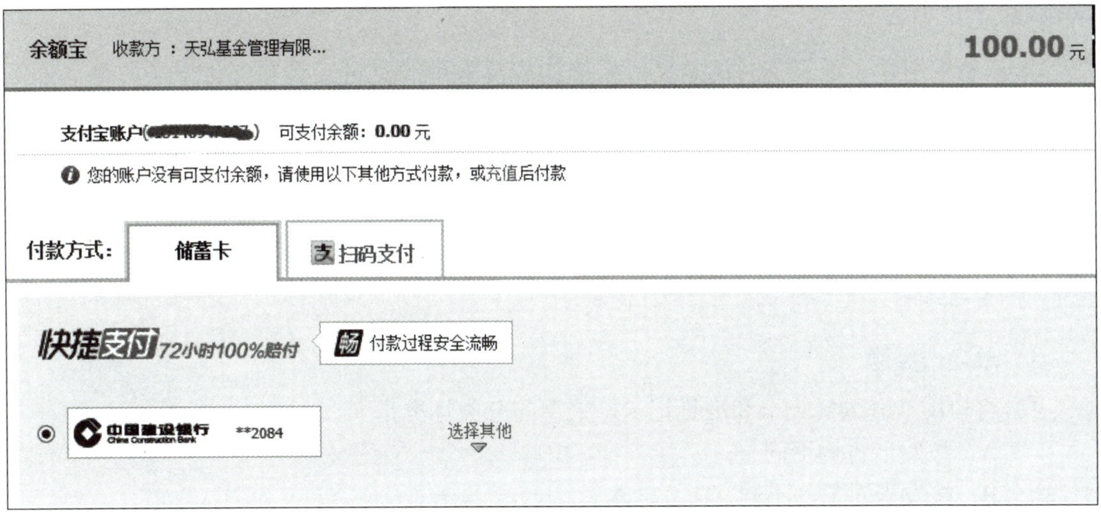


图 4-36　选择支付卡页面

5）输入支付密码，单击“确认付款”按钮，如图 4-37 所示。

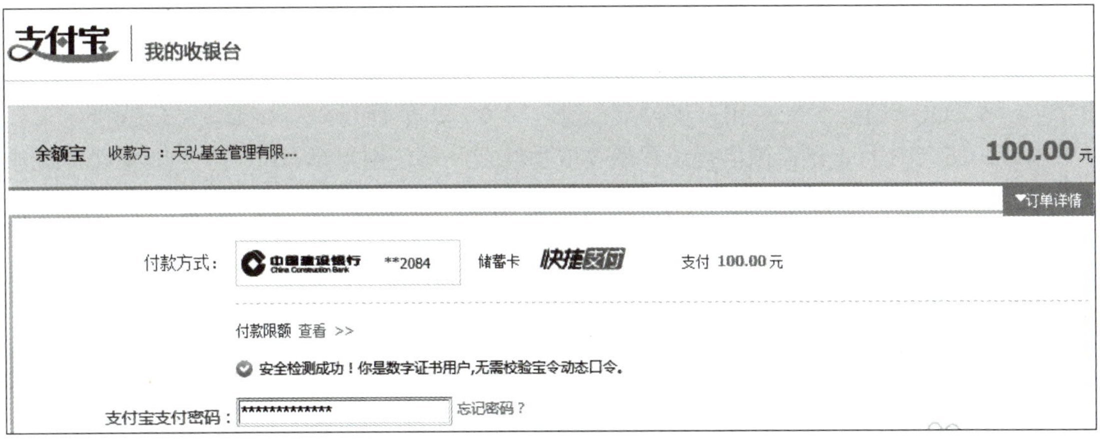


图 4-37　确认付款页面

6）单击“确认付款”按钮以后，钱就转到余额宝账户了，返回“账户资产”→“余额宝”就可以看到转入的钱，接下来等着天弘基金确认份额就可以了，如图 4-38 所示。

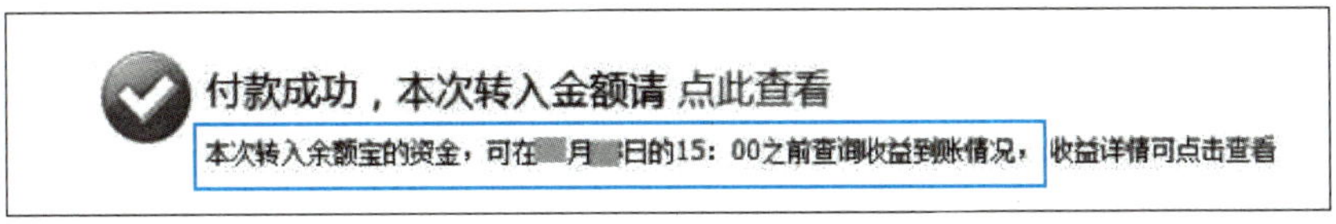


图 4-38　到账确认页面

## 3. 学生任务

体验支付宝“余额宝”操作流程。

## 本章小结

本章着重阐述了电子支付的定义、系统构成及常用的支付工具和支付方法，重点分析了第三方支付、银行支付、移动支付等模式的新发展。最后介绍了随着信息技术和互联网技术的进步，我国电子商务发展过程中出现的网络金融模式。本章还安排了具有针对性的技能操作，目的在于提高学生的认知能力和动手能力。

## 思考与练习

### 1. 单项选择题

1）将信用卡分为贷记卡和准贷记卡，采用的分类标准是（　　）。

A. 按发卡机构不同

B. 按发卡对象的不同

C. 根据清偿方式的不同

D. 根据持卡人的信誉、地位等资信情况的不同

2）智能卡是在（　　）问世的。

A. 美国　　B. 英国　　C. 荷兰　　D. 法国

3）号称“有优惠的钱包”指的是（　　）。

A. QQ 钱包　　B. 支付宝钱包　　C. 百度钱包　　D. 微信钱包

4）2016 年 3 月 1 日，微信提现开始收取手续费，每位用户享有（　　）元免费提现额度，超出该额度后，按提现金额收取（　　）手续费，每笔最少 0.1 元。

A. 1000，0.05%　　B. 1000，0.1%

C. 2000，0.05%　　D. 2000，0.1%

5）以下（　　）不属于移动支付所使用的移动终端。

A. 手机　　B. PDA　　C. PC　　D. 移动 PC

### 2. 填空题

1）基于互联网的电子支付系统由客户、商家、认证中心、＿＿＿＿＿＿、客户银行、商家银行和金融专用网络 7 个部分构成。

2）客户银行也称＿＿＿＿＿＿，是指为客户提供资金账户和网络支付工具的银行。

3）商家银行也称＿＿＿＿＿＿，是为商家提供资金账户的银行。

4）银行卡分为借记卡和＿＿＿＿＿＿两种。

5）移动支付主要分为＿＿＿＿＿＿和远程支付两种。

### 3. 思考题

1）常用的电子支付工具有哪些？请举例阐述。

2）常用的第三方支付平台有哪些？

3）PayPal 与支付宝有何异同点？

4）网上银行支付常用的安全技术有哪些？

# 第5章

# 电子商务安全

## 学习目标

### 知识目标

- 了解当前网络环境下的安全形势。
- 识记电子商务安全的定义和安全技术分类。
- 熟记各种电子商务安全技术的工作原理。

### 能力目标

- 会熟练应用电子商务安全软件，学会操作流程，体验各种安全软件的不同。
- 养成良好的上网操作习惯，培养较强的电子商务交易安全意识。
- 能防范网络病毒、诈骗等各种威胁和攻击。

### 素质目标

- 具备强烈的爱国情怀，维护国家利益。
- 培养电子商务交易安全意识。
- 树立良好的职业道德意识和素养。

## 思维导图

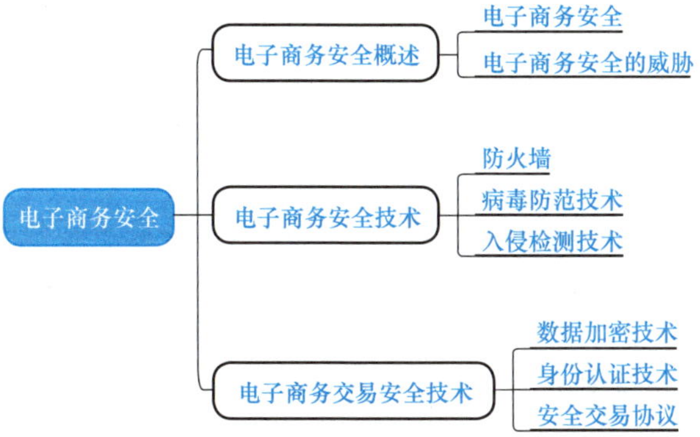

## 引导案例

### 中国互联网安全发展趋势

**1. 产业互联网安全十大趋势**

自我国提出“国家大数据战略”以来，各级地方政府和企业都积极推进数字经济发展和数字化转型政策不断深化和落地，我国发布了《中华人民共和国国民经济和社会发展第十四个五年规划和2035年远景目标纲要》。加快建设数字经济、数字社会、数字政府，加快推动数字产业化，这些工作都离不开安全保障。网络安全如图5-1所示。

图5-1 网络安全

在中国产业互联网发展联盟指导下，《人民邮电报》、中国信息安全、腾讯安全联合实验室、腾讯研究院联合推出“产业互联网安全十大趋势”，提到随着数字经济规模的扩展，数据流通产生了新特点，数据泄露趋于常态化，而数据的安全也成为首席信息官越来越关注的问题。

在当前关于主责数据安全保护与流动安全监管八大思考的剖析中，有专家指出，在管理的数据场景下，离不开数据管理和安全管理协同这两个核心点。

主责数据保护总体框架指出，主责数据安全保护总体框架应当“管监控”一体化，又称为1+4，“1”是指总体框架及策略，要实现指导、监督、检查、保卫、保护、保障；“4”包括了监管体系、管理体系、运营体系和技术体系。

从数据监管视角看，首先要履行监管职责，这其中包含了非常复杂的逻辑性；其次数据监管安全部门的构成需要建立完善的管理体系、考核制度等。但管理体系如何构成、职责如何划分，目前的组织中安全相关人员的能力和水平短时间还达不到，需要不断地完善。

**2. 安全法律从“立”向“行”，迈向治理新时代**

伴随着《中华人民共和国网络安全法》《中华人民共和国密码法》《中华人民共和国数据安全法》《中华人民共和国个人信息保护法》《关键信息基础设施安全保护条例》《网络产品安全漏洞管理规定》《网络安全审查办法（修订草案）》等一系列法律法规和规章制度相继发布实施，我国网络安全法律法规体系基本建成，逐步覆盖到数字经济范畴内的全部主体。

"产业互联网安全十大趋势"指出，产业安全相关配套机制将会持续落地，进一步按照行业、领域、地域、场景等细分，制定相应细则和产业实践的指导。在一定程度上，政策的完善会在短期内为数字产业带来比较明显的导向作用。

未来相当长一段时间内，数字化新模式、新业态、新行业的探索发展，都将基于数据的深度应用，继而产生新的管理模式、运营模式。大量创新经验证明，传统的安全模式已经难以匹配以创新为主要内核、快速发展变化、大量新要素叠加的数字经济发展。业界有必要在巩固现有安全技术和防御思路、体系以及产业链的同时，突破现有的网络安全边界，重建产业安全定位。

3. **数据安全成为重点，技术加码关键基础设施保护**

随着数字经济发展的不断深入，数据成为核心生产要素。数据要素融合的趋势带来了跨领域、跨行业、跨地域之间的数据流通，在增进我国数字经济规模的同时，也放大了数据泄露的安全问题。在法律层面，《中华人民共和国数据安全法》迅速补齐了针对数据的立法保障短板，数据安全的重要性比以往得到了人们更深层次的认同，但数据安全仍然是一个复杂问题。

通过上文对中国互联网安全发展趋势的分析，请思考以下问题：

1）想一想数字经济在你的日常生活、学习和工作中提供了哪些便利？

2）随着数字经济的发展，数据安全成为互联网安全的重点领域，你认为可以从哪些方面保护自身的数据安全？

## 5.1　电子商务安全概述

扫码观看视频

随着互联网技术和商业化应用的繁荣和成熟，企业和个人的网络财产安全显得日益重要。但相关数据显示，由于互联网的开放性和其他因素，在进行电子商务活动特别是网络支付环节时，需要传递消费者和商家的信息，如商家和用户的基本信息、用户的银行账号等隐私信息、订购消费需求等，这些信息恰恰又是网络非法入侵或黑客攻击的首选目标。

近年来发生了一些具有代表性、引发极大社会影响的案例。例如，网民孙某以 3.4 万元的价格，将自己从网络购买、互换得到的 4 万余条含自然人姓名、电话号码、电子邮箱等个人信息，通过微信、QQ 等方式贩卖给网民刘某。刘某在获取相关信息后用于虚假的外汇业务推广活动。《中华人民共和国电子商务法》第二十五条规定："有关主管部门依照法律、行政法规的规定要求电子商务经营者提供有关电子商务数据信息的，电子商务经营者应当提供。有关主管部门应当采取必要措施保护电子商务经营者提供的数据信息的安全，并对其中的个人信息、隐私和商业秘密严格保密，不得泄露、出售或者非法向他人提供。"从该案例可知，互联网电子商务领域不是法外之地，任何消费网民隐私信息的违法行为都将受到惩处。

国外某互联网公司宣布有 10 亿多用户账号于 2013 年被黑客窃取。此次被盗的资料中包括姓名、联系方式、密码以及安全问答等内容，事件导致该股跌幅超过 6%；再如"永恒之蓝"事件让很多人知晓了"蠕虫恶意代码"，全球包括我国多个高校校内网、大型企业内网和政府机构专网"中招"，被勒索支付高额赎金才能解密恢复文件。这些案例表明，如何保护敏感信息和个人隐私信息的机密性、完整性和可用性，成为电子商务安全面临的主要问题。

## 5.1.1 电子商务安全

《中华人民共和国电子商务法》第五条规定："电子商务经营者从事经营活动，应当遵循自愿、平等、公平、诚信的原则，遵守法律和商业道德，公平参与市场竞争，履行消费者权益保护、环境保护、知识产权保护、网络安全与个人信息保护等方面的义务，承担产品和服务质量责任，接受政府和社会的监督。"该法律的出台建立健全了我国电子商务安全领域法律法规制度，对依法经营者强化了保护机制，对违法违规经营者起到了规范和震慑作用。对我国网民来说，提高了他们的法律意识、提供了法律制度依据和维权手段，进一步规范了电子商务市场买卖双方的行为，为我国境内电子商务参与跨境电子商务市场竞争，提高了经营行为规范要求和知识产权保护意识。电子商务安全的支撑因素有很多，不仅是指某一方面，电子商务安全需要一个完整的体系来支撑。从狭义的角度来看，具体到技术是指计算机网络安全，也就是通过各种计算机、网络信息软件和硬件的技术支持，保护在公用通信网络中传输、交换和储存信息的机密性、完整性和可用性。从广义的角度来看，互联网的高速发展带来了更多的除技术以外层面的问题和含义。安全不再只是对安全防护部门、网络安全公司的技术层面的要求了。要保障电子商务安全既要提升管理部门对网络安全的管理水平，又要加强对网络安全的立法，加大对网络违法犯罪的打击力度。

## 5.1.2 电子商务安全的威胁

随着网络技术的发展，信息在互联网上的共享性和开放性越来越强，现如今越来越多的网民从事电子商务活动时主要是通过互联网来传输文字、视频、电子货币和商业信息。在生活、工作、购物等日常行为越来越方便和深入的同时，网络信息安全也变得越来越重要，在网络交易中可能存在一些安全隐患和威胁，如图5-2所示。其中一些信息一旦被盗用、篡改，将会给个人、企业、政府机构等带来巨大损失和造成严重后果。

图5-2 计算机黑客

互联网中的所有参与者都有可能遭受网络安全威胁，主要体现在以下几个方面。

1）从网络经营角度来看卖方即销售方，既包括企业，又包括个体经营者、网络店铺的卖家，在商业交易中可能受到威胁。

在网络交易中，卖方往往需要承担交易流程中的更多风险。基于传统的购物心理和习惯，卖方往往被网络消费者认为需要承担更多的责任和义务，如具备令人信赖的网络安全技术、良好的信誉、稳定的网络在线服务和优质的售后服务等。现实情况是，在复杂的网络环境中，卖方也会遭受不小的安全威胁和风险，具体体现在以下几个方面。

① 商业信息数据在网络节点之间的传输过程中被截取、窃听、篡改和伪造。以上 4 种攻击类型比较全面地概括了互联网数据面临的威胁。这些攻击方式表现为在互联网上截取卖家的商业信息、数据等核心机密，以及卖方的服务器被黑客窃听，导致用户数据泄露，例如，Interpark 服务器曾经遭到了黑客的攻击，1 030 多万个客户的信息遭到泄露，其中包括用户的姓名、电话、地址等个人信息。对于这个案件，韩国警方推测黑客应该是通过向公司员工发送带有恶意代码的电子邮件，然后侵入网站的数据库服务器，从而盗取客户的个人信息。随后，黑客威胁 Interpark 称索要 30 亿韩元，要将客户的个人信息公开。

② 卖方的网站和服务器遭到模仿，导致网络用户被欺骗。网络安全事件中的钓鱼网站就属于这种做法。黑客伪装成合法网站或者服务器，诱骗网络用户进行误操作，然后截取密码等关键信息，进而使买方用户遭受损失，最终也会影响卖家的品牌形象和信誉。

③ 卖方在商业交易中遭受买方的威胁。传统观点认为，买卖双方中卖方一直处于强势地位。随着商业社会的发展，网络消费渠道的成熟，买方权力意识的日益加强，卖方对买方付出的维护精力越来越多。例如，在淘宝网站中就曾出现过一些买方以恶意差评作为要挟，胁迫卖家屈服的案例。同时，随着网络交易平台的竞争日益激烈，在销售手段日益丰富的同时风险也大大增加。很多平台为了刺激销售推出的分期付款以及各种信用消费策略，都有可能使消费者面临着诚信风险和导致抵赖行为发生。

2）从网络经营角度来看买方即消费者，不管是否涉及网络交易，只要是使用了互联网的网民都有可能遭受网络安全威胁。

① 网民的个人隐私信息可能遭受网络侵权，造成信息泄露。网络中一些中小网站的网络安全防护能力比较弱，容易被网络黑客和病毒攻击，导致数据外泄，进而造成隐私信息被倒卖。更有甚者，由此引发“撞库”和“拖库”的黑客攻击方式。以某知名电子商务公司的“撞库”为例，首先该公司的数据库并没有泄露，黑客只不过通过“撞库”的手法，“凑巧”获取到了一些该公司用户的数据（用户名密码），而这样的手法，几乎可以对付任何网站登录系统，用户在不同网站登录时使用相同的用户名和密码，就相当于给自己配了一把“万能钥匙”，一旦丢失，后果可想而知。所以说，防止“撞库”是一场需要用户一同参与的持久战。

② 网民的知识产权可能受到侵犯。当今自媒体时代，大家都可以发表观点、言论甚至是作品，而发表的这些信息可能面临着其他人的盗用侵权。

③ 网民的网络财富面临着多方面的威胁。个人网络财富包括游戏账号、虚拟道具、网络支付工具等一系列财富。网络深度渗透人们的日常生活、工作等，给人们带来极大的便利，安全机制一旦失效，带来的损失也将是巨大的。

**法律法规**

**网络成知识产权侵权“重灾区”**

苏州某数字科技股份有限公司开发的手机游戏《太极熊猫》首先上线，而后由成都和北京某两家科技公司合作开发的手机游戏《花千骨》上线运营。苏州该数字科技股份有限公司向该市中级人民法院提起诉讼，认为《花千骨》手游“换皮”抄袭《太极熊猫》手游。所谓“换皮”抄袭，是指在玩法规则、数值策划、技能体系、操作界面等方面完全相同或者实质性相似的行为。

法院审定认为，《花千骨》手游在游戏玩法规则的特定呈现方式及其选择、安排、组合上，整体利用《太极熊猫》手游的基本表达，侵害了苏州该数字科技股份有限公司享有的改编权，判决成都和北京某两家科技公司赔偿苏州该数字科技公司经济损失3 000万元。

该案在我国首次明确网络游戏的玩法规则可以获得著作权保护，使用“换皮”抄袭手段被认定为著作权侵权，这对游戏行业的知识产权保护产生了深远影响。

讨论：电子商务企业如何提高网络知识产权法律意识？

## 5.2 电子商务安全技术

扫码观看视频

### 5.2.1 防火墙

#### 1. 防火墙概述

如果把全球互联网视为一张大网，那么这张大网是由无数张小网编织而成的。不同的网络之间由于安全需求不同、安全防御级别不同，而存在着隔离需求和数据出入检查的要求。防火墙则是实现不同网络之间安全隔离检查数据的关键部分。

防火墙就是介于内部网络和外部网络之间的一系列部件的组合，它是不同网络或网络安全域之间的唯一出入口，是提供信息安全需求和实现网络及信息安全的基础设施。

#### 2. 防火墙的功能

1）自定义完善安全策略。每一个不同的网络实际的安全需求是各不相同的，因此具体的网络安全策略也不尽相同。每一个局域网络被视作一个可信任的内网，其他任何网络对它来说都是一个外网，在内网和外网之间的数据信息交流就需要根据内网自身的安全需求来制定策略，进而实现数据的筛选和监控。

2）集中控制网络安全。防火墙存在的意义在于能够将内外网之间的数据交流控制在一条唯一的物理或者逻辑渠道中，避免内网的主机出现数据绕过防火墙或者网关出入内外网的情况。集中管理有利于提升内部网络的整体安全水平，避免出现短板效应，从而出现防范策略的漏洞。

3）打造网络边界的安全缓冲地带。设置防火墙的安全策略，相当于在网络边界设立关卡，将出入防火墙的数据进行安全匹配和筛选，对试探攻击数据进行记录和跟踪，做出相应的防范，因此保障了网络的边界安全。

#### 3. 防火墙的关键技术

1）分组过滤技术。实现防火墙相应功能的技术有很多种，其中的分组过滤技术也叫包过滤技术。它工作在开放式系统互联通信参考模型中的网络层，将通过网络层的数据进行分组，进而将其属性和访问控制策略进行比对，最终决定是否允许其通过。

2）代理服务器技术。所谓代理就是可信任网络边界的一个重要机构，它负责全权代替内网实体和外网连接。代理对于防火墙来说是一个重要的构成，它的作用在于能够把内部网络的真实 IP 地址伪装成其他的暂用地址。这个功能保证了真实地址的安全，让外网无法掌握内部的网络地址信息。

3）状态检测技术。防火墙技术中的新技术就是这种状态检测技术，它是包过滤防火墙技术的升级版，不仅会检测数据包的内部信息，也会检测其状态并跟踪数据包的内部信息，并且每当连接结束后会自动关闭端口。

扫码观看视频

## 5.2.2 病毒防范技术

### 1. 计算机病毒概述

计算机病毒是指利用计算机软硬件固有的脆弱性编制具有特殊功能的程序。它可能通过一些途径潜伏在计算机储存介质中，达到激活条件时，对计算机内的信息产生破坏或者感染作用，它经常具有自我复制和变种功能。

### 2. 计算机病毒的特征

1）传染性。传染性是计算机病毒最基本的特征。计算机病毒就像生物界的病毒一样在适当的条件下进行大量的繁殖。计算机病毒通常利用网络或者储存介质扩散感染给其他计算机。

2）破坏性。计算机病毒之所以被称为病毒，就是因为这些病毒程序的破坏力惊人，往往给中毒计算机带来无法挽回的损失。不管何种病毒，只要入侵计算机系统之后都会给被感染者带来影响，表现为大量占用系统资源，损坏原有信息的完整性，甚至删除文件数据等。

3）潜伏性。计算机病毒和有些生物界的病毒一样会潜伏在宿主机内，如果没有达到触发条件，它可以几周、几个月甚至几年内不产生破坏作用。这个特性让人们很难主动发现它们。

4）隐蔽性。计算机病毒的威力巨大，往往一小段技巧高超的精巧代码可以起到巨大的破坏作用。有些病毒是附着在正常文件代码内的，而有些病毒则是独立存在的，但是无论哪种方式都会对自己进行伪装隐蔽，把自己伪装成和正常文件在外观上几乎无异的样子，让人不易察觉。

### 3. 计算机病毒的防范检测方法

1）特征代码法。特征代码法是检测病毒最简单、成本最低的方法，但是它一般只对已知病毒起作用。它的工作原理是通过收集已知病毒的样本，形成病毒数据库。当它开始检测病毒时，打开检测对象文件，检查它的文件中是否有和病毒数据库收集的病毒特征代码匹配的，如果被检测文件中的代码和病毒库特征代码相匹配，则说明文件里有病毒。简而言之，特征代码法就是一种病毒特征匹配的方法。这种方法只能发现已知病毒，对于未知病毒无法检测出来，进而导致漏报。

2）校验和法。校验和法的工作原理是对正常文件内容进行校验和算法计算其校验和，然后将校验和写入文件里或者采用其他方式保存。之后在每一次使用文件之前，对文件内容重新计算校验和，比对该结果是否和原来存在文件里的校验和一致，从而判断出文件是否发生完整性变化，有没有被感染。这种方法不管是对已知病毒还是对未知病毒都能查找出来，但无法明确病毒的名称。

3）行为监测法。行为监测法的工作原理是基于病毒的特征性行为一般具有共性，并且具备明显有别于正常程序和文件的行为，按照病毒的特征性行为进行监测。这种方法可以发现已知和未知的病毒，但不能确定病毒名称。

4）软件模拟法。软件模拟法的工作原理是最初用特征代码法监控病毒，当发现隐蔽性病毒或动态性病毒时，启动软件模拟模块，监测其运行，等病毒自身解码运行时，再运用特征代码法来识别病毒类型。

### 5.2.3 入侵检测技术

入侵检测系统和防火墙的区别在于，防火墙类似于一个门卫，而入侵检测系统则像是一个在内部进行巡逻的巡警。两者是互补的关系，一个定点守卫，另外一个移动防卫。

#### 1. 入侵检测系统的概念

入侵是指任何企图破坏计算机资源的完整性、保密性、有用性的行为。入侵检测系统是从计算机网络系统中的节点进行信息收集，并且分析信息，运用模式匹配或异常检测技术来检查互联网中是否有违反安全策略的行为和痕迹。

入侵检测系统类似于一个监控视频，能够捕捉和记录系统使用情况和数据信息，并对数据进行智能分析，还能进行自卫反击。

#### 2. 入侵检测系统的三大功能

1）数据收集和提取。入侵检测系统第一步就是在网络节点中去收集各种数据，它在很大程度上依靠的就是收集数据的准确性与可靠性。所以，要用精确的软件来提供这样的信息，即要求其自身软件具有较高的防御性和完整性，以防信息被篡改而收到错误信息。

2）数据分析。数据分析是指对采集到的相关系统、网络及用户活动的行为和状态数据信息进行分析。当用户收集数据后，与入侵检测系统知识库中记录的特定的安全策略进行比较，从而来判断是否有违反安全策略的行为。对于入侵检测系统采集到的数据一般通过三种类型技术进行分析：模式匹配、统计分析和完整性分析，前两种属于实时入侵检测技术，后一种属于事后分析。

3）结果处理。检测出入侵行为后，应该同时采取响应和报警等措施。当前这个阶段分为主动响应和被动响应两种模式：主动响应是指采用断开网络的方式阻击入侵行为；被动响应则只负责记录事件和报警，不一定有响应的应急预案。

电子商务安全防范是一个系统工程，因此不仅需要防火墙技术进行病毒拦截和防御，也需要入侵检测技术主动进行内部巡查。无论哪种技术都是建立在对计算机病毒充分研究和了解的基础之上的。因此，对于计算机病毒的研究是防范技术的出发点。

**法律法规**

**企业网络安全的法律责任**

2019年3月，某世界知名社交平台公司（以下称为该公司）在未加密的情况下储存了多达6亿个用户的账户密码，并以明文形式储存，公司员工可以随时访问。该公司随后发表官方博客承认了这一做法。

该公司匿名员工表示，从2012年开始，有将近2亿～6亿该公司用户的账户密码可能是以纯文本形式储存的，并且可被 2 万多名该公司员工搜索。

这名员工还表示，该公司仍在试图确定有多少密码被泄露，以及持续了多长时间。调查已经发现了部分用户档案中包含 2012 年的纯文本用户密码。

消息人士称，该公司访问日志显示，大约 2 000 名该公司的工程师和开发人员对包含纯文本用户密码的内容进行了大约 900 万次内部查询。

讨论：互联网企业如何提高防范用户隐私安全风险的法律责任意识？

## 技能实操 1　计算机安全软件的使用

### 1. 实操要求

学会使用 360 杀毒软件的计算机体检、木马查杀等主要的安全功能。

### 2. 实操步骤

1）计算机体检。从桌面或者右下角的系统托盘中双击打开 360 杀毒软件，默认的是计算机体检页面，如图 5-3 所示。

图 5-3　计算机体检页面

单击“立即体检”按钮，如图 5-4 所示。

图 5-4　立即体检页面

体检完成，如图 5-5 所示。

图 5-5　体检完成页面

2）木马查杀。单击“快速查杀”按钮，如图 5-6 所示。

图 5-6　快速查杀页面

3）完成查杀，如图 5-7 所示。

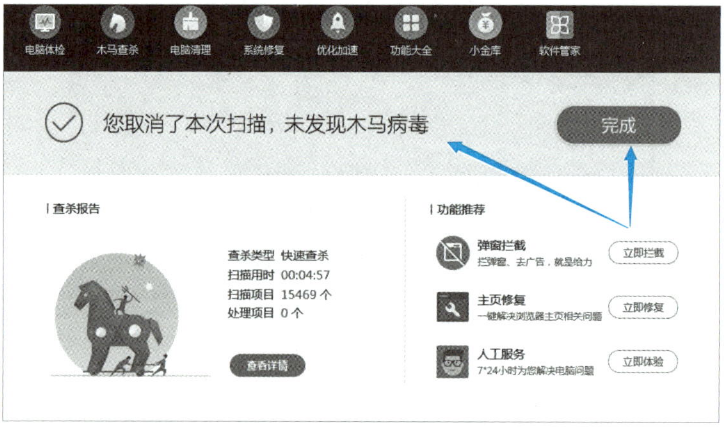


图 5-7　完成查杀页面

### 3. 学生任务

学生尝试使用入侵检测系统中的杀毒功能查杀计算机病毒。

## 5.3　电子商务交易安全技术

随着电子商务交易的发展，涉及领域越来越多，渗透面越来越广，对居民的生活消费产生了巨大影响。电子商务交易安全成为影响网络用户财产安全的重要因素。我国于 2017 年 6 月 1 日正式施行《中华人民共和国网络安全法》，电子商务交易的网络环境得到维护与净化。当前保护电子商务交易安全的技术主要包括数据加密技术、身份认证技术和安全交易协议 3 个方面。

### 5.3.1　数据加密技术

密码技术是互联网信息安全技术的核心技术之一。它既是一门古老的学科，又是一门与时俱进走在计算机技术高端前沿的学科。密码学是研究计算机信息加密、解密及其变换的学科，是同时运用计算机和数学的交叉学科，包括了编码学和密码分析学。

#### 1. 加密的定义

加密是指对明文进行伪装以达到隐藏真实信息的转换过程，如将明文 x 伪装成密文 y。通信的信息和数据都被称为明文，转换成了外人难以辨识的形式被定义为密文，对明文进行伪装的过程称为加密，加密所用的信息变换规则称为加密算法。在加密学中，加密和解密过程都是在一组密钥的控制下进行的，密钥是由数字、字母或特殊符号组成的字符串，用以控制加密解密过程。加密解密过程用到的密钥分别为加密密钥和解密密钥。对于相同的加密解密算法，密钥的位数越大，安全性就越高，破译的成本和代价就越大。密钥位数越大，往往说明密钥组合可能性越多，变化更多。这对攻击者来说越难以通过穷举法来尝试猜破密码。

#### 2. 对称密钥加密体制

（1）对称密钥加密体制概述

根据加密解密使用的密钥的区别，可以将加密技术分为两大类：对称密钥加密体制和非对称密钥加密体制。区别两种体制关键是看加密解密所用的密钥，如果加密解密密钥相同，或者从加密密钥很容易推导出解密密钥，则称为对称密钥加密体制。如果加解密密钥不相同，或者从加密密钥无法推导出解密密钥，则称为非对称密钥加密体制。

在对称加密体制中，加密的密钥和解密的密钥是相同的，即便不同也能从中推导出另外一个。因此，对称密钥体制又称为“单钥体制”。对称加密密钥体制的算法一般是公开的，信息传递双方无须交换加密解密算法，只需要交换密钥即可。

（2）对称密钥加密体制的优缺点

对称密钥加密体制的最大优点在于，加密解密速度相对于非对称体制更快。其缺点则是：第一，双方在交换密钥的时候需要一条安全的交换通道，而这样的通道安全性是相对的。第二，最大问题还在于密钥的分发和管理难度大，复杂且代价昂贵，比如一个用户和 $n$ 个用户进行加密通信，每个用户对应一个密钥，则每个用户需要维护 $n$ 个密钥；假设一个具有 $n$

个用户的网络，则一共需要管理和维护 $n(n-1)/2$ 个密钥，在 $n$ 较小的情况下该网络的加密效率和管理难度相对较小。但是 $n$ 较大时则管理难度大增，效率低下。第三，对称密钥加密体制无法实现数字签名。

### 3. 非对称密钥加密体制

非对称密钥加密体制正是在出现上述一些问题的情况下应运而生的，尤其是其中的密钥分配管理和数字签名等问题。它的出现解决了在很多传统的密码体制中无法解决的问题。

（1）非对称密钥加密体制概述

非对称密钥加密体制采用的是加密解密不同的密钥，加密和解密各需要一个不同的密钥，并且两个密钥之间无法互相推导出来。因此，非对称密钥加密体制需要两个密钥，公开密钥和私有密钥。在非对称密钥加密体制用到的一对密钥中，两个密钥的作用并不是固定不变的，其中一个用来加密则另外一个用来解密，两者的作用可以互换。非对称密钥加密体制又叫公开密钥体制，它的一对密钥当中有一个用来公开，另外一个保密，不对外公开，个人私有。

（2）非对称密钥加密体制的优缺点

非对称密钥加密体制的优点在于，加密解密双方可以在开放的互联网或者公网中交换信息，它不需要进行密钥传递和共享，解密用的私钥只有接收方才有。所以即便公布出来的公钥被黑客破译，也没法解密。同时它的出现简化了密钥的分发管理。

非对称密钥加密体制的缺点在于，算法复杂导致加密解密的速度相对较慢。

**法律法规**

**警惕钓鱼 Wi-Fi**

钓鱼 Wi-Fi 是不法分子部署的与免费 Wi-Fi 相似的假 Wi-Fi。当连接钓鱼 Wi-Fi 后，手机会自动下载木马病毒，不法分子可据此截取手机中的信息，包括银行卡、微信、支付宝、游戏等账号和密码等。

王女士在一家商场内连接了一个没有设置密码的 Wi-Fi，随后在某网购平台上对商场一件衣服进行比价，由于价格便宜近一半，她毫不犹豫地通过手机在该网购平台购买了这件衣服。不久，张女士的手机收到短信提示，其信用卡被盗刷，总金额高达 8 000 多元。《中华人民共和国网络安全法》第十条规定：“建设、运营网络或者通过网络提供服务，应当依照法律、行政法规的规定和国家标准的强制性要求，采取技术措施和其他必要措施，保障网络安全、稳定运行，有效应对网络安全事件，防范网络违法犯罪活动，维护网络数据的完整性、保密性和可用性。”

讨论：互联网用户如何提高网络使用安全意识？

## 5.3.2 身份认证技术

### 1. 数字摘要

（1）数字摘要的概念

数字摘要是指将任意长度的明文信息换算成固定长度的数据文件，它类似于一个自变量是信息的函数，也就是哈希（Hash）函数。数字摘要就是采用单向哈希函数将需要加密的明文信息“摘要”成一串固定长度（128 位）的密文。这一串密文又称数字指纹，就是计算结果。

（2）数字摘要的作用

数字摘要的作用主要体现在，不管原文长度如何它的结果都是定长的。不同内容的明文信息通过摘要计算成密文，结果是不同的，同一个明文信息计算的摘要则一致。因此，根据这个定长、唯一性的特点，只要信息被篡改，就能通过摘要计算结果比对判断出来。具体的判断方法是：信息发送前通过计算得到摘要，然后把结果和信息一起传递给接受者，接受者接收到信息之后对信息再一次进行同样的摘要计算得到摘要，将自己计算的摘要和接收到的摘要进行比对，如果一致则信息没有被篡改，否则就被篡改了。

### 2. 数字证书

（1）数字证书的概念

数字证书是指在网络通信中代表着通信各方身份信息的一系列数据，它可以提供在互联网中所需要的验证身份的信息，是信息发送、接收方的网络身份证，通常由 CA 认证机构发行，并在 CA 认证机构中核对。

数字证书的实质简单理解就是一个经证书授权中心（CA 认证机构）进行了数字签名加密的包含公开密钥所有者信息和公开密钥本身的文件。一般数字证书至少要包含公开密钥、CA 认证机构的数字签名、证书发行机构名称、密钥有效期和证书序列号等。

（2）数字证书的作用

在当今互联网时代，网民在购物越来越方便的同时也承担着更大的敏感信息数据遭受威胁的风险，因此为了能够更好地保护买卖双方的权益和验证双方身份的真实性，就需要数字证书在交易中发挥作用。数字证书是加密技术的代言人和执行者。它能够起到保证网络安全的信息保密性、完整性、不可否认性和交易者身份的确定性的作用。

### 3. CA 认证

（1）CA 认证的概念

CA 机构又称认证中心，它一般作为电子商务交易中权威的、受信任的第三方，担负起了公钥体制中公钥的合法性检验的责任。CA 机构能为每个使用非对称加密的用户的公开密钥发放数字证书，用来证明证书中的用户合法拥有证书的公开密钥。

（2）CA 认证的作用

基于 CA 机构的数字签名的作用，攻击者无法伪造和篡改证书。它的作用主要在于保护用户之间网络信息传递中的完整性、可靠性、真实性、保密性和不可抵赖性，不但需要对用户身份的真实性进行验证，而且要具有权威性、公正性的机构向电子商务的各个交易主体颁发符合安全电子交易协议标准的安全证书。

**法律法规**

**警惕伪基站**

伪基站是不法分子利用计算机与通信技术伪装成运营商的假基站，通过冒用他人手机号码强行向用户手机发送诈骗、广告推销等短信息。

**案例一：冒充运营商诈骗**

张先生收到了号码“10 000”发来的一条短信。短信称张先生有大量积分，可以兑换一笔金额不小的话费。张先生随后单击了短信中的链接，进入兑换话费的网页，并按提示输入了自己的银行卡卡号和支付密码。张先生等了几天，积分兑换的话费却迟迟没有到账，反而发现自己的银行卡被转走两万余元。经查，张先生是中了伪基站的诈骗圈套。

**案例二：冒充银行诈骗**

李女士在玩手机时突然收到一条银行发来的银行卡消费积分兑换短信，没有多想就点开了链接，并按提示输入了自己的银行卡卡号和身份证号码，又输入了该银行短信发来的验证码，没想到短短数十秒后就收到多条转款短信，共计99 998元，李女士这才意识到自己被骗了。

《中华人民共和国网络安全法》第四十四条规定：“任何个人和组织不得窃取或者以其他非法方式获取个人信息，不得非法出售或者非法向他人提供个人信息。”

讨论：互联网用户如何提高辨别信息真伪的意识？

## 5.3.3 安全交易协议

### 1. SSL协议

在互联网世界中，因为要经常传递一些重要的敏感信息，所以浏览器的作用显得越来越重要了。SSL协议正是这种在可持有证书的浏览器软件上和万维网服务器之间打造的虚拟安全通道中传输数据的协议。SSL协议由两个部分组成：下层部分是建立在传输控制协议（TCP/IP）的基础上的记录协议，为上层协议提供基础的数据封装、压缩、加密等基础功能服务；上层是应用层协议（HTTP）下的握手协议，用来在信息发送方和接收方之间传输数据前进行通信双方的身份认证、加密算法协商和密钥交换等。

SSL协议的安全作用很明显，但是它的缺点也比较突出，由于SSL协议不对应用层的消息进行数字签名，因此无法提供交易信息的不可否认性保护，这是SSL协议的最大问题。

### 2. SET协议

随着互联网商业氛围的浓厚，网络支付环境中涉及的消费者隐私信息的安全问题日益突出，持卡人一般希望自己的支付信息不被卖方看到，卖方也希望买方的订单不可抵赖，同时在交易过程中的各方都希望对方的身份能够被验证。因此，来自美国的全球最大的两家信用卡机构和组织就此推出了安全电子交易协议（SET），用来提供对互联网交易各方的认证、数据安全性、完整性和不可否认性的保护。

它的具体用法是：首先，买方将自己的购物信息和支付信息发送给卖方；然后，卖方处理买方的购物信息，同时将买方的支付信息转发给银行，再由银行来鉴定支付信息的真实性和合法性。银行验证信息无误之后进行款项转移，随后通知卖方，卖方再将支付成功的信息发送给买方，交易结束。

SET协议和SSL协议的区别在于：SET协议的特点是更加复杂，安全性更高，费用更高，需要更多硬件支持；SSL协议的特点是使用简单、成本低，能够内置在浏览器里，不需要额外的硬件支持。

电子商务安全交易中的信息安全是电子商务的核心要求。要实现信息安全，需要数据加密技术、身份认证技术、安全交易协议几个方面的共同作用。数据加密技术中的对称密钥加密体制和非对称密钥加密体制发挥各自的作用对信息进行加密保护，确保信息的保密性。身份认证技术给电子商务交易各方的身份鉴定提供了技术保证。安全交易协议让电子商务网上支付在网络中的安全得以保障。

## 技能实操 2　公共计算机浏览器隐私保护

扫码观看视频

### 1. 实操要求

学习体验如何在公共计算机上使用浏览器后进行登录账号及密码等隐私信息的删除和清理，以实现隐私保护，提高账号密码的使用安全。

### 2. 实操步骤

本次实操以 Windows 10 家庭中文版操作系统自带 Edge 浏览器为例进行操作演示。

1）打开 Edge 浏览器，进入浏览器默认首页。不同用户的浏览器首页具体内容因为个性化的缘故会有些许不同，但总体框架相同，如图 5-8 所示。

图 5-8　Edge 浏览器首页

2）进入浏览器设置。单击 Edge 浏览器右上角三个小点处，选择“设置”选项，如图 5-9 和图 5-10 所示。

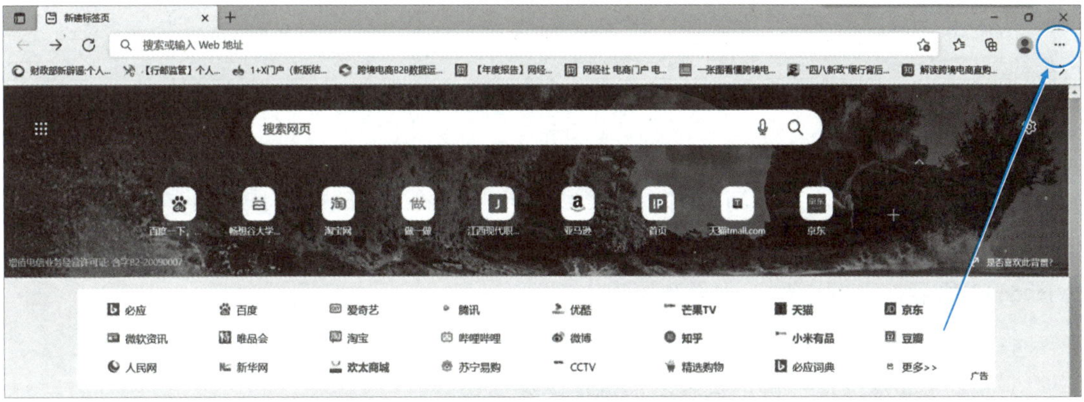


图 5-9　展开浏览器功能页面

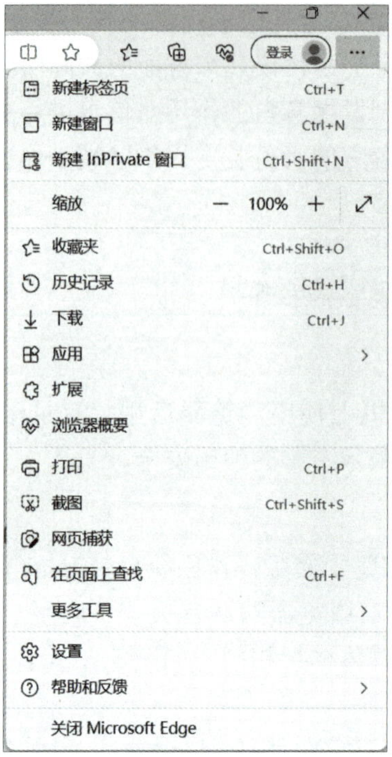


图 5-10 单击设置页面

3）隐私信息清除操作。选择“隐私、搜索和服务”项，单击选择要清除的内容，如图 5-11 所示。

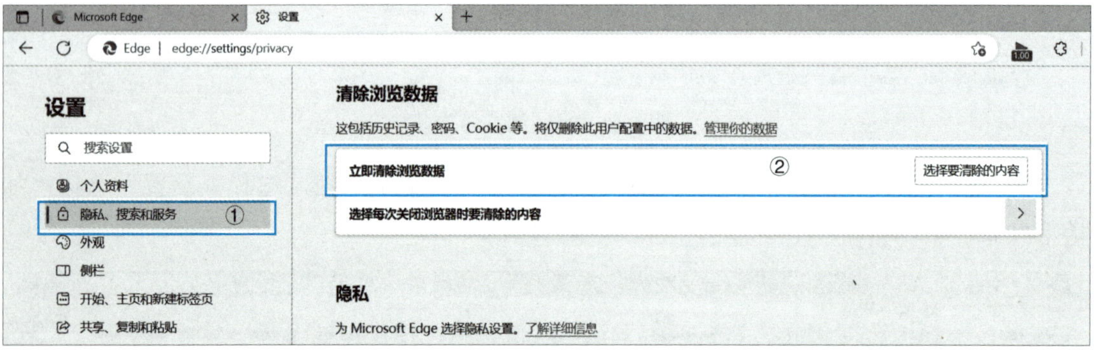


图 5-11 单击选择要清除的内容页面

清除浏览数据。选择时间范围，勾选浏览历史记录、Cookie 和其他站点数据、缓存的图像和文件、密码、自动填充表单数据（包括表单和卡）等选项，单击“立即清除”按钮，如图 5-12 所示。

### 3. 学生任务

实操在公共领域的计算机隐私保护操作的全过程。

图 5-12　清除浏览数据页面

## 本章小结

本章以人们使用网络从事电子商务交易的安全需求，及我国出台的电子商务法律制度提出的电子商务交易安全责任和义务作为介绍的背景，着重介绍了电子商务的安全技术原理和构成，其中包括电子商务安全概述、电子商务交易中面临的安全威胁、互联网信息安全中的防火墙技术、病毒防范技术、入侵检测技术、数据加密技术和身份认证技术。最后结合电子商务交易发展需求，介绍了因电子商务交易中支付需求发展而催生的安全交易协议。本章的第二小节和第三小节后都安排了有针对性的技能操作，目的在于提高学生对电子商务安全认知和防范的动手能力。

## 思考与练习

### 1. 单项选择题

1）电子商务交易安全风险不包括（　　）。

A. 隐私泄露风险　　B. 支付安全风险

C. 自然风险　　D. 网络攻击风险

2）防火墙最新的关键技术是（　　）。

A. 分组过滤技术　　B. 代理服务器技术

C. 状态检测技术　　D. VPN 技术

3）入侵检测系统功能不包括（　　）。

A. 数据收集和提取　　B. 数据分析

C. 数据加密　　D. 结果处理

### 2. 多项选择题

1）计算机病毒的特征包括（　　）。

A．传染性　　B．隐蔽性　　C．潜伏性　　D．破坏性

2）以下（　　）属于网民的个人隐私经常遭到泄露的信息。

A．肖像权　　B．电话号码　　C．邮箱账号　　D．人脸信息

3）计算机病毒的防范检测方法包括（　　）。

A．特征代码法　　B．校验和法　　C．行为监测法　　D．软件模拟法

### 3. 思考题

1）电子商务网站登录或支付手段中，哪些常见的密码输入方法可以保证网民的支付安全？

2）电子商务交易发展的安全需求体现在哪些方面？这些方面的具体作用是什么？

# 第 6 章

## 电子商务物流

### 学习目标

#### 知识目标

- 识记物流、配送、电子商务物流和供应链的概念。
- 熟记物流配送的流程和我国的电子商务物流企业。
- 认知物流技术与供应链管理的内容。

#### 能力目标

- 能区分并选择适合企业的电子商务物流方式。
- 能够作为消费者选择适合的物流服务。

#### 素质目标

- 培养学生学习和解决问题的能力。
- 具备动手实践和组织协调的综合能力。

### 思维导图

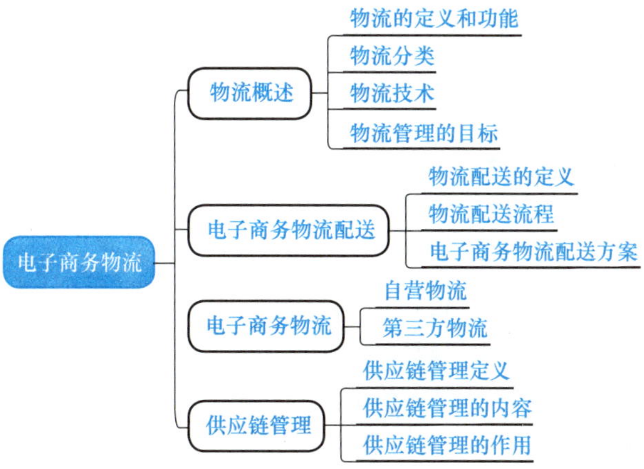

## 引导案例

**菜鸟带动物流新发展**

菜鸟物流使商流与物流的衔接更加高效，推动电子商务物流运作效率大幅提升、成本有效降低，多样化的智能产品和仓储拣货机器人、小件分拣机器人、AR智能拣货系统等前沿科技设备，带动了物流行业整体的智能化水平。

菜鸟数智供应链不仅率先推出物流云平台，还通过“智能供应链大脑”帮助商家打通库存、实时可视，提供精准决策参考，让商品距离消费者更近、配送更加集约。除数智供应链服务外，菜鸟驿站“实体站点＋软件系统＋硬件设备＋服务人员”的创新模式也获得了很多人的肯定，实现快递最后100米多元化集约配送，大幅提升快递包裹的收投效率。

针对农村物流进村难、成本高等痛点，菜鸟联手通达快递建设以县域为中心的共配中心和覆盖县、乡、村的三级快递共配网络，率先实现分拨、运输、配送、信息系统、服务标准“五统一”，加速城乡双向流通。菜鸟乡村还与淘宝直播创新村播，让网红主播和快递员一起帮助贫困县等地的农产品走出大山，“电子商务＋物流”的新业态让快递从“送包裹”走向“产包裹”。

绿色也是菜鸟供应链的核心关键词。菜鸟大力推广电子面单、装箱算法等绿色技术，并通过原箱发货、回收纸箱发货等实现“零”新增包装，让数以亿计的快递包装减量化、绿色化，仅2019年天猫“双11”期间就有2亿人次加入“绿色双11”行动。

通过菜鸟物流的案例介绍，请思考以下问题：

1）目前，我国电子商务物流模式有哪些？

2）菜鸟物流给物流行业带来哪些新发展？

# 6.1 物流概述

物流作为物质实体从供应者向需求者的物理性移动，是社会再生产过程中不可缺少的中间环节，是联系生产和消费的桥梁与纽带。如何利用互联网环境，借助电子商务全面提升物流服务质量，已成为物流行业急需思考的一个重要问题。

## 6.1.1 物流的定义和功能

### 1. 物流的产生

物流（Physical Distribution）一词，由美国学者阿奇·萧于1915年在《市场流通中的若干问题》一书中提出。书中还指出“物流是与创造需求不同的一个问题”“物资经过时间或空间的转移，会产生附加价值”。因为在20世纪初，西方一些国家发生了经济危机，存在着较严重的生产过剩和需求不足的问题，因此企业界为了扩大销售，提出了销售和物流的问题，着重研究在销售过程中的物流。

后来在第二次世界大战中，美国军队为了改善战争中的物资供应状况，研究和建立了“后勤”（Logistics）理论并加以实践和应用。“Logistics”的核心是将战时物资的生产、采购、运输、配给等活动作为一个整体来进行统一布置，以求对战略物资进行补给的费用更低、速度更快、服务更好。实践证明，这一理论的应用取得了很好的效果。第二次世界大战之后，“后勤”理论被应用到企业界，后来又有商业后勤和流通后勤的提法，这时的后勤涵盖了整个生产过程和流通过程中的物流，因而是一个包含范围更广泛的物流概念。

物流概念主要通过两条途径从国外传入我国。一条途径是在 20 世纪 80 年代初随“市场营销”理论的引入而从欧美传入，“Physical Distribution”中文译为“实体分配”或“实物流通”，“实体分配”的译法被普遍接受。所谓“实体分配”是指商品实体从供给者向需求者进行的物理性移动。

另一条途径是“Physical Distribution”从欧美传入日本，用日文翻译为“物流”。20 世纪 80 年代初期，我国从日本直接引入“物流”这一概念。

### 2. 物流的定义

对于物流，目前国内尚没有一个统一的概念，各国提法也不一致，但大体含义是相同的。

扫码观看视频

物流是指为了满足客户的需要，以最低的成本，通过运输、保管、配送等方式，实现原材料、半成品、成品及相关信息由商品的产地到商品的消费地所进行的计划、实施和管理的全过程。

物流一般是由对商品的运输、仓储、包装、搬运、装卸、流通加工以及相关的物流信息等环节构成，并对各个环节进行综合和复合化后所形成的最优系统。对物流的管理就是如何按时、按质、按量，并以系统最低的成本费用把所需的材料、货物运到生产和流通领域中任何一个需要的地方，以满足人们对货物在空间和时间上的需求。物流通过运输解决对货物空间位置上的变化要求，通过储存调剂解决对货物的需求和供给之间的时间差。

### 3. 物流的功能

物流系统的基本要素包括运输、储存、包装、装卸和搬运、流通加工、信息等。这些基本要素有效地组合、联结在一起，构成物流系统的功能组成要素，能合理、有效地实现物流系统的总目的。

1）运输功能。运输是物流各环节中最重要的部分，是物流的关键。运输一般分为输送和配送。有人将运输作为物流的代名词。运输方式有公路运输、铁路运输、船舶运输、航空运输、管道运输等，如图 6-1 所示。没有运输，物品只有存在价值，而没有使用价值，即生产出来的产品如果不通过运输送至消费者手中进行消费，等于该产品没有被利用，因而也就没有产生使用价值。没有运输连接生产和消费，生产就失去了意义。一般认为，所有商品的移动都是运输，运输可以划分为两段：一段是生产厂到流通据点之间的运输，批量比较大、品种比较单一、运输路线比较长，这样的运输称为“输送”；另一段是流通据点到用户之间的运输，一般称为“配送”，就是根据用户的要求，将各类商品按不同的类别、不同的方向和不同的用户进行分类、拣选、组配、装箱，按用户要求的品种、数量配齐后送给用户，其实质在于“配齐”和“送达”。

图 6-1 物流运输方式

2）储存功能。在物流中，运输承担了改变商品空间状态的重任，储存则承担了改变商品时间状态的重任。库存是与储存既有密切关系又有区别的一个概念。它是储存的静态形式。产品离开生产线后到最终消费之前，一般都要有一个存放、保养、维护和管理的过程，同时克服了季节性、时间性间隔，创造了时间效益的活动。库存主要分为基本库存和安全库存。

基本库存是补给过程中产生的库存。最初，库存处于最高水平，由于日常的需求不断地“抽取”存货，直至该储存水平降至零。实际上，在库存没有降到零之前就要开始启动订货程序，于是在发生缺货之前，就会完成商品的储存。补给订货的量就是订货量。在订货过程中必须保持的库存量就是基本库存。

为了防止不确定因素对物流的影响，如运输延误；商品到货，但品种、规格、质量不符合要求；销售势头好，库存周转加快或紧急需要等，都需要企业另外储备一部分库存，这就是安全库存。

确定合理库存是企业物流管理的重要内容之一。但是库存管理并没有统一的模式，而且每个企业都有自己特殊的存货管理要求，所以企业只能根据自己的具体情况，配备物流储存设施，解决具体问题，如图 6-2 所示。

图 6-2 物流储存设施

3）包装功能。包装可大体划分为两类：一类是工业包装，或叫运输包装、大包装；另一类是商业包装，或叫销售包装、小包装。工业包装是为保持商品的品质，商业包装是为使商品能顺利抵达消费者手中，提高商品价值、传递信息等。由此看来，包装的功能和作用不可低估，它既是生产的终点，又是企业物流的起点。包装的作用是按单位将产品分开，从而便于运输，并保护在途货物。注重包装是保证整个物流系统流程顺畅的重要环节之一。

4）装卸和搬运功能。装卸和搬运是物流各环节连接成一体的接口，是运输、储存、包装等物流作业得以顺利实现的根本保证。装卸和搬运质量的好坏、效率的高低是整个物流过程的关键所在。装卸和搬运工具、设施、设备不先进，效率低，商品流转时间就会延长，包装可能破损，从而增加物流成本，影响整个物流过程的质量。装卸和搬运功能是连接运输、储存和包装各个系统的节点。该节点的质量直接关系到整个物流系统的质量和效率，而且又是缩短物流移动时间、节约流通费用的重要组成部分。装卸和搬运环节出了问题，物流的其他环节就会停顿。

5）流通加工功能。所谓流通加工是指产品从生产者向消费者流通的过程中，为了促进销售、维护产品质量、实现物流的高效率所采取的使物品发生物理和化学变化的功能。流通加工可以节约材料、提高成品率，保证供货质量和更好地为用户服务。所以，流通加工的作用很重要。流通加工是物流过程中“质”的升华，使流通向更深层次发展。

6）信息功能。物流信息是连接运输、储存、装卸、包装各环节的纽带，没有物流各环节信息的通畅和及时供给，就没有物流活动的时间效率和管理效率，也就失去了物流的整体效率。收集与物流活动相关的信息，能使物流活动有效、顺利地进行。

信息包括与商品数量、质量、作业管理相关的物流信息，以及与订货、发货和货款支付相关的商流信息。不断地收集、筛选、加工、研究、分析各类信息，并把精确信息及时提供给决策人员，让他们以此为依据判断生产和销售方向，制定企业经营战略，以便做出高质量的物流决策。

与物流信息密切相关的是物流信息系统，即管理人员利用一定的设备，根据一定的程序对信息进行收集、分类、分析和评估，并把精确信息及时地提供给决策人员，以便他们做出高质量的物流决策。物流信息系统的作用不但是收集尽可能多的信息，提供给物流经理，使他们做出更多的有效决策，还有与公司中销售、财务等其他部门的信息系统共享信息，并将有关的综合信息传至公司最高决策层面，协助他们形成战略计划。

7）配送功能。物流配送是指按照客户的要求，经过分货、拣选等货物配备工作，把最终产品从生产线的末端到消费者手中的移动和储存过程。物流配送从商品流通的经营方式来看，是商品在经营过程中的一种现代的流通方式。物流配送定位在为电子商务客户提供服务，根据电子商务的特点，对整个物流配送体系实行统一的信息管理和调度，按照客户的订货要求，在物流基地进行理货工作，并将配好的货物送交收货人的一种方式。

### 6.1.2　物流分类

物流活动在社会经济领域无处不在，不同领域的物流，虽然存在相同的基本要素，但由于物流的对象、目的、范围和范畴不同，形成了不同的物流类型。

（1）按照作用分类

按物流所起的作用可以将物流分为供应物流、生产物流、销售物流、回收物流、废弃物物流等不同的种类。

1）供应物流（Supply Logistics）。生产企业、流通企业或消费者购入原材料、零部件及其他物品的物流过程称为供应物流，也就是物品在供给者与需求者之间的实体流动。对一个企业而言，企业的流动资金十分重要，其大部分是被购入的物品和原材料及半成品等所占用的。因此，供应物流的合理化管理对于企业的成本有重要影响。

2）生产物流（Production Logistics）。生产物流是指从工厂的原材料购进入库起，直到把工厂的成品库的成品发送出去为止的物流活动的全过程。生产物流和工厂的生产流程同步。工厂在生产过程中，原材料、半成品等按照工艺流程在各个加工点之间不停地移动、流转形成了生产物流。如果生产物流中断，生产过程也将随之停滞。概括起来，生产物流是指在生产过程中，原材料、在制品、半成品、产成品等在企业内部的实体活动。生产物流的重要性体现在，如果生产物流均衡稳定，可以保证在制品的顺畅流转，缩短生产周期；如果生产物流的管理和控制合理，可以使在制品的库存得到压缩，使设备负荷均衡化。因此，生产物流的合理化对工厂的生产秩序和生产成本有很大的影响。

3）销售物流（Distribution Logistics）。销售物流是指生产企业或流通企业在出售商品时，物品在供方与需方之间的实体流动。企业通过销售物流可以进行资金回收并组织再生产活动。销售物流的结果关系到企业的存在价值是否被社会承认。销售物流的成本在产品及商品的最终价格中占有一定的比例，因此销售物流的合理化在市场经济中可以较大地增强企业的竞争力。

4）回收物流（Returned Logistics）。回收物流是指不合格物品的返修、退货以及周转使用的包装容器从需方返回供方所形成的物品实体流动。商品在生产及流通活动中有许多要回收并加以利用的物资，如作为包装容器的纸箱和塑料筐等、建筑业的脚手架、旧报纸和书籍、金属废弃物等。

5）废弃物物流（Waste Material Logistics）。商品在生产和流通过程中所产生的废弃物，如开采矿山时产生的土石、炼钢生产中的钢渣、工业废水，以及其他各种无机垃圾等，已没有再利用的价值，如不妥善处理，就会妨碍生产，甚至造成环境污染。在对这类物资的处理过程中产生了废弃物物流。废弃物物流是指将经济活动中失去原有使用价值的物品，根据实际需要进行收集、分类、加工、包装、搬运、储存等，并分送到专门处理场所过程中形成的物品实体流动。为了更好地保障生产和生活的正常秩序，对废弃物资进行研究也显得十分重要。废弃物物流虽然没有经济效益，但是具有不可忽视的社会效益。

物流按照作用分类如图6-3所示。

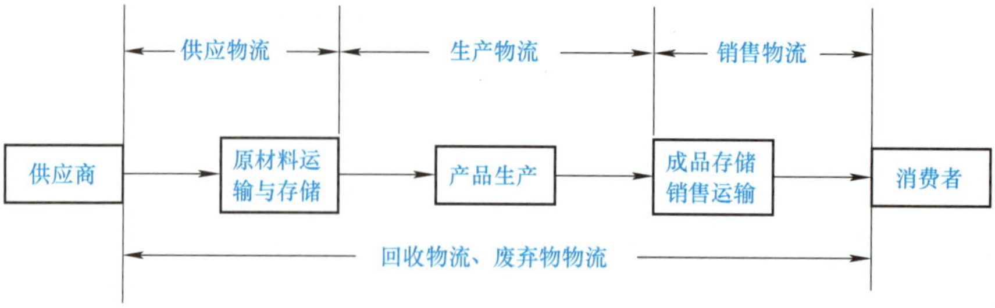


图6-3 物流按照作用分类

（2）按照物流活动的空间和范围分类

按照物流活动涉及的空间和范围可以将物流分类为地区物流、国内物流和国际物流。

1）地区物流。研究地区物流对于提高所在地区的企业物流活动的效率，以及保障当地居民的生活福利环境，具有十分重要的作用。对地区物流的建设应根据所在地区的特点，从本地区的利益出发组织好相应的物流活动，并充分考虑到利弊两个方面的问题，妥善安排并与地区和城市的建设规划相统一。例如，某地区计划建设一个大型物流中心，这将提高当地的物流效率、降低物流成本，为当地稳定物价、发展经济起到促进作用，但也会给当地管理部门带来一系列消极的问题，如由于供应点集中、货车来往频繁而产生大量的废气和噪声及交通堵塞等问题。因此，物流中心的建设不只是物流问题，还要从城市建设规划、地区开发计划出发，统一考虑，妥善安排。

2）国内物流（National logistics）。在国家自己的领地范围内开展的物流活动称为国内物流。国内物流为国家的整体利益服务。国内物流作为国民经济的一个重要方面，应该纳入国家总体规划。我国的物流事业是社会主义现代化建设的重要组成部分之一，因此国内物流的建设、投资和发展必须从全局着眼，清除部门和地区分割所造成的物流障碍，尽早建成一些大型物流项目为国民经济服务。

3）国际物流（International logistics）。不同国家之间和世界各大洲之间的物流称为国际物流。国际物流是伴随国际投资、贸易活动和其他国际交流所发生的物流活动。由于第二次世界大战后国际投资和贸易壁垒减少，国际分工日益深化，国际贸易规模迅速扩大，经济全球化和区域经济一体化速度加快，国际物流成为现代物流系统中发展最快、规模最大的一个物流领域，随着互联网这种无国界的信息媒介的扩展和电子商务的推广应用，将使国际物流的效率和规模得到进一步的提高和推广。

（3）按照物流系统性质分类

按照物流系统性质可将物流分为社会物流、行业物流和企业物流。

1）社会物流。社会物流是物流的主要研究对象，是指以全社会为范畴、面向广大用户的、超越一家一户的物流，是企业外部物流活动的总称。社会物流涉及在商品的流通领域所发生的所有物流活动，因此社会物流带有宏观性和广泛性，所以也称为大物流或宏观物流。这种社会性很强的物流往往是由专门的物流承担人承担的。伴随商业活动的发生，物流过程通过商品的转移，实现商品的所有权转移，这是社会物流的标志。

2）行业物流。顾名思义，行业物流是指在一个行业内部发生的物流活动。同一个行业的各个企业往往在经营上是竞争对手，但为了共同利益，在物流领域却又常常互相协作，建立统一的行业标准和运作规范，以降低整个行业的物流成本，促进行业物流系统的合理化、科学化和标准化。

3）企业物流。企业作为一个经济实体，为社会提供产品或服务。在企业经营范围内，由生产或服务活动所形成的物流系统叫企业物流，它是企业内部的物品实体流动。从企业角度研究与之有关的物流活动，是具体的、微观的物流活动的典型领域。

## 6.1.3 物流技术

### 1. 条码技术

条码是由一组黑白相间、粗细不同的条状符号组成的。条码隐含着数字信息、字母信息、标志信息、符号信息，主要用以表示商品的名称、产地、价格、种类等，是全世界通用的商品代码的表示方法。条码由若干个黑色的“条”和白色的“空”的单元组成，其中，黑色条对光的反射率低而白色的空对光的反射率高，再加上条与空的宽度不同，就能使扫描光线产生不同的反射接收效果，在光电转换设备上转换成不同的电脉冲，形成了可以传输的电子信息，如图 6-4 所示。

图 6-4 条码技术

条码的编制种类非常多，但根据国际物品编码协会（EAN）和美国统一代码协会（UCC）的编码规范，国际上通用的物流条码码制只有三种：EAN-13 条码，即消费单元条码（商品条码）；ITF-14 条码，即储运单元条码；UCC/EAN-128 条码，即 EAN/UCC-128 物流条码。

条码技术为物流中货物的识别和输入提供了技术支持，是实现快速、准确而可靠地采集数据的有效手段，主要运用到以下 3 个方面。

1）库存系统。条码技术运用到库存物资上，主要包括规格包装、集装、托盘货物。在入库时，库存系统通过自动扫描条码并输入计算机，由计算机自动处理形成库存信息，并输出入库区位、货架、货位的指令，出库程序则和销售信息系统条码应用一样。

2）销售信息系统。销售信息系统通过扫描商品上的条码，快速、准确地录入计算机，用于管理销售和配送。在对销售商品进行结算时，扫描设备读取并将信息输入计算机，开启收款程序，随时掌握进、销、存的数据。

3）分货拣选系统。在分货或拣选货物时，有大量的信息需要快速处理，设备通过扫描每件物品外包装上的条码，自动进行分货拣选，并实现配送和出库的信息管理。

### 2. 射频识别技术

射频识别（Radio Frequency Identification，RFID）技术是一种非接触式的自动识别技术，无须人工干预，可工作于各种恶劣环境，通过射频信号自动识别目标对象并获取相关数据。射频识别技术的工作原理为由扫描器发射特定频率的无线电波能量给接收器，用以驱动接收器电路将内部的代码送出，此时扫描器便接收此代码。射频识别技术如图 6-5 所示。

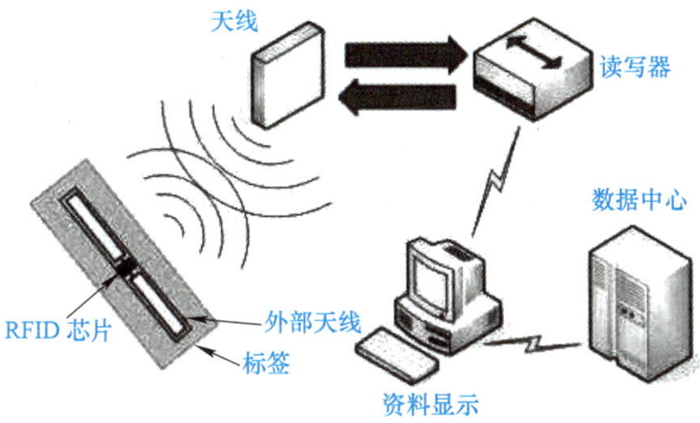


图 6-5　射频识别技术

最基本的射频识别系统由以下 3 个部分组成。

1）附着在物体上标识目标对象的标签（Tag），由芯片组成，用于作为唯一的电子编码，标识物体。

2）读取标签信息的阅读器（Reader），常见的分为手持式和固定式。

3）传递标签与读取器之间射频信号的天线（Antenna）。

由于射频识别技术的标签可以唯一地标识商品，通过同计算机技术、网络技术、数据库技术等的结合，可以在物流的各个环节上跟踪货物，实时掌握商品的动态信息，并且拥有数据储存量大、读写速度快、数据安全性高、使用方便、读写距离远等显著特点。因此，射频识别技术被广泛应用于身份识别、物流管理、物品追踪、防伪、交通、动物管理等领域。

现代物流是以物流企业为主体、以第三方物流配送服务为主要形式、由物流和信息流相结合的、涉及供应链全过程的现代物流系统。从采购、储存、生产制造、包装、装卸、运输、流通加工、配送、销售到服务，是供应链上环环相扣的业务环节和流程。货物运输所需要的成本、时间及货物在途的状态控制是整个供应链管理过程中的重要环节。射频识别技术与现代物流管理相结合，将会极大地提升物流管理各个环节的智能化水平和服务水平。

### 3. GPS 技术

GPS（Global Positioning System，全球定位系统）是指利用导航卫星授时与测距。它的工作原理是在被定位的物体或设备上预先安装 GPS 装置，通过卫星去获取 GPS 装置的位置信息，然后将位置信息传递给控制端。卫星不间断地发送星历参数和时间信息，用户接收到这些信息后经过计算求出接收机的三维位置、三维方向，以及运动速度和时间信息。

GPS 技术在物流中的应用主要体现在以下几个方面。

1）车辆定位。运输车辆安装 GPS 设备，利用卫星实时在地图中监控车辆的运行。物流企业使用 GPS 技术能够明确掌握车辆的实时运行情况、任务完成情况和路线选择情况。

2）物流监控。物流企业利用 GPS 技术可调用车辆运行路线的相关信息，进行全面指挥和管理，如对运输车辆运营信息的记录，可以保障人员和车辆财产安全；通过对车辆路线的记录分析整理出最佳的营运路线，提高物流企业的运输管理水平。

3）物流查询。在物流管理中使用 GPS 技术可以通知货主货物的运输状态、位置，方便对物流企业的运输车辆进行总体管理和调度指挥。

4）紧急救援。车辆在运输过程中发生危险，使用 GPS 技术可以准确定位车辆的位置，并向管理中心提供发生事故的用户资料及现场应对方案，帮助物流管理中心进行处理，从而降低物流企业运输过程中的安全风险。

#### 4. GIS 技术

GIS（Geographic Information System，地理信息系统）技术以地理空间为基础，采用地理模型分析方法，实时提供多种空间和动态的地理信息，是一种为地理研究和地理决策服务的计算机技术系统。其基本功能是将表格型数据转换为地理图形显示，然后对显示结果进行浏览、操作和分析。

GIS 技术在物流中的应用主要体现在以下 3 个方面。

1）物流中心选址。物流中心选址是指在一个或多个地址设置配送中心，满足若干供应点及若干需求点的区域内的需求。在不同区域内建立物流中心，整个物流系统实现的经济效益是不同的。实现物流配送中心选址的主要手段是 GIS 的网络分析功能，它可将现实中的区域转化成抽象的网络图，并通过网络图分析实现地理网络的最优化。

2）便于物流配送。物流公司在若干供应点及若干需求点的区域内进行配送工作之前，可以通过 GIS 技术在电子地图上显示设计线路，并同时显示汽车的运行路径和运行方法，为配送车辆规划合理路线，使经济效益和社会效益都得到提升。

3）物流跟踪。物流公司通过使用 GIS 技术和 GPS 技术，可以实时监控运输车辆的运输情况，为服务企业提供物流跟踪信息，便于服务企业追踪车辆和货物的运输情况，合理安排生产与销售。GIS 技术和 GPS 技术的结合使流动的运输设备变得透明可控，便于提高运输工具的效率。

### 6.1.4 物流管理的目标

#### 1. 快速响应

这是企业物流作业目标中最基本的要求。快速响应关系到一个企业能否及时满足客户的服务需求。快速响应能力使企业将传统物流作业强调的根据预测和存货情况做出计划，转向了以小批量运输的方式对客户需求做出反应。快速响应要求企业具有流畅的信息沟通渠道和广泛的合作伙伴支持。这样才能在更短的时间内解决客户的问题，满足客户的需求。

#### 2. 减少故障

故障是指破坏系统作业表现的任何未预料到的事件，它可以产生于物流作业的任何地方。例如，空运作业因为天气原因受到影响；铁路运输作业因为地震等灾害受到影响；客户收到订货的期望时间被延迟、制造中发生意想不到的损坏、货物到达客户所在地时发现受损，或者把货物交付到不正确的地点等。所有这一切都将使物流作业时间遭到破坏，对此必须予以解决。减少故障的传统解决办法是建立安全存货，或是使用高成本的运输方式。不过，上述两种方式都将增加物流成本，为了有效地控制物流成本，目前多采用信息技术以实现主动的物流控制，这样故障在某种程度上就可以被降到最低。

### 3. 最低库存

最低库存是企业物流作业目标中的核心要求。最低库存的目标同资产占用和相关的周转速度有关。最低库存越小，资产占用越少；周转速度越快，资产占用也越少。因此，物流系统中存货的财务价值占用企业资产越少。在一定的时间内，存货周转率与存货使用率相关。存货周转率高，意味着投放到存货上的资产得到了有效利用。

企业物流作业的目标就是要以最低的存货满足客户需求，从而实现物流总成本最低。随着物流经理将注意力更多地放在最低库存的控制上，类似“零库存”（JIT）之类的概念已经从戴尔这样的国际大公司向众多中小公司转移并得到实际应用。当存货在制造和采购中达到规模经济时，它能提高投资回报率。

为实现最低存货目标，物流系统设计必须是对整个企业的资金占用和周转速度进行控制，而不是对每一个单独的业务领域进行控制。

### 4. 整合配送运输

整合配送运输是企业物流作业中实施运输成本控制的重要手段之一。运输成本与运输产品的种类、运输规模和运输距离直接相关。许多具有一流服务特征的物流系统都采用的是高速度、小批量运输，这种运输通常成本较高。为了降低成本，可以将运输整合。一般而言，运输量越大、距离越长，单位运输成本越低。因此，将小批量运输集中起来以形成大规模的经济运输不失为一种降低成本的好途径。不过，集中运输往往降低了企业物流的响应时间。因此，企业物流作业必须在集中运输与响应时间方面综合权衡。

### 5. 改善物流质量

物流作业本身就是在不断地寻求客户服务质量的改善与提高。目前，全面质量管理（Total Quality Management，TQM）已引起各类企业的高度关注，物流领域也不例外。从某种角度说，TQM 还是物流得以发展的主要推动力之一。因为事实上一旦货物质量出现问题，物流的运作环节就要全部重新再来。例如，运输出现差错或运输途中货物损坏，企业不得不对客户的订货重新操作，这样一来不仅会导致成本的大幅增加，而且会影响客户对企业服务质量的评价，因此企业物流作业对质量的控制不能有半点马虎。物流本身必须符合所需要的质量标准，从而实现“零缺陷”服务要求。

### 6. 生命周期支持

绝大多数产品在出售时都会标明其使用期限。若超过这个期限，厂商必须对渠道中的货物或正在流向客户的货物进行回收。之所以将产品回收是出于严格的质量标准、产品有效期、产品可能出现的危险后果等方面的考虑。当货物潜藏危害人身健康的因素时，不论成本大小，反向物流必然发生。如果不仔细审视反向物流需求，就无法制定良好的物流战略。

传统的物流作业，要同时达到上述物流作业的目标比较困难，而市场的激烈竞争又几乎对物流作业的全新目标都要求同时满足，因此要求企业必须对物流作业的各个环节进行高效整合。

## 6.2 电子商务物流配送

随着电子商务在我国经济中的发展步伐明显加快，物流配送作为一门新学科，如何突破传统流通体制的框架，走上社会化流通之路，成为一个重要课题。电子商务是网络经济和现代物流共同创造出来的，是两者一体化的产物。没有现代化物流的巨大支持，电子商务将在配送环节搁浅。一些务实的企业家在进行电子商务的总体规划时，也把物流作为电子商务系统的重要项目统筹设计。

物流配送是为电子商务客户提供服务，根据电子商务的特点，对整个物流配送体系实行统一的信息管理和调度，按照客户的订货要求，在物流基地进行理货，并将配好的货物送交客户的一种物流方式。这一先进、优化的流通方式对流通企业提高服务质量、降低物流成本、优化社会库存配置，从而提高企业的经济效益及社会效益具有重要意义。配送制作为现代物流的一种有效的组织方式，代表了现代市场营销的主方向，因而得以迅速发展。

### 6.2.1 物流配送的定义

物流配送是指在经济合理的区域范围内，根据用户要求，对物品进行拣选、加工、包装、分割、组配等作业，并按时送达指定地点的物流活动。

物流配送的发展经历了三次革命。初期的送物上门：为了改善经营效率，国内许多商家广泛采用了把货送到买主手中的销售措施。这是物流配送的第一次革命。第二次革命是伴随着电子商务的出现而产生的，这是一次彻底的变革，不仅影响了物流配送本身，也影响了上下游各体系，包括供应商、消费者。第三次物流革命是物流配送的信息化及网络技术的广泛应用所带来的种种影响。这些影响是有益的，将使物流配送更有效率。电子商务对传统物流配送的冲击和影响主要表现在以下几个方面。

（1）电子商务给传统物流配送观念带来深刻的革命

传统物流配送企业需要置备大面积的仓库，而电子商务网络化的虚拟企业将散置在各地的不同所有者的仓库通过网络系统连接起来，使之成为“虚拟仓库”，进行统一管理和调配使用，服务半径和货物集散空间放大了。这样企业在组织资源的速度、规模、效率和资源合理配置方面都是传统的物流配送比不上的，相应的物流观念也必须是全新的。

（2）网络对物流配送的实时控制代替了传统的物流配送管理程序

一个先进的系统，会给企业带来全新的管理方法。传统的物流配送过程是由多个业务流程组成的，受人为因素和时间影响很大。网络的应用可以实现整个过程的实时监控和实时决策。新型的物流配送业务流程由网络系统连接。当系统的任何一个神经末端收到一个需求信息时，该系统都可以在极短的时间内做出反应，并拟定详细的配送计划，通知各环节开始工作。这一切都由计算机根据人们事先设计好的程序自动完成。

（3）物流配送持续的时间在网络环境下大大缩短

在传统物流配送管理中，由于信息交流的限制，完成一个配送过程的时间较长，但这个时间随着网络系统的介入变得越来越短，任何一个有关配送信息和资源都会通过网络管理在几秒内传到有关环节。

（4）网络系统的介入简化了物流配送过程

传统物流配送整个环节极为烦琐，在网络化的新型物流配送中心可大大缩短这一过程。网络支持下的技术可以在网络环境下充分地被使用，物流配送周期会缩短，组织方式也会发生变化；计算机系统管理可使整个物流配送管理过程变得简单和容易；网络上的营业推广可使用户购物和交易过程变得更有效率、费用更低；可以提高物流配送企业的竞争力；随着物流配送业的普及和发展，行业竞争范围和残酷性增加，信息的掌握、信息的有效传播和易得性，使得用传统方法获得超额利润的时间和数量越来越少；网络的介入，使人们的潜能得到充分发挥，自我实现的需求成为多数员工的工作动力。

（5）物流配送模式从少品种、大批量向多品种、小批量转变

传统配送主要是为企业之间交易服务的，配送的对象主要是生产资料。由于生产资料品种规格单一，需要量大，配送过程基本不需要分拣，配送环节采用少品种、大批量的配送模式。在电子商务环境下，网络化的商务模式使企业之间及企业与消费者之间的交易都更加活跃。一方面，对消费者网上订购的商品进行配送，加之商业连锁经营的发展，商业企业与生产企业之间电子商务的开展，生活资料的配送量增多，成为电子商务下物流配送的主流。由于生活资料的品种规格较多，需求量小，故要求多品种、小批量、多批次的配送。另一方面，企业之间通过电子商务进行交易，订货作业变得简单、快捷，成本降低，因此趋于小批量、多批次订货，以实现自身零库存，增强市场应变能力。同时，生产资料配送也向小批量、多批次配送方式转化。

综上所述，推行信息化配送制，发展信息化、自动化、现代化的新型物流配送业是我国发展和完善电子商务服务的一项重要内容，势在必行。

## 6.2.2　物流配送流程

物流配送的作用在于使产品迅速流转，化零为整或化整为零。如果没有正确有效的作业方法相配合，无论多么先进的系统和设备，都未必能取得最佳的经济效益。一般来说，物流配送流程通过备货、储存、分拣与配货、配装、运输和送达服务等一系列物流作业实现从供应商到消费者的流转，如图 6-6 所示。

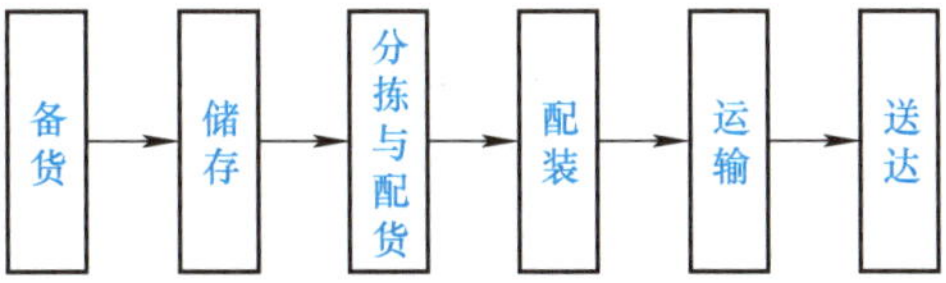


图 6-6　物流配送流程

### 1. 备货

备货包括筹集货源、订货或购货、集货、进货及有关的质量检查、结算、交接等，是配送的基础工作。集中用户的需求进行一定规模的备货是降低配送成本的方式之一。备货是决定配送是否能在初期取得经济效益、降低物流成本的关键。

### 2. 储存

配送环节的储存分为储备及暂存两种方式。配送储存的储备量比较大、结构比较完善，

按一定时期的配送经营要求，形成的对配送的资源保证叫储备。在确定储备量上，要受确定周转储备和保险储备结构、数量、货源及到货情况的影响。一般配送的储备库存在配送中心附近单独设库。

另一种配送储存的形态是暂存，是具体执行日配送时，按分拣配货要求，在理货场地所做的少量储存准备。暂存时间不长，主要是调节配货与送货的不协调。暂存并不会对总体储存产生大的影响，因此总体的储存效益主要取决于配送储备量。

#### 3. 分拣与配货

分拣与配货不同于传统物流形式，它是配送工作顺利进行的关键流程。分拣与配货是指使用各种拣选设备和传输装置，将存放的货物按客户的要求分拣出来，配备齐全，送入指定发货区。因此，它是保障配送流程的基础工作。有了分拣与配货，不仅可达到按客户要求进行高水平送货的目的，还会大大提高送货服务水平。

#### 4. 配装

在配送运输前，需要对不能达到车辆的有效载运负荷的单个客户配送数量采取集中配送货物的方式进行配装，通过配装以解决充分利用运能、运力的问题。配装作为现代物流的环节之一，与以往送货的区别之处在于通过配装送货可以大大提高送货水平及降低送货成本。

#### 5. 运输

配送流程中的运输是实现货物从供应商转向消费者的关键环节之一。配送运输的特点为距离较短、规模较小、额度较高。配送运输方式与其他运输方式相比，由于配送客户多、交通路线较复杂，因此为实现经济合理地运输，通常采用汽车作为运输工具。合理规划与选择配送运输路线，才能节省运营成本，提升物流经济效益。

#### 6. 送达

配送的最后一个环节是送达，即将配好的货运输给客户，圆满地实现到货的交接，并有效地、方便地处理相关后续工作和结算。

### 6.2.3 电子商务物流配送方案

电子商务企业应充分考虑公司的经营成本与经营现状，选择物流配送方式。对企业来说，主要从以下 3 个方面考虑。

1）低成本。作为电子商务企业，在经营过程中不仅要考虑控制成本取得较高的经济效益，同时还要考虑市场占有率。因为物流成本需要计算在网络在售产品的价格中，如果产品价格过高则会影响其市场占有率。一般来说，物流配送费用不应高于平均客单价的 5%。

2）客户满意度。电子商务企业选择物流配送方案，无论是自建物流中心还是依赖第三方物流配送企业，都要保证对客户的承诺，如送达时间、送货费用等。只有达到客户的期望，才能在同类企业中取得竞争优势。

3）匹配企业现状。对处于不同发展阶段的电子商务企业来说，需要充分考虑当前的订单量与经营现状，选择适合的配送方式。企业在创办初期，由于订单量不大且经营成本有限，可以考虑选择适合的第三方物流企业实施订单配送作业；当企业的订单量大且企业达到一定规模时，可以考虑构建物流配送中心，选择自营方式达到降低成本、提高配送速度的目的。

以上 3 个方面决定着企业配送方式的选择。一般来说物流配送分两种：一种是自建物流中心实施配送，另一种是第三方物流企业实施配送。

1）自建物流中心实施配送。这种方式适用于已达到一定经营规模的电子商务企业。企业需要自建物流中心实现控制物流配送速度与质量，以令客户满意。自建物流中心属于生产经营的纵向一体化的一部分。企业自备仓库、车队等物流设施，内部设立综合管理部门统一企业物流运作。

对于企业内部的采购和销售来说，产品的性能和规格、供应商的经营能力、客户的第一手信息等，都被企业掌握，可随时调整经营战略。自建物流中心实施配送有利于企业降低经营成本，和客户保持紧密联系，培养客户的忠诚度，同时还有利于树立企业的品牌形象。自建物流配送中心的代表性电子商务企业，如京东商城等。

2）第三方物流企业实施配送。由于电子商务对物流配送的效率要求较高，前期自建物流系统投入较大，加之公司电子商务处于起步阶段，对日后订单量没有十足的把握，对电子商务配送没有经验，前期自建物流系统有一定的风险，所以需要将物流配送外包给第三方物流企业。

第三方物流企业具有专业的物流设施与设备，提供专业的仓储和配送建议，通过从事多项物流项目的运作，可以整合各项物流资源，使物流的运作成本相对较低，物流作业更加高效。对规模较小的电子商务企业来说，采用第三方物流企业实施配送不仅可以享受到更加专业的物流服务，也可以集中精力开展核心业务。采用第三方物流企业实施配送的代表性电子商务企业，如当当网等。

自建物流中心实施配送和第三方物流企业实施配送不是相互对立的，双方各有优势。企业如何选择一个适合自己的物流模式，扬长避短，充分利用资源，是企业应该高度关注的问题。

## 6.3　电子商务物流

电子商务物流与传统物流相比，具有客户需求个性化、商品零散独立、配送高效快速等特点，因此电子商务物流具有独特性。

### 6.3.1　自营物流

#### 1. 自营物流的含义

自营物流是企业自己建立独立的物流配送系统，提供物流配送服务。这种物流模式是由电子商务企业投资购买物流设施、设备，并且出资组建独立的组织，管理物流业务，选择具体的物流运作和管理方法。为了能在激烈的电子商务竞争中获胜，具有一定规模的电子商务企业都构建了自营物流系统。目前，国内构建自营物流模式的知名度较高的企业是京东和苏宁。

自营物流具有以下 3 个特点。

1）掌控物流流程。电子商务企业自建物流能帮助企业提高对货物包装、运输、配送等一系列物流活动的掌控力。自营物流可保证企业内部系统的稳定健全发展，提升物流运作速度。

2）提升服务质量。在电子商务交易过程中，从购买咨询、下单交易、支付确认，均发生在网络虚拟环境中，物流是唯一一个能让客户有现实体验的环节，物流服务的好坏直接决定着客户的满意度。因此，自营物流可以通过自己构建的物流服务方式带给客户新的物流体验，提高客户对电子商务企业的忠诚度。

3）信息反馈及时。自营物流可以帮助电子商务企业结合自身发展的情况，实现运营中的信息在企业各部门中及时反馈，在企业成长过程中逐步建立一套与自身特点紧密结合的物流系统，形成竞争优势。

### 2. 我国自营物流企业

当前主要有两类电子商务企业采用自营物流。

第一类是资金实力雄厚、业务范围广的电子商务企业构建的自营物流。以京东为例，其自营物流是针对电子商务物流速度慢、服务差、线上客户购物体验差的情况而构建的，并在全国首推“211 限时达”服务，通过特色化的物流服务，物流与电子商务的融合程度高，物流体验好、效率高。京东在全国构建物流体系，配置大型配送中心、运输车辆和专业的配送人员，采取统一服务的标准化管理模式。这样既能提高配送中心的专业性、规范性，又使客户产生了对品牌的信赖。

第二类是大型传统企业经营的电子商务网站构建的自营物流。大型传统企业由于已初步打造出具有规模的市场营销网络及物流体系，在开展电子商务时只需要稍加改善和完备，便基本能满足电子商务条件下对物流配送的需求。例如，苏宁凭借在全国范围内庞大的实体连锁店，将线上平台销售与线下实体连锁店结合，将实体连锁店纳入了物流节点当中，实体连锁店可以充当门店仓库、配送点和服务站等，完成物流的服务功能。

### 科技强国

**智慧科技助推京东物流速度**

面对618促销的海量快递包裹，京东是如何做到准时配送的呢？科技自动化物流设备——天狼、快递分拣机器人——小黄人助推了京东物流速度。京东自主研发的天狼SHUTTLE货架穿梭车，能高速行走、自动适配货品宽度及高定位容错性，配合高速提升机每小时出库量可达1 600箱，目前技术参数均处于业界先进水平。通过这套设备，配货效率提高了5倍以上，同时还极大地降低了员工的劳动强度。京东小黄人可以识别场地经纬度分布二维码地标，以3米/秒的速度“奔跑”。人工只需要将快递包裹放置在机器人上，即可迅速识别快递面单信息，以最优路线投递，完成分拣工作。济南分拣中心共投入350台分拣机器人，在京东智慧物流的控制下，它们可以做到自动充电5分钟，连续工作4个小时，分拣准确率高达100%。

讨论：京东物流是通过哪些科技助推物流发展的？你还知道哪些新技术被应用到了物流中？科技创新对我国的经济发展有何作用？

## 6.3.2　第三方物流

### 1. 第三方物流定义

第三方物流（Third Party Logistics）即 3PL，也称作合约物流。根据中华人民共和国国家标准《物流术语》的定义，第三方物流是指独立于供需双方，为客户提供专项或全面的物流系统设计或系统运营的物流服务模式。第三方物流在 20 世纪 90 年代出现，作为一种新兴的事业形态和物流管理模式，在全球范围内被广泛使用，迅速受到关注。利用第三方物流的管理企业可以集中精力在主营业务领域，以合同形式委托专业的物流服务企业，完成企业的物流活动，同时利用第三方物流企业专业的信息系统和设备，为客户提供完善的物流服务并保持密切联系，还可以全程监管物流活动的运行。

与传统物流相比第三方物流具有以下特点。

1）服务合同化。与传统物流相比，第三方物流是根据契约规定的要求，管理和提供物流服务的活动，建立物流经营者与消费者之间的联系。物流联盟的参与者也通过合同契约划分权利、责任和利益。

2）服务差别化。针对服务企业的不同，提供差别化的物流服务与增值服务，如业务流程、企业形象营造、客户需求等方面。同时，第三方物流企业也应不断强化服务的个性化和差别化，以增强市场竞争力。

3）专业功能化。第三方物流企业必须提供专门的服务，这既是物流客户的需要，又是第三方物流自身发展的基本要求，包括物流设计、物流操作过程、物流技术工具、物流设施到物流管理等内容。

4）管理信息化。第三方物流作为现代物流的组成部分，信息化管理是运行和发展的基本要求。在提供物流服务的过程中，信息技术发展不仅实现了信息实时共享，也直接影响着物流效率和物流效益，使物流管理更加科学。

### 2. 我国第三方物流企业

目前，我国的第三方物流企业面临飞速发展时期，各类不同背景的企业纷纷转型物流或将第三方物流作为新的增长点。第三方物流企业一般从传统的仓储业、运输业等行业中与物流相关的企业发展而来。

1）起源于运输业。尽管没有数据统计，但从运输业发展来的第三方物流在市场上应该占最大的比重。就国外的情况看，以陆运和空运为主的快运、快递公司发展成为第三方物流的有 UPS、Fedex、TNT、DHL 等；从海运发展起来的物流企业有马士基物流、美集物流等。

我国也出现了类似的形态，如以陆运为主的企业，先后有大通、上海交运集团、广州交运集团等在国内有一定影响的运输企业开展第三方物流业务。

2）起源于仓储业。与运输环节一样，仓储也是物流活动中最重要的环节之一。因此，许多提供公共仓储服务的公司也通过功能延伸为客户提供综合物流服务。在欧洲 Exel 和 Tibbet & Britten 都是由公共仓储业发展成为第三方物流企业的。我国的公共仓储业向物流企业转变的趋势也比较明显，如上海商业储运公司成立上海商业物流公司从事第三方物流业务。

3）起源于货运代理公司。货运代理公司转型为现代物流的企业在西方有很多，如 Emery、BAX、MSAS、Schenker、AEI、Circle 等。由于信息技术的发展和电子商务环境的成熟，以往提供简单信息服务的货运代理公司的利润空间越来越小。在货运代理业务的基础上发展第三方物流已经成为货运代理业发展的热点，如中外运物流等。

4）起源于托运人。这类公司是从大公司的物流组织演变而来的。它们将物流专业的知识和一定的资源，如信息技术，用于提供第三方物流服务。在国外这类公司有 Caterpillar 物流公司、IBM 物流等。我国这类公司也在不断增多，并成为行业物流市场上的典型代表。例如，海尔集团组建的海尔物流公司、美的集团组建的安得物流等，就是托运人从事第三方物流的典型。

5）财务和信息咨询服务公司。原本主要致力于建立系统的集成商，为了给客户增加更多的价值也主动提供有关电子商务、物流和供应链管理的工作，这类公司有 Accenture、GE Information Services 等。

6）港口码头、铁路编组站和火车站、汽车站、航空货运站等。这类企业基于终端作业的优势，将业务延伸至运输和配送。目前，这类企业的典型代表是新加坡港务集团和 CWT（迅通有限公司）。新加坡港务集团从 1997 年开始在我国投资物流业，较大的物流项目有上海招商新港物流有限公司。

7）电子分销商。零部件分销商和增值服务分销商也开始进入物流增值服务领域。它们的服务内容包括系统配置、EDI、货物跟踪、信息系统集成、库存管理等。比较典型的公司在我国有楷模英迈国际。

## 技能实操 第三方物流的对比与调查

### 1. 实操要求

对比第三方物流企业之间的异同点。

### 2. 实操内容

1）浏览顺丰、中国邮政、UPS、Fedex 四家第三方物流企业网站。

2）完成表 6-1。

表 6-1 第三方物流企业对比

| 第三方物流企业 | 网站地址 | 公司简介 | 物流服务 | 各地区运费 | 时效 |
|---|---|---|---|---|---|
| 顺丰 | | | | | |
| 中国邮政 | | | | | |
| UPS | | | | | |
| Fedex | | | | | |

### 3. 实训评价

实训评价见表 6-2。

表 6-2　实训评价

| 评 分 项 目 | 优（90～100 分） | 良（80～89 分） | 中（70～79 分） | 及格（60～69 分） | 不及格（0～59 分） |
|---|---|---|---|---|---|
| 素养：团队合作 | | | | | |
| 德育：比较第三方物流企业的服务能力 | | | | | |
| 知识：符合题目要求，言简意赅 | | | | | |
| 技能：调查总结技能 | | | | | |

## 6.4　供应链管理

扫码观看视频

供应链管理是近年来在国内外逐渐受到重视的一种新的管理理念与模式。它源于这样一种观点：企业应该从总成本的角度考察经营效果，而不是片面地追求采购、生产和分销等功能的优化，供应链管理的目的是通过协调供应链各个环节的活动，实现最佳业务绩效，从而增强整个公司的业务表现。也就是说，任何一个企业都不可能在所有业务上成为世界上最杰出的企业，只有优势互补，才能增强企业竞争能力。

### 6.4.1　供应链管理定义

供应链是围绕核心企业，通过对信息流、物流、资金流的控制，从采购原材料开始，到制成中间产品及最终产品，最后由销售网络把产品送到消费者手中，将供应商、制造商、分销商、零售商直到最终用户连成一个整体的功能链状结构模式。

供应链是一个范围更广的企业结构模式，它包含所有加盟的节点企业，从原材料的供应开始，经过链中不同企业的制造加工、组装、分销等过程直到最终用户。它不仅是一条连接供应商到用户的物料链、信息链、资金链，而且是一条增值链。物料在供应链上因加工、包装、运输等过程而增加价值，给相关企业带来收益。例如，服装制造企业上游是纤维和布料生产厂家，下游是批发商和零售商，最终到达消费者。显然，这个供应链体系中所有的企业都具有相互依存的密切关系，但是在传统方式中，它们并没有太多的协作。供应链如图 6-7 所示。

供应链分为内部供应链和外部供应链。内部供应链是指企业内部产品市场和流通过程所涉及的采购部门、生产部门、仓储部门、销售部门等组成的供需网络。外部供应链则是指企业外部与企业相关的产品生产和流通过程中涉及的原材料供应商、生产厂商、储运商、零售商以及最终消费者组成的供需网络。内部供应链和外部供应链共同组成了企业产品从原材料到成品到消费者的供应链。可以说，内部供应链是外部供应链的缩小化。例如，对于制造厂商，其采购部门就可看作外部供应链中的供应商。它们的区别只在于外部供应链范围大，涉及企业众多，企业之间协调更困难。在电子商务中，更加注重 B2B 电子商务下从产品供应商开始到订购产品企业的外部供应链的综合管理。

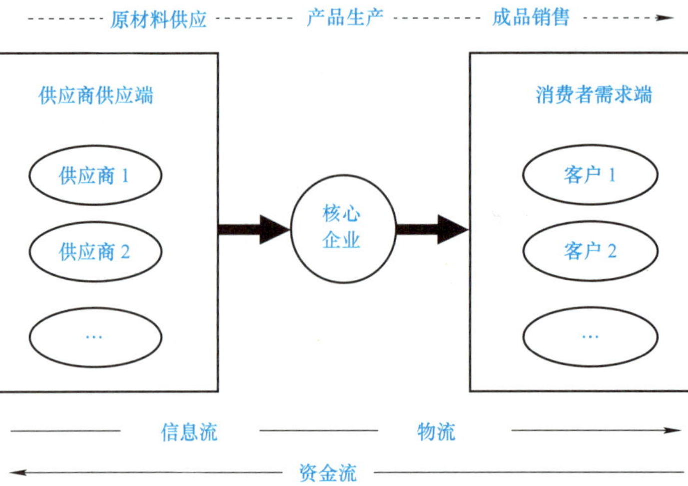


图 6-7 供应链

供应链管理（Supply Chain Management，SCM）是一种集成的管理思想和方法，它具有供应链中从供应商到最终用户的物流计划和控制等职能。供应链不仅是多个企业的联合体，而且是多个企业的融合体，因为整个供应链是一个整体。供应链管理就是对这个整体的各种资源进行管理。

供应链管理是以市场和客户需求为导向，在核心企业协调下，本着共赢原则，以提高竞争力、市场占有率、客户满意度，获取最大利润为目标，以协同商务、竞争为商业运作模式，通过运用现代企业管理技术、信息技术和集成技术，达到对整个供应链上的信息流、物流、资金流、业务流和价值流的有效规划和控制，从而将客户、供应商、制造商、销售商、服务商等合作伙伴连成一个完整的网络结构，形成一个极具竞争力的联盟。简单地说，供应链管理就是优化和改进供应链活动，其对象是供应链的组织和它们之间的“流”；应用的方法是集成和协同；目标是满足用户需求、最终提高供应链的整体竞争能力。

成功实施供应链管理，可以给企业带来以下收益。

### 1. 库存减少

通过供应链管理可以使供应商尽快了解制造商的原材料库存情况，根据实际需要进行备料，避免了库存积压。制造商可以了解客户需求情况，根据实际需要组织生产，与市场保持紧密的联系，在减少库存的同时降低了生产的风险。

### 2. 资源共享

供应链是各种物流资源的集合体，具备丰富的物流资源。供应链上的各个企业成员可以利用供应链上的各种资源，从而避免了重复投资，减少了浪费。

### 3. 节省时间和人工

由于在上下游合作伙伴之间可以建立一种长期稳定的关系，因此减少了业务交易中的谈判、签约等手续，缩短了业务流程，无形中节约了交易时间和人工成本。

### 4. 降低成本

供应链上的信息共享，使企业在保障安全库存的基础上，在采购、运输、库存等环节降低了成本。

### 5. 减少风险

由于信息共享，市场动向就能及时传递给供应链上的各个节点，使企业提前做好准备，及时调整计划，实施风险管理，从而将因市场变化引起的风险降到最低。

供应链管理是在现代科技及产品极其丰富的条件下发展起来的管理理念，它涉及各种企业及企业管理的方方面面，是一种跨行业管理，并且企业之间作为贸易伙伴，为追求共同经济利益的最大化而共同努力。开展电子商务必须加强供应链管理。

## 6.4.2　供应链管理的内容

供应链管理主要涉及 4 个领域：供应、生产计划、物流和需求。供应链管理主要包括计划、合作、控制从供应商到用户的物料和信息。供应链管理是以互联网为依托，以同步化、集成化生产计划为指导，围绕供应、生产作业、物流和满足需求来实施的。供应链管理的目标在于提高用户服务水平和降低总交易成本，并且寻求两个目标之间的平衡。影响供应链的因素包括以下几个方面。

1）库存。供应链管理的目的就是用实时、准确的信息控制物流，减少甚至取消库存，从而降低库存的持有风险，为了实现这一目的必须利用先进的信息技术，收集供应链各方以及市场需求方面的信息，减小需求预测的误差。

2）信息。信息的处理质量和速度是企业在供应链中实现整体效益的关键。构建信息平台是信息管理的基础，供求信息通过供应链系统平台及时、准确地传递到相关节点企业，从技术上实现与供应链上下游企业之间的集成化和一体化。

3）客户。客户是区别于传统供应的关键点，它是供应链的起点。供应链首先从客户需求出发，上下游企业之间实现一体化供应、制作、生产，并用最终生产的产品满足客户需求。因此，供应链管理是以满足客户需求为核心来运作的。企业详细掌握客户信息，可以最大限度地节约资源，并为客户提供优质服务。

4）经营战略。经营战略包括在企业经营思想指导下的企业文化发展战略、组织战略、技术开发与应用战略、绩效管理战略等，以及这些战略的具体实施。企业在选择和参与供应链时，必须从企业发展战略层面考虑，因为供应链管理本身属于企业经营战略的内容。

5）合作关系。供应链管理是通过企业之间的合作，改变企业之间进行交易时的“单向有利”意识，使上下游企业之间在协调合作关系基础上进行交易，从而有效地降低供应链整体的交易成本，实现供应链的全局最优化，使供应链上的上下游企业增加收益，进而达到双赢的效果。

供应链管理在成功实施过程中，涉及的影响因素还有很多，这些因素都是为了把供应链上各个职能部门有机地结合在一起，最大限度地发挥供应链的整体力量，协调供应链管理的物流成本与用户服务水平之间的关系，达到供应链中企业群体获益的目的。

### 6.4.3 供应链管理的作用

有效的供应链管理可以使管理者充分了解到整条供应链的信息。这条供应链从原材料的获得开始，到产品的生产，并一直延伸到把成品送到客户手中。管理者有了这些信息，可以进行更加科学、全面的决策。供应链规划把整条供应链作为一个连续的、无缝进行的活动来加以规划和优化，把整条链中各环节的规划工作集成在一起，而不是各行其是。

供应链管理是产品从生产商到零售企业全过程的高效管理过程。从传统意义上讲，这个过程中的主角既可以是生产企业，又可以是零售企业。对大型生产企业来说，它会根据自己的出货渠道建立与零售企业的供应链，以保证其产品的正常销售。对大型零售企业来说，它又有与各个生产企业相对应的供应链。

一般来讲，一个企业供应链的通畅程度决定了这个企业的经济效益。从订货到销售的中间过程，一般采取供应链管理方式进行控制管理。它包括决定最优库存数量、最佳存货地点、订货计划、配送和运输的方式、自动补货系统等。

供应链管理的目标是通过电子商务技术完成上述操作，将商品供应和商品需求有机地联系起来，实现在准确的时间、准确的地点、以恰当的价格把商品从生产商手中转移到零售商手中。

实施供应链管理之后，这家公司可能不再与其他公司竞争，但这家公司所在的这条供应链将与其他的供应链竞争。供应链中的每个环节都必须尽可能坚固。这需要在供应链的每个阶段都选择最优秀的公司并与之合伙，还需要建立新的商业系统和流程以使产品、信息和资金的流动更有效。在公司的内部供应链关系被理顺后，公司将迅速与关键客户和供应商建立牢固的合作关系。实际上，几乎所有的公司都把拥有关键客户的合作商看成他们成功的关键。为了支持这一伙伴关系，并且建立新的合作过程，许多公司计划利用互联网来实现有效和及时的信息共享。

供应链管理的要求：

1）在时间上重新规划企业的供应流程，以充分满足各客户的需要。

2）在地理上重新规划企业的供销厂家分布，以充分满足客户的需要，并降低经营成本。

3）在生产上对所有供应厂家的制造资源进行统一集成和协调，使它们能作为一个整体来运作。

社会责任

**我国供应链优势，吸引外商投资**

近年来，全球制造业外商投资流入规模和占比呈现“双降”态势，但我国制造业利用外资规模保持相对稳定。究其原因在于，随着我国政府持续实施一系列改革开放和转型发展的政策举措，我国在供应链综合效能、开放型经济体制、创新应用场景等方面形成了供应链竞争新优势，对跨国公司投资我国仍具有较强的吸引力。具体体现在：第一，我国全球供应链优势凸显。随着全球供应链加速调整，我国作为全球供应链区域中心之一，产业配套完整、市场空间巨大、劳动生产效率较高等核心供应链竞争优势仍然明显。第二，我国国际物流优势持续增强。全球港口货物吞吐量、集装箱吞吐量前 10 名的港口当中，我国分别占了 8 个和 7 个。第三，我国制造业供应链配套完善。我国拥有 41 个工业大类、207 个中类、666 个小类，是全世界唯一拥有联合国产业分类中全部工业门类的国家。第四，我国创新应用程度较高。我国创新应用研发经费投入强度已经由 1.9% 提升至 2.4%，基本上达到经济合作与发展组织国家 2.5% 的平均水平。在全球供应链加速重塑过程中，我国作为全球供应链的重要中心之一，既面临重大发展机遇，又面临巨大挑战。我国具有强大的市场、完善的产业链配套能力、逐步提高的科技创新能力和日益优化的投资环境，因此具有构筑供应链竞争的新优势。

讨论：你还知道供应链在哪些领域发挥作用？

## 本章小结

本章从物流的概念入手，详细介绍了物流的概念、功能、分类；分析了电子商务物流中自营物流、第三方物流两种方式，以及物流配送；较为深入地研究了供应链管理的含义、内容和作用。学生通过本章内容的学习能对我国电子商务下的物流现状与发展有所了解，为今后的学习打下基础。

## 思考与练习

### 1. 单项选择题

1）物质资料从供给者向需要者的物理性移动，是创造时间性、场所性价值的（　　）。

A. 后勤管理　　B. 流通活动　　C. 后勤工程　　D. 经济活动

2）第二次世界大战期间，美国军队为了改善战争中的物资供应状态，研究和建立了（　　），并逐渐形成了单独的学科。

A. 后勤管理　　B. 物流管理　　C. 库存管理　　D. 运输管理

3）原材料的采购、进货、运输、仓储、库存管理等属于（　　）。

A. 供应物流　　B. 生产物流

C. 销售物流　　D. 回收、废弃物流

4）在电子商务下，物流的运作是以（　　）为中心的。

A. 信息　　B. 商品　　C. 企业　　D. 客户

5）第三方物流与客户的关系，下述不正确的是（　　）。

A. 第三方物流是客户的战略投资人，也是风险承担者

B. 第三方物流是客户的战略同盟者，而非一般的买卖对象

C. 利益一体化是第三方物流企业的利润基础

D. 第三方物流的利润源于客户的利益

### 2. 判断题

1）物资流通简称物流。（ ）
2）供应链的范围比物流要宽。（ ）
3）在电子商务中，物流服务不包括传统物流服务的内容。（ ）
4）物流配送就是把货物送达客户，不论客户满意不满意。（ ）
5）企业选择物流时要考虑企业的发展阶段。（ ）
6）GPS 技术被称为地理信息系统。（ ）
7）自营物流成本低，电子商务企业可以自行建设。（ ）

### 3. 思考题

1）什么是物流？如何理解这一定义？
2）简述物流配送的流程。

# 第7章

# 网络营销

## 学习目标

### 知识目标

- 识记网络营销的概念和分类。
- 熟记网络营销的工具和方法。
- 熟记客户关系管理的定义和原则。

### 能力目标

- 熟练应用各类型信息搜索工具，掌握网络信息搜索方法。
- 会撰写网络信息调研报告。
- 熟练使用各类型网络营销工具。

### 素质目标

- 培养学生分析问题、解决问题和实际运用的能力。
- 具有合作精神和创新意识。
- 养成运用网络营销思维的习惯和素质。

## 思维导图

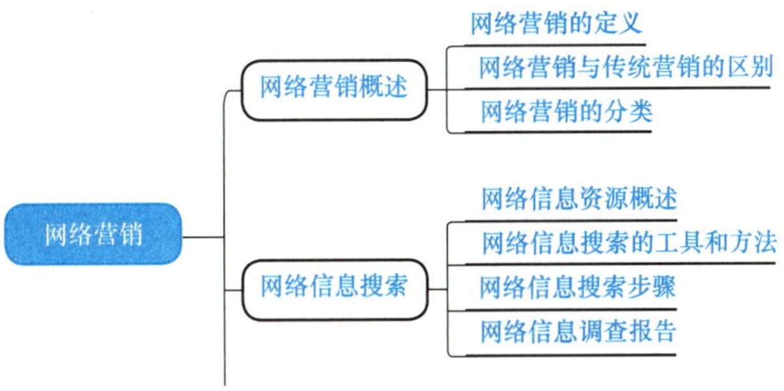

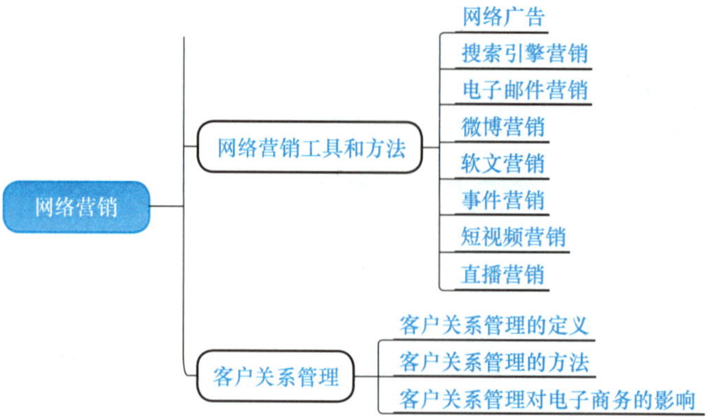


## 引导案例

### 旺仔牛奶的网络营销

随着现代生活水平的提高，人们的饮食观念已经改变，不但追求营养，还要绿色环保。牛奶作为天然、绿色的饮品已经被大多数人接受，当然人们更看中的是它具有较高的营养价值。随着家庭经济条件的改变，作为富起来的新一代子女，家长们更注重关心他们的健康，牛奶已成为生活必需品。牛奶行业竞争激烈，旺旺集团经过市场细分，抓住机遇将旺仔牛奶的需求者定位于儿童、少年，填补了我国牛奶领域的这一空白，提升了旺旺集团对我国牛奶市场上升空间的信心。旺旺集团为扩大国内市场份额、提供健康的牛奶，巩固在中国儿童牛奶市场的地位，设定了如下营销目标：推出旺仔牛奶，希望迅速占领市场，树立该领域的品牌地位，打造出让孩子喝得开心，让妈妈放心的儿童牛奶。

确定目标客户，以儿童和青少年为主，实质上购买产品的消费者主要是孩子们的父母。因此旺仔牛奶采用成本导向定价法，结合市场上其他产品的定价，定位于中高价位。

因旺仔牛奶的目标客户以儿童和青少年为主，但实际上购买产品的消费者是青年人或中年人，他们热衷于电子产品和社交媒体，基于此，旺仔牛奶在微博、微信公众号开设账号介绍产品，大力宣传旺仔牛奶与其他牛奶的不同之处，让购买人群有足够的购买欲望，为后续网络营销做铺垫。

为了打造该产品的知名度，旺仔集团针对目标人群，开设了名为“@旺气牛奶”的微信与微博账号，开展网络营销活动。

1）在儿童节或者节假日通过让购买者分享在朋友圈集赞的方式来获赠少量旺仔牛奶，让其照片打卡并形成喝牛奶就喝旺仔牛奶的认知。

2）在京东商城、淘宝、天猫等平台开设旺仔牛奶的首发专卖活动，并安排了对该产品信息深度了解的客服，让购物者充分地认识旺仔牛奶是一款让妈妈放心的牛奶。

该活动通过网络营销引发热潮，又因旺仔牛奶瓶身是一个小孩，更受小朋友欢迎。旺仔牛奶不仅成为送礼佳品，更是让妈妈放心的儿童牛奶。通过网络营销，短短两个多月，旺仔牛奶成为儿童和青少年的宠儿。

通过阅读旺旺集团——旺仔牛奶的网络营销案例，请思考什么是网络营销？网络营销会不会取代传统营销？

## 7.1 网络营销概述

扫码观看视频

互联网的飞速发展在全球范围内掀起了互联网应用热，世界各大公司纷纷利用互联网提供信息服务、拓展公司业务范围，并且按照互联网的特点积极再造企业内部结构、探索新的营销方法，网络营销应运而生。网络营销为企业提供了适应全球互联网发展与信息网络社会变革的营销技术和手段，是现代企业必备的营销策略。

### 7.1.1 网络营销的定义

网络营销是建立在互联网基础之上，借助互联网来更有效地满足客户的需求和欲望，实现企业营销目标的一种手段。网络营销贯穿于企业经营的整个过程，涵盖市场调查、客户分析、产品开发、生产流程、销售策略、售后服务和反馈改进等环节。

网络营销是企业整体营销战略的一个组成部分，它是一种新生的营销方式。我们可以从以下几个方面理解网络营销的含义。

#### 1. 网络营销不等于网上销售

网络营销不仅是网上销售，很多情况下还表现为企业品牌价值的提升、与客户之间沟通的加强、对外信息发布渠道的拓展和对客户服务的改善等。

#### 2. 网络营销不等于网站推广

企业开展网络营销需要制订科学而详尽的目标与计划，是个系统工程，不能简单地认为网络营销就是网站推广。网站推广只是网络营销的一部分，例如企业做了网络推广，虽然网站访问量有所提高，但是没有多少订单，这就是因为配套的网络营销措施不到位。因此，企业只有制订系统而周密的网络营销计划，才能取得良好的营销效果。

#### 3. 网络营销是手段而不是目的

网络营销是为实现网上销售目的而进行的系列活动。网络营销综合利用各种网络营销方法、工具、条件并协调彼此的关系，是实现企业营销目的的手段。

#### 4. 网络营销不等于电子商务

网络营销是电子商务的基础。企业在开展电子商务活动中会使用网络营销手段，无论传统企业还是互联网企业都需要网络营销，但网络营销本身并不是一个完整的商业交易过程。

#### 5. 传统营销和网络营销并存

网络营销应纳入企业整体营销战略规划。网络营销活动不能脱离一般营销环境而独立存在，网络营销应被看作传统营销理论在互联网环境中的应用和发展。网络营销与传统市场营销策略之间并不冲突，但由于网络营销依赖互联网应用环境而具有自身的特点，因而有相对独立的理论和方法体系。在营销实践中，往往是传统营销和网络营销并存。

## 7.1.2 网络营销与传统营销的区别

网络营销与传统营销，既有相同之处，又有显著的不同。

网络营销与传统营销一样，都是企业的一种经营活动，需要通过组合运用来发挥其功能与作用，不能只依靠一种方式就达到目的。两者都把满足消费者需求作为出发点，但网络营销也具备一些传统营销不具备的特点。

1）市场全球化。由于互联网能够超越时空传播与交换信息，它使企业面向一个更为广阔的、更具选择性的全球市场。

2）产品个性化。网络营销能对客户多样化的消费需求做出一对一的反应，生产出富有个性的产品以满足客户的个别需求，从而使客户的个性回归成为可能。

3）价格公开化。互联网上产品的价格都是公开透明的，客户可以通过网络对所需的商品价格进行全球范围内的对比，这明显有利于客户。

4）渠道直接化。企业可以通过网络直接与客户进行沟通和交易，使商品流通过程大为缩短，销售渠道直接化。

5）服务大众化。企业对客户提供全方位的网络服务，从而避免了企业因无法与每一位客户沟通而不能满足其需求的可能，减少了客户的不满意程度。

6）沟通双向化。互联网可以展示商品型号和目录，连接资料库提供信息查询，可以和客户做双向沟通，收集市场情报，进行产品测试、开展客户满意调查。

网络营销虽然是传统营销的发展，但它给传统营销带来的创新和变革是前所未有的。同时，网络营销还彻底重塑了企业的营销理念，创新了传统营销的组合策略和手段。

## 7.1.3 网络营销的分类

网络营销的方式多种多样，按照不同的分类标准，网络营销可以划分为不同的类型。

### 1. 按服务对象分类

（1）个人网络营销

个人网络营销即个人通过网络进行营销，目前这种方式已经被广大网民熟练掌握并应用，如个人微博营销、个人公众号营销、个人视频号营销等。

（2）企业网络营销

网络的商用价值已经被企业充分认识，目前大量的企业通过网络营销的方式拓展自己的业务。

### 2. 按应用范围分类

（1）广义的网络营销

广义的网络营销是指以互联网传播为主要手段开展的各种营销活动。它包括一切基于互联网平台，利用信息技术与软件工程，满足商家与客户之间交换信息、交易产品、提供服务，以及通过在线活动创造、宣传和传递客户价值，并对客户关系进行管理等活动。

（2）狭义的网络营销

狭义的网络营销是指组织或个人基于互联网，对产品、服务进行一系列经营推广活动，从而达到满足组织或个人需求的全过程。

#### 3. 按推广方式分类

按推广方式分类，网络营销可分为口碑营销、网络广告、媒体营销、事件营销、搜索引擎营销、电子邮件营销、数据库营销、短信营销、电子杂志营销、病毒式营销、问答营销、针对 B2B 商务网站的产品信息发布以及平台营销等。

## 7.2 网络信息搜索

随着社会信息化程度的不断提高，现代科技进步和社会经济发展对信息的依赖程度越来越高，人们对各式信息的需求越来越多，但是有时面对过多的信息，人们会感到无所适从。要找到符合自己需求的信息，就必须运用信息检索这一重要的信息查询手段，因而学会信息检索是必要的。

### 7.2.1 网络信息资源概述

网络信息资源是指计算机网络可以利用的各种信息资源的总和。它是以数字化形式记录的，储存在磁介质、光介质及各类通信介质上，并通过计算机网络传递。

网络信息资源的分类有多种标准。根据不同的分类标准，可以将网络信息资源分为不同的类型。

1）从内容范围上，网络信息资源可以分为 5 个大类：学术信息、教育信息、政府信息、文化信息、有害和违法信息。

2）按信息源提供信息的加工深度分，网络信息资源可分为一次信息源、二次信息源、三次信息源等。

3）依据信息源的信息内容分，网络信息资源可分为联机数据库、联机馆藏目录、电子图书、电子期刊、电子报纸、软件与娱乐游戏等。

4）参照传统的信息存取方式，网络信息资源可分为邮件型、电话型、广播型、书目型等。

5）按科学的正式交流渠道与非正式交流渠道分，网络信息资源可分为稳定的信息资源和不稳定的信息资源两类。

### 7.2.2 网络信息搜索的工具和方法

网络信息搜索主要是通过搜索引擎查找网上信息。它的基本原理是使用搜索程序来遍历互联网，将互联网上分布的信息下载到本地数据库，然后对文档内容进行分析并建立索引。对于用户提出的查询提问，搜索引擎通过查找索引找出匹配的文档或链接再返回给用户。

网络信息检索工具按其检索方式大体分为以下几种类型。

1）基于文件传输协议（File Transfer Protocal，FTP）的检索工具。这是一种实时的联机检索工具，用户首先要登录到对方的计算机，才可进行文献搜索及文献传输。用户只需要提交要检索的文件名及有关信息便可获得文件所在的主机名和路径。有了这些信息后，用户便可利用 FTP 获得自己想要的文件。与一般检索工具不同的是，FTP 只能根据文件名和目录名进行检索。

2）基于菜单的检索工具。这类检索工具是一种分布式信息查询工具，它将用户的请求自动转换成 FTP 命令，在一级一级的菜单引导下，用户可以选取自己感兴趣的信息资源。菜单检索对不熟悉网络资源、网络地址和查询命令的用户来说是十分简便的方法。用户给出检索词便可检索文件名、目录名、文档及其他信息资源。

3）基于关键词的检索工具。人们最熟悉的百度就是基于关键词的检索工具。其检索步骤如下：在搜索栏输入关键词，系统会自动进行远程检索；查询完成后，页面显示检索结果供用户选择；搜索页面不仅可以显示文件的出处，而且可以将文件中的信息显示一部分供用户联机浏览。

4）多元搜索引擎。多元搜索引擎是将多个搜索引擎集成在一起，并提供一个统一的检索页面。当一个检索提问发出时，多元搜索引擎同时检索多个数据库，并聚合去重之后输出检索结果。虽然多元搜索引擎省时，但由于不同搜索引擎的检索机制、检索算法和解读方式的不相同，导致检索结果的准确性差、速度慢。

网络营销课程中的网络信息主要是指市场调查信息。网络信息搜索也就是网络市场调查活动。它的主要内容包括：市场需求容量调查、可控因素调查和不可控制因素调查等。其调查的基本方法有两种：一种是直接进行的一手资料调查，即网上直接调查；另一种是利用互联网的媒体功能，在互联网上收集二手资料，即网上间接调查。

1）网上直接调查。网上直接调查是指在互联网上收集一手资料或原始信息的过程。直接调查的方法有四种：网上观察法、专题讨论法、在线问卷法和网上实验法。使用最多的是专题讨论法和在线问卷法。

2）网上间接调查。网上间接调查是指网上二手资料的收集。二手资料的来源有很多，如公共图书馆、大学图书馆、贸易协会、市场调查公司、广告代理公司、专业团体、企业情报室等。再加上众多综合型互联网内容提供商（Internet Content Provider，ICP）、专业型 ICP，以及成千上万个搜索引擎网站，使互联网上二手资料的收集非常方便。

互联网上虽有海量的二手资料，但要找到自己需要的信息却不容易。首先必须熟悉搜索引擎的使用，其次还要掌握专题型网络信息资源的分布。网上查找资料主要通过三种方法：使用搜索引擎、访问各种专题性或综合性网站、利用网上数据库。

### 7.2.3 网络信息搜索步骤

网络信息搜索即网络市场调查活动，一般包括以下几个步骤。

1）确定市场调查目标。市场调查的目的在于帮助企业准确地制定经营战略和营销决策。在市场调查之前，需要先针对企业所面临的市场现状和亟须解决的问题，如产品销量、产品寿命、广告效果等，确定市场调查目标和范围。

2）确定所需信息资料。市场信息浩如烟海，企业进行市场调查必须根据已确定的目标和范围收集与之密切相关的资料，而没有必要面面俱到。纵使资料堆积如山，如果没有确定的目标，那么也只会事倍功半。

3）确定资料搜集方式。企业在进行市场调查时，搜集资料必不可少。搜集资料的方法极其多样，企业必须根据所需资料的性质选择合适的方法，如实验法、观察法、调查法等。

4）搜集现成资料。为有效地利用企业现有的资料和信息，首先应该利用室内调查方法，集中搜集与既定目标有关的信息，这包括对企业内部经营资料、各级政府统计数据、行业调查报告和学术研究成果的搜集及整理。

5）设计调查方案。在拥有现成资料和信息的基础上，再根据既定目标，采用实地调查方法，从而获取有针对性的市场情报。市场调查几乎都是抽样调查，抽样调查的核心问题是抽样对象的选取和问卷的设计。如何抽样，必须视调查目的和准确性要求而定。问卷的设计更需要有的放矢，完全依据要了解的内容拟定问题。

6）统计分析结果。对获得的信息和资料进行统计分析，提出相应的建议和对策是市场调查的根本目的。这一步骤是以客观的态度和科学的方法进行细致的统计计算，以获得高度概括性的市场动向指标，并对这些指标进行横向和纵向的比较、分析和预测，以揭示市场发展的现状和趋势。

7）准备研究报告。市场调查的最后阶段是根据比较、分析和预测结果写出书面调查报告。调查报告一般分专题报告和全面报告，阐明针对既定目标所获结果，以及建立在这种结果基础上的经营思路、可供选择的行动方案和今后进一步探索的重点。

### 7.2.4 网络信息调查报告

当一切调查和分析工作结束之后，必须将这些工作成果展示给客户。所以需要撰写调查报告。一份好的调查报告应能够为企业的市场经营活动提供有效的导向，为企业的决策提供依据。

网络市场调查报告的基本要求和内容如下。

1）题目。要求明确、鲜明、简练、醒目。一般不用副标题，字数不宜过长。

2）摘要。要求准确、精练、简单地概括全文内容。

3）引言（前言、提出问题）。引言不是调查报告的主体部分，因此应简明扼要，具体内容如下。

① 提出调查的问题。

② 介绍调查的背景。

③ 指出调查的目的。

④ 阐明调查的假设（如果需要）。

⑤ 说明调查的意义。

4）调查方法。不同的课题有不同的调查方法，如问卷调查法、实验调查法、行动调查法、经验总结法等。这是调查报告的重要部分。

5）调查结果及其分析。这是调查报告的主体部分，要求现实与材料统一、科学性与通俗性相结合、分析讨论实事求是，切忌主观臆断，具体内容如下。

① 用不同形式表达调查结果（如图、表）。

② 描述统计的显著性水平差异。

③ 分析结果。

6）小结。这也是调查报告的主体部分，具体内容如下。

① 调查方法的科学性。

② 调查结果的可靠性。

③ 调查成果的价值。

④ 调查的局限性。

⑤ 进一步研究的建议。

7）结论。这是调查报告的精髓部分。结论文字要简练、严谨、逻辑性强，具体内容如下。

① 调查解决了什么问题，还有哪些问题未解决。

② 调查结果说明了什么问题，是否实现了原来的假设。

③ 指出要进一步研究的问题。

8）参考文献。

9）附录。如调查表、测量结果表、采用行动调查的有关证明文件等。

### 科技强国

**华为鸿蒙 2.0 发布**

科技是国之利器，国家赖之以强，企业赖之以赢，人民生活赖之以好。我们坚定不移地走向中国特色自主创新道路，把科学普及与科技创新放在同等重要位置，吹响建设世界科技强国的号角。

根据近年数码大盘点，其中一个科技热点就是华为鸿蒙 2.0（Harmony OS 2.0）正式推送。鸿蒙 2.0 带来了桌面万能卡片、更丝滑的系统动画，外观焕然一新，该系统实现硬件互助、资源共享，多设备之间互通能力也进一步加强；对于开发者来说，一次开发，多端部署，使其适配难度大幅降低，在安全和隐私方面大大提升。鸿蒙 2.0 给应用带来更多的流量入口，给设备带来更好的互联体验，在冬季新品发布会上，华为正式宣布：搭载鸿蒙 2.0 的华为设备数超 2.2 亿，生态设备出货量超 1 亿。鸿蒙系统成功地填补了操作系统方面的空白，意义重大。希望更多的国内厂商能大力发展自主技术，攻克无人区，助推科技强国，为国家发展添砖加瓦。

讨论：鸿蒙操作系统具有什么重要意义？

## 技能实操 1 网络信息搜索

### 1. 实操要求

学习使用搜索引擎进行信息检索。

### 2. 实操步骤

1）用百度进行综合型搜索。输入“http://www.baidu.com”打开百度网页，输入想要查询的内容，如图 7-1 所示。

图 7-1 百度搜索

单击“百度一下”按钮，就会出现相关搜索结果，如图 7-2 所示。

图 7-2 搜索过程

2）用搜狐进行目录型搜索。输入“http://www.sohu.com”打开搜狐网页，根据查询系统提供的分类项目选择自己想要查询的类别进行查询，如图 7-3 所示。

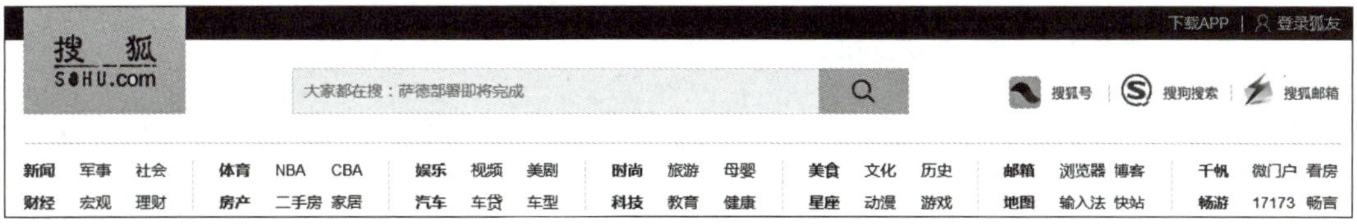


图 7-3 搜狐搜索

3）用中国知网进行专题型搜索。输入“http://www.cnki.net/”打开网页，输入想要搜索的内容——“农村电子商务发展”，如图 7-4 所示。单击“文献检索”按钮进入专题页面，如图 7-5 所示。

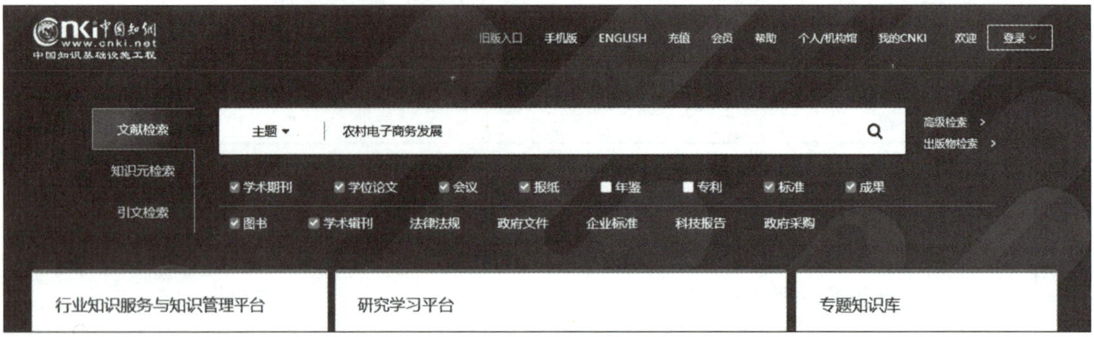


图 7-4　知网搜索

图 7-5　知网专题页面

### 3. 学生任务

尝试使用综合型搜索引擎、目录型搜索引擎、专题型搜索引擎，分别体验信息检索的使用方法，并对比它们之间的优缺点。

## 7.3　网络营销工具和方法

开展网络营销需要借助一定的网络营销工具和方法。基本的网络营销工具和方法包括网络广告、搜索引擎营销、电子邮件营销、微博营销、软文营销、事件营销、短视频营销、直播营销等。了解这些基本的网络营销工具并熟练使用是认识网络营销的基础。

## 7.3.1 网络广告

网络广告就是在网络上做的广告，是指利用网站上的广告横幅、文本链接及多媒体在互联网上刊登或发布广告，通过网络向互联网用户传播广告信息的一种高科技广告运作方式。与传统的四大传播媒体（报纸、杂志、电视、广播）广告及近年来备受关注的户外广告相比，网络广告更有得天独厚的优势，是现代营销媒体战略的重要部分。

### 1. 网络广告的特点

凭借互联网具有的不同于传统媒体的交互、多媒体和高效的特性，网络广告有不同于传统广告的诸多特点。

（1）传播范围广泛

网络广告的传播范围极其广泛，不受时空限制。网络广告突破了传统广告局限于一个地区、一个时间段的不足，它把广告信息 24 小时不间断地传播到世界各地。

（2）交互性强

网络广告改变了传统广告传播中信息单向流通、相互隔离及有时差的缺点，形成了广告发布者和接受者的即时互动关系。在网络上，广告受众对某一广告产生兴趣时，可以单击进入该广告页面了解详情。广告受众具备了更大的自主性。

（3）灵活快捷

传统广告从策划、制作到发布广告需要经过很多环节的配合，广告一旦发布难以实现广告信息的及时调整。网络广告能够按照需要及时变更信息，这使企业经营决策的变化可以灵活地实施和推广。

（4）广告成本低

作为新兴媒体，网络媒体的收费低于传统媒体。这是由于网络广告有自动化的软件工具进行创作和管理，能以较低的费用按照需要及时变更广告内容。

（5）受众针对性明确

网络广告由于单击阅读广告者即为有兴趣的用户，所以网络广告可以直接命中潜在购买者。尤其是对电子商务站点，浏览用户大多是企业界人士，网络广告更具有针对性。

（6）传播效果易于控制

网络广告可通过访问流量统计系统，及时、精确地统计出每个广告的浏览量，用户查阅的时间分布、地域分布和反馈情况等。

### 2. 网络广告的形式

网络广告的发展非常迅速，从开始的简单图像形式一直发展到现在添加了动画、音效，形式变得异常华丽。网络广告的互动性、视觉听觉并于一身的多元化感染力，还有网络宽带的普及、个人计算机配置的提高和智能手机的应用，使网络广告的形式越来越多元化。网络广告的主要形式有以下几种。

（1）网幅广告

网幅广告是以 GIF、JPG、Flash 等格式建立的图像文件，定位在网页中大多用来表现广告内容，同时还可使用 Java 等语言使其产生交互性，用 Shockwave 等插件工具增强表现力。

（2）文本链接广告

文本链接广告以一排文字作为一个广告，单击可以进入相应的广告页面。这是一种对浏览者干扰最少，但较为有效果的网络广告形式，也是最简单、好用的网络广告形式。

（3）电子邮件广告

电子邮件广告具有针对性强、费用较低的特点，并且广告内容不受限制。它可以针对某一个具体的人发送特定的广告。

（4）赞助式广告

赞助式广告是指企事业单位在完全自愿的情况下，有计划、有目的地向某些有益于社会公益的项目和活动提供赞助，被赞助单位通过广告给予赞助单位一定的广告活动补偿。赞助式广告多种多样，比传统网络广告给予广告主更多的选择。

（5）插播式广告

插播式广告也称弹出式广告，访客在请求登录网页时强制插入一个广告页面或弹出广告窗口。它们类似电视广告，都是打断正常节目的播放，强迫观看。插播式广告尺寸不一，有全屏的也有小窗口的，而且互动程度不同，从静态的到全部动态的都有。浏览者可以通过关闭窗口不看广告（电视广告是无法做到的），但是它们的出现没有任何征兆，而且肯定会被浏览者看到。

（6）富媒体广告

富媒体广告一般是指使用浏览器插件或其他脚本语言、Java 语言等编写的具有复杂视觉效果和交互功能的网络广告。广告效果能否实现，一方面取决于站点的服务器端设置，另一方面取决于访问者浏览器是否能查看。一般来说，富媒体能表现更多、更精彩的广告内容。

## 7.3.2 搜索引擎营销

搜索引擎营销（Search Engine Marketing，SEM）是基于搜索引擎平台的网络营销，它利用用户对搜索引擎的依赖和使用习惯，在用户检索信息的时候将信息传递给用户。搜索引擎营销的基本思想是让用户发现信息，并通过单击进入网页，进一步了解所需要的信息。通过搜索引擎推广，企业可以让用户直接与企业交流，实现交易。

### 1. 搜索引擎的特点

搜索引擎与其他传统媒体相比具有许多得天独厚的优势，如时效性强、传播范围广、信息的多媒体化、传播模式灵活、互动性强等。此外，依据操作经验，搜索引擎营销还有以下特点。

1）受众自主选择。搜索引擎广告的接受没有强迫性，受众有更多的自主选择权力，这反而刺激了他们选择的欲望。

2）表现手段丰富。搜索引擎营销可以结合网页综合运用文字、声音、动态影像、动画、表格、虚拟视觉等功能，给用户更加震撼的视听效果。

3）交互方式可促进产品销售。搜索引擎营销使用户主动选择接受广告信息后，根据自身的需要及时对广告信息做出回应，从而产生显著的促销效果。

### 2. 搜索引擎营销的方法

搜索引擎营销的方法包括搜索引擎优化（SEO）、付费竞价排名（PPC）、精准广告及付费收录。目前国内普遍采用的形式为搜索引擎优化和付费竞价排名。

（1）搜索引擎优化

搜索引擎优化（Search Engine Optimization，SEO）是一种利用搜索引擎的搜索规则来提高网站在搜索引擎内排名的方式。针对搜索引擎做最佳处理，就是让网站更容易被搜索引擎收录和排名。

（2）付费竞价排名

付费竞价排名就是网站付费后，才能被搜索引擎收录并排名靠前，付费越高者排名越靠前。国内较流行的单击付费搜索引擎是百度。

值得一提的是即使做了付费竞价排名，也要对网站进行搜索引擎优化设计，并将网站发布到各大免费的搜索引擎中。

## 7.3.3　电子邮件营销

电子邮件营销是在用户事先许可的前提下，通过电子邮件向目标用户传递价值信息的一种网络营销手段。它主要有 3 个基本因素：用户许可、电子邮件传递信息，以及信息对用户的价值。

电子邮件营销广泛应用于网络营销领域，是网络营销手法中最常用的一种。凡是给老客户或潜在客户发送电子邮件都可以被看作电子邮件营销。电子邮件营销有如下特点。

1）方便快捷，成本较低。电子邮件是目前使用最广泛的互联网应用。它方便快捷，成本较低，不失为一种有效的联络工具。

2）具有一定的强制性。电子邮件营销类似传统的直销方式，属于主动信息发布，客户被动接受，收到即阅读。

3）定向邮件系统针对性强。定向邮件系统将邮件地址按行业进行分类，其针对性强，可以直达客户。

由于电子邮件营销具有方便、快捷、针对性强等特点，受到企业的青睐。那么，企业如何实施电子邮件营销呢？

1）建立电子邮件列表数据库。企业可以利用自己积累的客户资料，包括通过公司网站注册、电子邮件列表订阅、线下业务往来等。企业还可以租赁数据库，市场上有不少开展这项业务的数据租赁公司，也可以和相关网站合作，选定几家与自身目标客户重合度高的，在业内有一定知名度的咨询网站，它们往往掌握大量的用户数据资源。

2）明确电子邮件营销的目的。企业电子邮件营销的目的要与企业的营销战略一致。在开展电子邮件营销活动前，要明确电子邮件营销的目的。例如，是为了宣传推广品牌形象，以及具体的产品和服务，还是维护客户关系、拓展新客户。

3）选取电子邮件营销平台。可供企业选择的有专业级的邮件平台公司和小型邮件发送公司。当然，大企业还可以自己开发电子邮件发送平台和营销数据分析平台，降低电子邮件列表的泄露风险。

4）设计邮件内容。邮件内容如果使用恰到好处，企业可以立即与成千上万的潜在和现有客户建立起联系，可谓成本低见效快。

然而，盲目地推行电子邮件营销存在巨大的风险，用户可能对收到的大量带有营销目的的电子邮件产生反感、抵触情绪。他们总是将那些邮件直接删除，甚至有可能投诉至邮箱服务提供商，使企业在电子邮件营销中的大量努力付诸东流。

## 7.3.4 微博营销

微博营销就是借助微博这一平台进行品牌推广、活动策划、个人形象包装、产品宣传等一系列的营销活动。微博营销有以下几个特点。

### 1. 门槛比较低

微博 140 个字的发布信息，方便商家发布也方便客户阅读。微博可利用文字、图片、视频等多种展现形式。与传统的大众媒体相比，微博受众广泛，前期一次投入，后期维护的成本较低。

### 2. 平台多样

微博支持在计算机、手机和平板计算机等多个平台上随时发布信息。微博营销比传统的广告行业更灵活，发布信息的主体不用经过行政审批，从而节约了大量的时间与成本。

### 3. 传播速度快

微博信息传播的形式多种多样，转发非常方便。微博显著的特征之一就是传播速度快，通过利用名人效应能够使事件的传播量呈几何级增长。

在日常生活中，微博得到了广泛应用，微博营销的影响力也越来越大。微博营销主要的营销方法有内容营销、领袖营销、活动营销和情感营销。

1）内容营销通过让用户喜欢上内容吸引用户，因此需要巧妙利用视频、图片等，配合 140 个字的微博，精心雕琢，真正与用户达成情感共鸣。企业所发布的微博内容配图后，关注度往往高于纯文字微博。

2）领袖营销是指锁定一些相关领域的重要意见领袖，并引导意见领袖去讨论、传播产品信息的营销模式。能得到意见领袖的关注对企业微博营销至关重要。

3）活动营销。企业微博要多进行活动营销，如送出免费产品或促销活动等，能够快速带来“粉丝”数增长，并且提升其忠诚度。

4）情感营销即企业通过发布轻松的话题，调动用户参与其中，深层次地进入用户内心，用情感链增强品牌的影响力。

企业在学会利用微博的一般功能的情况下，要想发挥微博营销的作用，仍然需要运用一定的方法与策略，这样才能发挥微博与众不同的营销作用。

## 7.3.5 软文营销

软文营销是相对于硬性广告而言的，是由企业的市场策划人员或专业的文案人员来撰写的文字广告。它通过特定的概念诉求、以摆事实讲道理的方式使消费者走进企业设定的

“思维圈”，以强有力的针对性宣传，获得消费者的信任，从而达到企业品牌宣传、提高知名度、销售产品的目的。

软文营销是企业利用互联网技术，把企业相关信息以软文的方式，及时、全面、有效、经济地向社会公众传播的一种网络营销方式。软文营销有如下特点。

### 1. 费用低

传统的硬广告费用昂贵，企业没有雄厚的资金支撑是实现不了对企业的有效宣传的。软文广告的费用较低，即使刚起步的小企业，也可以负担得起宣传费用，不会使之成为企业的负担。

### 2. 内容丰富，形式多样，受众面广

软文由于文字资料的丰富性，传递的信息极其完整，并且不拘泥于文体，表现形式多样，可以发布在论坛、博客、新闻、娱乐专栏、人物专访等上，因此大部分的网络用户都是其潜在消费者。

### 3. 吸引力强，可接受度高

软文的宗旨是制造信任，它弱化或者规避了广告的强制性和灌输性，用极具吸引力的话题吸引网络用户，然后用细腻、具有亲和力或者诙谐、幽默的文字打动用户，而且文章内容以用户感受为中心，使用户易于接受。

### 4. 传播效果好，效益高

传统的硬广告受到版面限制，传播信息有限，投入风险大，成本较高。相比之下，软文营销具有高性价比的优势，信息量大，而且不受时间限制，可以在网站上长久存在。此外，软文可以进行二次传播，发布在互联网上可以继续被其他网站转载。

软文营销作为重要的营销方式之一，深受用户的喜欢。一篇好的软文对消费者的心理引导作用是非常大的，在营销过程中占有举足轻重的位置。

营销软文的写作方法如下。

1）巧妙安排重点。营销软文一般篇幅较长，很多人没有耐心读完全文，所以在编写营销软文的时候尽量将重点浓缩在第一段，先吸引读者，再继续解释为什么要写这篇营销软文，最后再强调产品的优势，助推读者产生购买欲。

2）核心内容扩展。先将核心产品单独列出来，再从产品的销售方法、特点、效果等方面对核心内容进行扩展。这样营销软文就会显得条理清晰，对读者的引导力会更强。

3）精美图片增色。一篇成功的营销软文离不开精美图片的配合，将内容和图片合理地分布在文章内，一篇精美的图文营销软文就完成了。

4）用好标题吸睛。一篇好的营销软文离不开一个好的标题。营销软文标题的拟定技巧也有很多。了解 SEO 的营销软文作者一般更有经验，标题既要吸引人又要包含产品的关键词。有时一篇营销软文的标题会使作者花很长时间斟酌。

5）通过消费者案例来引导读者。就像在淘宝买东西会去看买家评论一样，消费者说的话才更有分量，他们对产品的评价往往最能影响消费者的判断。要想迎合消费者的这种观望心理，需要软文写作者充分利用买家秀、买家心得等来引导。

## 7.3.6 事件营销

简单地说，事件营销就是通过把握新闻的规律，制造具有新闻价值的事件，并通过具体的操作，让这一新闻事件得以传播，从而达到广告的效果。

近年来，事件营销成为国内外流行的一种市场推广手段。事件营销对企业来说也是一把双刃剑，收益与风险并存。企业在使用这种营销手段时必须弄清它的特性，以做到心中有数，趋利避害。

### 1. 事件营销的特点

（1）目的性

事件营销应该有明确的目的，这一点与广告的目的性是完全一致的。事件营销策划的第一步就是要确定目的，然后明确通过什么样的新闻可以让读者接受。

（2）风险性

事件营销具有较高的风险性，其风险性主要来自热点事件的选择、媒体行为的不可控、新闻传递过程的信息扭曲及新闻接受者对事件的理解程度。有时企业虽然通过事件营销扩大了自己的知名度，却产生了很多负面影响，让公众产生反感情绪，最终伤害到公司的利益。

（3）成本低

绝大多数新闻都是免费的，事件营销是利用特定的新闻来达到对品牌宣传的目的，其成本相对其他传统营销方式较低。

（4）多样性

事件营销是国内外十分流行的一种公关传播与市场推广手段，具有多样性的特性。它将新闻效应、广告效应、公共关系、形象传播、客户关系等集于一体来进行营销策划。多样性的事件营销已成为营销传播过程中的一把“利器”。

（5）新颖性

多数受众对新奇、反常的事件感兴趣。事件营销往往是通过当下的热点事件来进行营销的，通过新颖性吸引用户观看。

（6）时效性

事件营销的恰当运用对产品的推广和品牌的树立可以起到良好的促进作用。因为热点事件本身已经聚集了数量庞大的关注者、传播者，当企业利用已有的热点事件推出自己的营销方案时立即会得到关注和传播，使产品和品牌得以迅速推广。

### 2. 事件营销的策略

事件营销的具体实施，往往需要其他营销手段和平台辅助，如电子舞曲（Electronic Dance Music，EDM）、视频、博客、论坛、SNS、微博等。决定事件营销的关键是创意。下面介绍各种事件营销的策略。

（1）名人策略

名人是指各行各业中能力崇高而备受敬仰的人。企业可以利用名人的知名度增加产品的附加值，聘请名人作为企业新产品的品牌代言人，为其品牌注入活力。

（2）体育策略

体育赛事是品牌最好的新闻载体。体育背后蕴藏着无限商机，很多企业意识到了并投入其中。可口可乐、三星等国际性企业都是借助体育进行深度新闻传播的。中小型企业也可以做一些区域性的体育活动，如迎奥运 ×× 长跑等活动。

### 3. 热点策略

每当出现社会热点话题时，媒体都会闻风而动，四处搜集相关的新闻素材。这些社会热点更是老百姓关注的焦点。所以，企业如果能巧妙地围绕这些社会热点来策划营销事件，定会达到事半功倍的效果。即使策划得不够完美，也一样会被关注。

## 7.3.7 短视频营销

随着 5G 时代的到来，短视频已经成为品牌宣传、产品推广和销售的必备工具。与其他营销方式相比，视频更加生动形象，包含的信息量更大，人们收看视频所花费的时间更少，博取的注意力更多。

短视频是指在互联网上传播的，时间在 5 分钟以内的视频内容形式。目前，较热门的短视频内容时长通常在 1 分钟以内。短视频营销就是将品牌或者产品融入视频中，通过剧情和段子的形式将其演绎出来，类似于广告，但又不是广告。短视频的关键在于，在用户看的过程中，能不知不觉地将产品推荐给用户，使用户产生共鸣并主动下单和传播分享，从而达到裂变引流的目的。

短视频运营平台有抖音、快手、西瓜视频、哔哩哔哩、小红书、微视、秒拍、淘宝买家秀等。短视频作为消费者最喜爱的内容传播形式之一，其营销特点如下。

### 1. 互动灵活，与消费者沟通更方便

短视频几乎都有评论、互动功能，对企业而言，可以得到用户信息反馈，从而针对企业本身改进营销策略；对用户而言，可以通过与企业短视频互动表达自己的意见和建议。这种双向互动使短视频得以快速传播，营销效果有效提升。

### 2. 短视频成本低，传播效果好

与传统广告营销少则几百万元，多则几千万元资金投入相比，短视频营销的成本更低，主要表现在制作成本低、传播成本低和维护成本低。

短视频由于时间短、传播速度快、适合快节奏生活，得到广大受众青睐。短视频在传播过程中，用户点赞、评论、转发，可以达到广泛传播的效果。

### 3. 锁定目标用户，精准营销

短视频的观看者一般通过对关键词搜索找到短视频，或者平台推荐，用户感兴趣才留下观看，所以短视频营销更容易聚集精准用户，同时短视频平台也可以发起活动和比赛，这样使短视频营销更加精准。

### 4. 营销效果可数字化跟进

短视频平台可以提供点击量、浏览量、转载次数、粉丝数量、评论人数，以及互动效果等数据。企业掌握数据能够对用户特性和喜好进行分析，把握消费风向标，为产品营销提供更多思路和方法。

## 7.3.8 直播营销

直播营销是一种营销形式上的重要创新。直播营销是指企业以直播平台为载体进行营销活动，达到品牌提升或销量增长的目的。常用的电子商务类营销平台，如点淘、快手电子商务、抖音直播、京东直播、看点直播、小红书、多多直播等。

我国2020年以来直播电子商务行业发展势头迅猛，直播成为电子商务中的新兴业态，直播带货模式逐渐被认可。与传统媒体平台相比，直播营销有着极大的优势。

### 1. 直播营销能与观众实时互动，实现更有效的营销反馈

直播能与观看直播的观众现场互动。这样可以使消费者以最快最直接的方式了解清楚商家的产品和服务，也能让商家第一时间解决消费者对产品的疑虑，从而使产品在消费者心目中建立良好的形象。直播营销的重点是呈现产品价值、实现价值交换，同时也需要注重营销反馈。

### 2. 直播营销成本低而且效果好

直播营销对场地、物料等需求较少，是目前成本较低的营销形式之一。尤其是新品发布会，商家省去租赁场地、招待媒体等费用，布置会场也可以简单化，甚至直接以工厂的车间作为会场。

### 3. 直播营销能实现即时交易

直播营销在与观众即时互动的同时，再适时地放出商品购买链接，现场即可实现产品购买。在直播过程中，用户的购买情绪容易受到主播话术的影响，刺激购买意向，引导下单。

### 4. 直播营销不受地域限制，同时还能筛选精准客户

直播营销使人们不再需要为了看一场感兴趣的产品发布会而长途跋涉，只要打开计算机，进入直播频道，在家就能欣赏到精彩的产品发布会或者销售活动。

另外，能够在特定时间进入直播页面的大多是对品牌或者主播具有较高忠诚度的客户。而且商家还能通过直播营销锁定目标客户，从而提高营销效益。

创新创业

**直播带动的创业路**

我国是世界第一网红经济国，拥有互联网用户数量超过9亿，这使我国拥有世界上最大的社交媒体市场。短视频和直播平台的兴起，催生了各种网红大V，也为民众提供了更多创新创业的机会。

短视频与直播平台同样培养扶持乡村网红，支持直播扶贫活动，让贫困地区的农民和农特产品得到更多“被看见”的机会，探索出一条脱贫攻坚的创新之路。一批乡村土生土长的青年人在快手上改变了人生命运，既获得了可观的收入，又带动了村民致富。

互联网科技的每一次创新，都为人们创造更多的发展机遇，激发人们的创新创业潜力，只要去想，一切皆有可能。

讨论：你还知道哪些通过短视频或直播创新创业的故事？

## 技能实操 2　体验网络营销方法

### 1. 实操要求

学生通过网络搜索了解下列品牌产品的网络营销方法。

### 2. 实操内容

完成实操报告，见表 7-1。

表 7-1　实操报告

| 品　牌 | 短视频营销 | 直播营销 | 微博营销 | … |
|---|---|---|---|---|
| 小米手机 | | | | |
| | | | | |
| | | | | |
| 元气森林 | | | | |
| | | | | |
| | | | | |
| 蜜雪冰城 | | | | |
| | | | | |
| | | | | |

### 3. 实训评价

实训评价见表 7-2。

表 7-2　实训评价

| 评分项目 | 优（90～100分） | 良（80～89分） | 中（70～79分） | 及格（60～69分） | 不及格（0～59分） |
|---|---|---|---|---|---|
| 素养：选取的资料具有典型性、时效性 | | | | | |
| 德育：体现正能量和爱国情怀 | | | | | |
| 知识：符合题目要求、逻辑清晰 | | | | | |
| 技能：各品牌网络营销方法的归纳 | | | | | |

# 7.4　客户关系管理

## 7.4.1　客户关系管理的定义

客户是指用金钱或某种有价值的物品来换取接受财产、服务、产品或某种创意的自然人或公司，是商业服务或产品的采购者，也可能是最终的消费者、代理人或供应链内的中间人。

客户关系是指企业为达到其经营目标，主动与客户建立起的某种联系。这种联系可能是单纯的交易关系或通信联系，也可能是为客户提供一种特殊的接触机会，或为双方利益而形成某种买卖合同或联盟关系。

客户关系管理（Customer Relationship Management，CRM）是运用现代信息技术挖掘和积累客户信息，有针对性地为客户提供有价值的产品和服务，发展和管理企业与客户之间的关系，培养客户长期的忠诚度，以实现客户价值最大化和企业收益最大化之间的平衡。

客户关系管理的最终目标是吸引新客户、保留老客户，以及将已有客户转为忠实客户，增加市场份额。

客户关系管理的内容非常庞杂，包括从客户资料（名称、地址、联系方法、联系人、联系人喜好等）、业务类别、交易价值、交易时间、交易地点、采购特点、特殊要求到对客户价值的评估、客户类别的划分与维护等方方面面。做好客户关系管理，需要掌握基本的客户资料，关心客户的各类情况等。

## 7.4.2 客户关系管理的方法

客户是企业生存和发展的基础，市场竞争的实质就是争夺客户资源（客户数量与质量）。企业欲建立与维持同客户的良好关系，就必须树立客户利益至上的观念。客户关系管理方法如下。

### 1. 树立全员“以客户为中心”的管理理念

企业向每个员工灌输客户关系管理意识，使所有网店认可“以创造客户价值为中心”的客户管理模式，鼓励员工做好客户信息的收集整理工作，并与客户建立紧密联系，实现企业之间客户信息资源的共享，确保客户关系管理的有效实施。

### 2. 建立利于沟通的交流社区

交流社区的设计基于心理学的原理而创建。企业通过创造一种环境，让客户在其中找到归属感，体会到他们是被理解的，是一个强大集体中的一员，有利于实施客户关系管理。

### 3. 整合资源

企业对客户的有效管理是建立在整合各种资源基础上的。首先，客户关系管理与业务流程进行整合，优化现有业务流程，清除影响快速处理交易信息的障碍，使信息的传递模式向层次更少、更扁平的方向整合。

其次，客户关系管理与供应链管理集成，形成一个闭合的环状，客户信息在整个供应链之间共享，使企业能更好地了解客户需求，掌握客户需求的变化，并通过供应链企业之间的配合较好地满足客户需求。

最后，客户关系管理与物流企业之间资源的整合，能加强与各物流企业、邮政系统、货运系统及专业的快递公司的合作，整合成一个覆盖面广、性价比高的物流网络。

### 4. 正确处理客户的抱怨

客户的抱怨是企业改进工作、提高客户满意度的一个契机。对于客户的不满与抱怨，企业应积极地进行处理，这样才能够帮助企业重新建立信誉，提高客户满意度，维持客户的忠诚度。

（1）提供多种抱怨渠道

愤怒的客户就像充气的气球一样，当客户发泄完后，他就不愤怒了。毕竟客户的本意是想表达他的感情并解决问题。处理客户抱怨可以利用客服电话、QQ、微信、电子邮件、留言板等工具。

（2）以良好的态度应对客户的抱怨

保持良好的态度是处理客户的抱怨的前提，然而要保持良好的态度，说起来容易做起来难。它要求企业员工不但要有坚强的意志，还要有牺牲自我的精神去面对客户，只有这样，才能更好地平息客户的抱怨。

（3）了解客户抱怨背后隐藏的希望

应对客户抱怨，首先要做的是了解客户抱怨背后的希望是什么，这样有助于按照客户的希望处理，这是解决客户抱怨的根本。例如，客户向保险代理人抱怨，说打电话要求保险公司处理一个简单的问题，等了好几天都没得到回复。从表面上看，她是在抱怨服务，但深入地看，她是在警告代理人，保单到期后，她会去找另一家保险公司续保。令人遗憾的是许多公司只听到了客户表面的抱怨，结果因对客户的不满处理不当，白白流失了大量的客户。

（4）用行动化解客户的抱怨情绪

客户抱怨的目的主要是让员工用实际行动来解决问题，而不是口头上的承诺。如果客户知道你会有所行动自然放心，当然光嘴上说还不行，必须行动。首先让客户感觉到被尊重，其次看到经营者解决问题的诚意，并且还要防止客户的负面宣传对公司造成重大损失。

（5）通过一系列补偿手段来弥补客户抱怨

客户在抱怨之后，往往会希望得到补偿。如果客户得到的补偿超出了他们的期望，他们的忠诚度往往会有大幅度提高，而且他们也会到处传诵这件事，企业的美誉度会随之上升。所以，企业处理顾客抱怨要补偿多一点。

## 7.4.3　客户关系管理对电子商务的影响

在电子商务环境下，先进的客户关系管理系统借助互联网平台，同步、精确管理各种网上客户关系、渠道关系，支持电子商务的发展战略。客户关系管理对电子商务的影响具体可以总结为以下几点。

### 1. 塑造企业形象

对一个电子商务企业而言，客户看到的商品都是一张张的图片和文字描述，既看不到商家本人，又看不到产品本身，无法了解各种实际情况，因此往往会产生距离感和怀疑。这时候，客服就显得尤为重要了。客户通过与客服交流，可以逐步了解商家的服务品质和服务态度，让企业在客户心目中逐步树立起良好形象。

### 2. 提高成交率

客服良好的引导与服务，能够让客户更加顺利地完成订单。电子商务客服的重要意义就是可以提高订单的成交率。

### 3. 提高客户回头率

当买家得到客服的优质服务，完成了一次良好的交易后，不仅了解了卖家的服务态度，也对卖家的商品、物流等有了切身体会。当买家需要再次购买同样的商品时，就会倾向于选择他所熟悉和了解的卖家，从而提高了客户再次购买的概率。

### 4. 更好的用户体验

电子商务客服在用户网上购物能否成交方面起着非常重要的作用。当用户线上购物出现疑惑和问题的时候，客服的存在会给用户带来更好的整体体验。

## 本章小结

本章着重介绍了网络营销的定义和分类，重点阐述了网络市场调查的工具、方法和步骤，以及网络营销的工具和使用方法；最后介绍了客户关系管理的定义、方法和客户服务的流程及职责。本章的第二节和第三节后都安排了有针对性的技能操作，目的在于提高学生的认知能力和动手能力。

## 思考与练习

### 1. 填空题

1）_______是建立在互联网基础之上，借助互联网来更有效地满足客户的需求和欲望，从而实现企业营销目标的一种手段。

2）_______是计算机网络可以利用的各种信息资源的总和。它是以数字化形式记录的，储存在磁介质、光介质及各类通信介质上，并通过计算机网络传递。

3）网络市场调查活动内容主要包括：市场需求容量调查、_______和不可控制因素调查。

4）SEM 的方法包括_______、_______、精准广告以及付费收录。

5）_______是一种利用搜索引擎的搜索规则来提高网站在有关搜索引擎内的排名的方式。

### 2. 判断题

1）网络营销作为一种全新的营销方式，比传统的营销方式具有明显的优势。（　）

2）一份好的市场信息调查报告，能够给企业的市场经营活动提供有效的指导，能够为企业的决策提供依据。（　）

3）开展网络营销需要一定的网络营销工具和方法，基本的网络营销工具包括企业网站、搜索引擎、电子邮件、微博、微信、论坛、即时通信工具、网络广告等。（　）

4）搜索引擎营销就是“SEO”。（　）

5）凡是给别人发送电子邮件都可以被看成是电子邮件营销。（　）

6）微博营销的门槛是比较高的，所以企业不轻易用这种营销方法。（　）

### 3. 思考题

1）网络营销是如何分类的？请举例阐述。

2）网络信息调查一般包括哪些步骤？

3）网络营销的工具和方法有哪些？

4）微博营销主要遵循的营销方法和策略有什么？

5）事件营销的特点是什么？

6）客户关系管理的方法有哪些？

7）短视频营销的特点是什么？

8）直播营销的优势有哪些？

# 第 8 章

# 移动电子商务

## 学习目标

### 知识目标

- 识记移动电子商务的概念、技术及模式。
- 熟记移动电子商务应用。

### 能力目标

- 会操作各类移动电子商务平台。
- 能使用移动平台完成电子商务活动。

### 素质目标

- 具备基本的电子商务企业从业人员职业素养与风险意识。
- 培养学生团结协作的职业态度。

## 思维导图

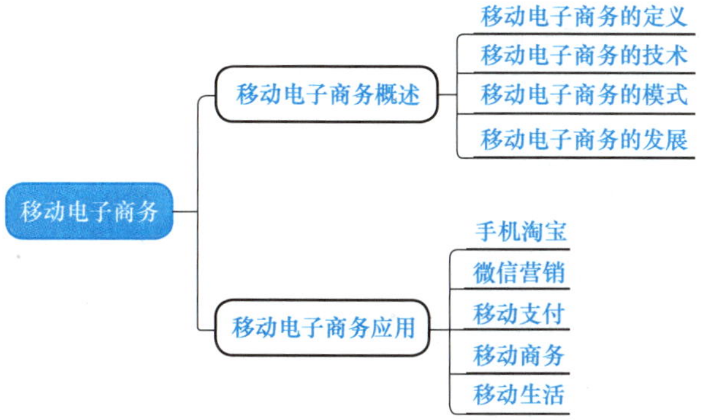

引导案例

**数字人民币助力“安全”冬奥**

中国法定数字货币（DC/EP）具有坚实的信用背书、庞大的用户基础、牢固的用户习惯、领先的理论框架和人民币国际化五大优势。2020年4月，中国法定数字货币开始了小范围的试点工作。

2022年2月4日晚，北京2022冬奥会开幕式在国家体育场“鸟巢”举行。使用数字人民币支付，是本次冬奥会金融服务的一大亮点。除了精彩的开幕式本身，数字人民币展台成为最抢眼、最“吸睛”的去处。在特许商品零售店、餐饮等消费场所的“轻松一扫”，让不少消费者迎来了自己的数字人民币支付“初体验”。

在冬奥会期间，境内外消费者可选择使用数字人民币应用程序，也可以兑换数字人民币硬钱包。其中，硬钱包包括卡式硬钱包、手环硬钱包等形式，可匿名获取、使用，既安全、便捷，又充分保护个人隐私，充分满足了用户小额、匿名支付需求。

对习惯了移动支付的用户而言，使用数字人民币既可以省去携带实物人民币以及找零的不便，又能避免排队时间太长的烦恼。更重要的是，无论是实物人民币还是刷卡，都会不可避免地增加收银员和付款者之间的接触，而数字人民币通过碰一碰、扫码付、网络购，能便捷实现非接触支付，如图8-1所示。

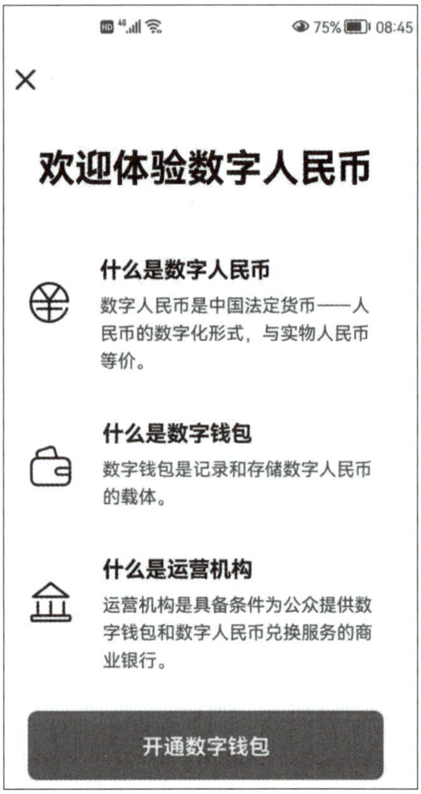

图8-1　中国数字人民币

随着中国人民银行新一批数字人民币试点城市的公布，试点范围再次扩展。在网络技术和数字经济蓬勃发展的推动下，在中国不断提升的经济实力支撑下，数字人民币的未来可期。

请思考：移动支付的优势有哪些？

## 8.1　移动电子商务概述

移动电子商务可以理解为“移动＋电子商务”，其中“移动”为手段，“电子商务”为目的。从互联网电子商务角度来看，移动电子商务是电子商务的一个新的分支；从应用角度来看，移动电子商务的发展是对传统电子商务的整合与扩展。移动电子商务将决定21世纪新企业的风貌，也将改变生活与传统商业的“地形地貌”。

### 8.1.1 移动电子商务的定义

互联网的普及推动了电子商务的迅速发展。随着通信工具从有线到无线，工作场所从固定地点到随时随地的转变，移动电子商务应运而生。移动电子商务由电子商务的概念衍生而来，电子商务以 PC 为主要页面，是“有线的电子商务”。移动电子商务，又称无线电子商务，通过手机、掌上计算机等无线终端，使人们可以在任何时间、任何地点进行各种商务活动。

与传统电子商务相比，移动电子商务具有以下特点。

#### 1. 不受时空限制

移动互联网终端设备主要包括手机、平板式计算机、POS 机等。这些设备均可随身携带，无论在家里、办公室，还是路途中，用户都可以通过移动网络随时随地方便快捷地查找、选择并购买所需要的商品和服务。

#### 2. 用户规模庞大

中国互联网络信息中心的报告显示，截至 2021 年 12 月，我国网民使用手机上网的比例达 99.7%，手机仍是上网的最主要设备。由此可见，以移动终端为载体的移动电子商务用户规模远大于传统电子商务用户规模。

#### 3. 移动支付方便快捷

商场、餐厅、超市，甚至是菜市场，人们只需要拿出手机扫二维码就可以付款。这种无现金支付的方式免去了出门带钱带卡的烦琐，给人们的生活带来了极大的便利。随着网络支付企业进军国际市场，人们在境外旅游时也逐渐能享受到手机线下支付带来的便利。

### 8.1.2 移动电子商务的技术

移动互联网应用技术和无线数据通信技术是移动电子商务的技术基础。目前，支持移动电子商务发展的技术主要包括：无线应用协议、蓝牙技术、移动定位系统和第五代移动通信系统等。

#### 1. 无线应用协议

无线应用协议是一个全球性的开放协议。它是开展移动电子商务的核心技术之一。通过无线应用协议，手机可方便快捷地接入互联网，真正实现不受时间和地域约束的移动电子商务。目前，许多电信企业已经推出了各种无线应用协议产品，包括 WAP 网关、应用开发工具和无线应用协议手机，向用户提供网上资讯、移动网银、票务订购和在线游戏等服务。移动 IP 通过网络层改变 IP，从而实现移动设备在互联网上的无缝漫游。

#### 2. 蓝牙技术

蓝牙是一种支持设备之间在 10m 以内的短距离通信的无线电技术。该技术可以在手机、便捷式计算机等移动通信终端进行无线信息交换，使数据传输更快速高效。在日常生活中，手机、数字照相机、摄像机、打印机、传真机、家电等众多电子设备都采用了蓝牙技术，实现无线连通，而不必拖一条连接线。蓝牙技术的广泛应用使人们的生活无比轻松：家庭装修时不再为电器的布线而烦恼；使用家电时，不必为一大堆遥控器而感到头疼，一部手机就能轻松搞定。

### 3. 移动定位系统

移动定位是指通过定位技术来获取手机或移动终端用户的经纬度坐标位置信息，在电子地图上标出被定位对象位置的技术或服务。移动定位系统广泛应用于企事业单位外出销售人员定位及调度、儿童和老人安全监护的服务与管理、物流配送人员与车辆的定位和调度、城市公共事业人员和车辆管理、租赁车辆的定位和安全监控等。

### 4. 第五代移动通信系统

第五代移动通信系统简称“5G”。与4G、3G、2G不同，5G不是一个单一的无线接入技术，而是多种新型无线接入技术和现有无线接入技术演进集成后的解决方案总称。它是面向2020年移动通信发展的新一代移动通信系统，具有超高的频谱利用率和超低的功耗，在传输速率、资源利用、无线覆盖性能和用户体验等方面比4G有显著提升。

### 科技强国

**5G远程超声诊疗**

超声机器人技术是先进的远程超声诊疗技术之一，通过5G网络可实现远程控制超声机器人进行实时操作，同步显示检查图像。医疗人员能够在远端进行诊断，并指导现场医护人员进行诊疗救治。

中国电信武汉分公司、杭州分公司携手联动，根据远程医疗的通信保障需求快速部署，优化武汉、浙江两地的5G网络。武汉分公司在24小时内建设了一个室外5G基站，实现了黄陂院区5G网络信号覆盖。

远在700千米之外的浙江省人民医院远程超声波医学中心的专家，通过手柄远程控制武汉黄陂院区的超声机器人为患者进行超声检查。这是首次运用5G远程诊疗技术为患者实施救治，如图8-2所示。

远程诊疗的应用有效缓解了部分地区医生资源紧张的情况，加快病患的诊疗进程。

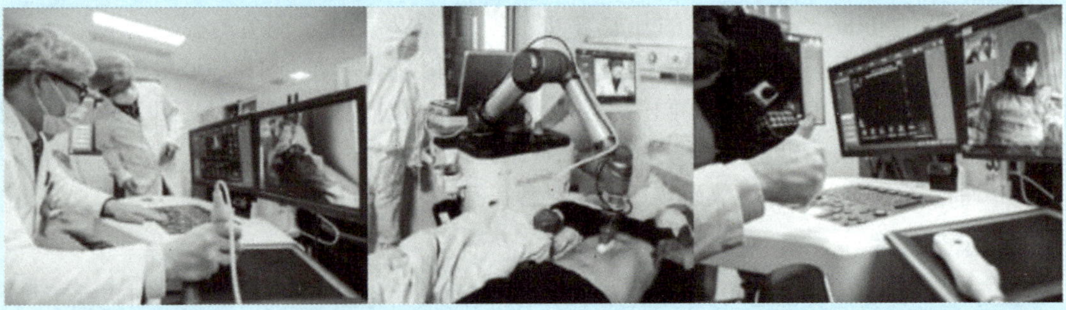

图8-2 远程诊疗

讨论：5G在医疗领域发挥了哪些积极作用？

## 8.1.3　移动电子商务的模式

传统电子商务模式主要包括 B2B（企业与企业之间的电子商务模式）、B2C（企业与消费者之间的电子商务模式）、C2C（消费者与消费者之间的电子商务模式）等几种常见的电子商务模式。随着智能终端的普及和移动通信网络的快速发展，移动电子商务模式不断创新变化，比传统电子商务模式更加灵活、高效。它可以使人们不受时空限制、随时随地进行支付、服务更加个性化。

### 1. App 商业模式

随着人们上网习惯由使用 PC 逐步转向使用手机 App 客户端，App 这种商业模式取得了迅猛发展。App 是英文 Application 的简称，是智能手机的第三方应用程序。淘宝、京东、唯品会等众多商家纷纷开发了自己的 App 手机客户端，用来开展各种商务活动。例如，手机京东 App，可以为用户提供便捷的移动购物平台，涵盖各大类商品特卖，可应用于安卓、苹果、塞班、微软等 10 多个移动平台。

### 2. 微信营销模式

随着微信公众平台的发展，微信营销逐渐成为一种新兴的电子商务模式。微信营销是网络经济时代企业营销模式的一种创新，是伴随微信的火热而兴起的一种移动营销方式。该模式主要通过附近人搜索、O2O 折扣店、品牌活动、在线支付等形式实现，常用的微信营销模式主要有互动式推送微信、陪聊式对话微信、二维码营销等。

### 3. 基于 LBS 的 O2O 模式

O2O 模式，即线上购买，线下消费，是将线下商务机会与互联网结合起来，让互联网成为线下交易的“前台”。移动终端普及后，基于位置的服务，通过移动运营商的无线电通信网络或外部定位方式（如 GPS）获取移动终端用户的位置信息，在地理信息系统（Geographic Information System，GIS）平台的支持下，用户可以通过移动终端随时随地筛选服务、在线支付和结算。

### 4. 移动支付模式

移动商务的迅速发展，使移动终端支付成为一种重要的支付手段。移动支付是指允许用户使用移动终端（通常指手机）对所消费的商品或服务进行账务支付的一种服务方式。手机作为比较私密的物品很少公用，它比 PC 病毒少，所以相比 PC 支付，移动支付更安全可靠。现阶段，移动支付方式主要有微信支付和支付宝支付等，用户可以随时随地轻松地转账、理财和消费。

## 8.1.4　移动电子商务的发展

“互联网 +”行动计划将推动移动互联网、云计算、大数据、物联网等与现代制造业结合，促进电子商务、工业互联网和互联网金融健康发展，引导互联网企业拓展国际市场。

在我国电子商务网站迅猛增加、订单和交易额不断增长的背景下，移动电子商务被人们广泛应用。由于各大电子商务平台、品牌商陆续加大对移动端市场的大量投入，通过移动端进行消费的用户持续增多，预计未来移动电子商务市场仍将保持稳定的增长。

### 1. 移动电子商务更适合大众化的商务应用

由于基于固定网的电子商务与移动电子商务拥有不同的特性，移动电子商务不可能完全替代传统电子商务，两者是相互补充、相辅相成的。移动通信所具有的灵活、便捷等特点，决定了移动电子商务应当定位于大众化的个人消费领域，应当提供大众化的商务应用。

未来的移动电子商务市场将主要集中在以下几个方面：自动支付系统，包括自动售货机、售票机和停车场计时器等；半自动支付系统，包括商店的收银柜机、出租车计费器等；日常费用收缴系统，包括水、电、燃气等费用的收缴；移动互联网接入支付系统，包括登录商家的移动站点购物等。

### 2. 移动电子商务与传统电子商务相比具有一些优势

与传统电子商务相比，移动电子商务的最大优势是“随时随地”和“个性化”。传统电子商务局限于PC携带不方便，而移动电子商务可以弥补这种缺憾，让人们随时随地购物，感受独特的商务体验。

从用户群体来看，手机用户中包含了白领等消费市场中的中高端用户和容易冲动购买的学生群体，移动电子商务无论在用户规模上，还是在消费能力上，都优于传统电子商务。

对传统电子商务而言，用户的消费信用问题是影响其发展的一大瓶颈，而移动电子商务在这方面显然拥有一定的优势。手机号码具有唯一性，从而可以确定用户的身份。对于移动电子商务而言，这就有了信用认证的基础。

### 3. 移动电子商务能够有效规避传统电子商务中出现的泡沫

近年来，互联网经济大起大落，电子商务曾跌入低谷。传统电子商务缺乏现实的用户基础，没有良好的营利模式，搭建起的是一幢没有支撑的空中楼阁。

与传统电子商务不同，移动运营商在手机钱包、手机银行等移动电子商务发展中，发挥着十分重要的作用。移动运营商不仅拥有庞大的用户群，而且拥有稳定的收费关系及收费渠道。更重要的是，近年来，国内移动运营商已经构建了成熟的移动数据业务发展产业价值链，以及与服务提供商进行利润分成的商业运作模式。这为移动电子商务业务的发展创造了良好的条件。此外，在移动电子商务发展初期，将主要面向大众市场，这使移动电子商务的发展从一开始就有了现实的支点。因此，移动电子商务从某种意义上说可以避免传统电子商务中出现的泡沫和波折。

## 8.2 移动电子商务应用

移动电子商务作为一种新型的电子商务模式，利用了移动无线网络的优点，是对传统电子商务的有益补充。移动电子商务的应用领域十分广泛，在传统电子商务的各个层次和领域中都发挥着重要作用。

### 8.2.1 手机淘宝

阿里巴巴旗下的淘宝网是国内领先的个人交易网上平台。自成立以来，淘宝网相继推出个人网上商铺、支付宝、阿里软件、雅虎直通车、阿里妈妈等多种产品和增值服务。

随着智能手机的广泛应用，为方便用户，淘宝网官方出品了一款手机应用软件，该软件开设 iPhone 版和 Android 版等多个版本，以满足不同手机用户的生活消费和线上购物的需求。该手机软件具有查看附近的生活优惠信息、商品搜索、浏览、购买、支付、收藏、订单查询、物流查询、旺旺沟通等在线功能，成为用户方便快捷的生活消费入口，如图 8-3 所示。

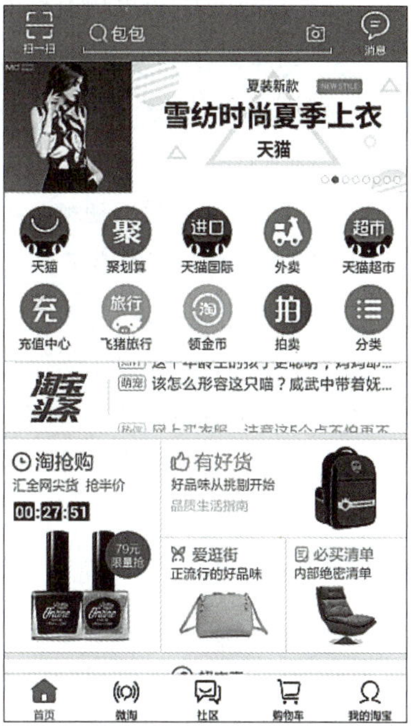

图 8-3　手机淘宝首页

手机淘宝的优势主要体现在以下几个方面。

1）购物比价。用户可以到沃尔玛、苏宁等任何一家大型超市或连锁店，通过关键词、条码、二维码等多种搜索方式实现和淘宝网商品比价。

2）便民充值。使用支付宝软件，用户可以随时随地更加快捷安全地进行话费充值等，让生活更加简单方便。

3）折扣优惠。同步 Web 版淘宝活动丰富，逛单品、逛店铺、活动专区优惠多多，同城生活购物更优惠。

4）分享惊喜。同步新浪微博，可以直接 @ 好友名字通过图片、文字、二维码与好友分享优惠，支持 8 亿淘宝商品的二维码分享。

5）具有默认登录及本地验证码功能，无须通过计算机或 WAP 再次验证登录。

## 8.2.2　微信营销

扫码观看视频

微信是腾讯公司推出的一款即时通信产品，可以通过网络快速发送免费语音短信、视频、图片及文字，并支持单人、多人参与。同时，也支持使用社交插件朋友圈、公众平台等服务。

在日常生活中，微信逐渐成为人们不可或缺的一部分。伴随着微信的火热，兴起了一种新的网络营销方式——微信营销。在微信上营销不存在距离的限制，用户注册微信后，可与周围同样注册的朋友形成一种联系，用户自由订阅所需的信息，商家通过提供用户需要的信息推广自己的产品，从而实现点对点的营销。

微信营销的优势主要体现在以下几个方面。

### 1. 信息至用户终端到达率高

网络营销效果的好坏，在很大程度上取决于所推送的信息是否能准确到达用户终端。在微博营销过程中，商家发布的微博很容易在用户信息流中被淹没。微信则不，只要用户关注了商家的公众号，每一条信息都以推送通知的形式发送，从而保证了信息可以百分之百地到达订阅者手机上。

### 2. 用户精准度高

微信作为一种便利的沟通工具，消耗的流量较小，现已成为超过手机短信和电子邮件的主流信息接收工具。商家通过开展活动引导用户主动订阅公众号，增加“粉丝”数量，这样所吸引的“粉丝”精准度非常高。此外，微信公众账号可以通过后台对用户进行分组，这样在推送信息时可以更有针对性地实现精准消息推送。

### 3. 更有利于开展营销活动

微信在推送消息时不仅支持文字，还可以语音等。公众账号可以群发语音、图片和文字，认证之后，将获得更高的权限。漂亮的图文信息能进一步拉近与用户的距离，提升用户的体验度。图文配合语音、视频，非常有利于开展营销活动，这种人性化的营销手段也促使微信营销能快速地被大众接受。

### 4. 有利于维护老客户

开发新客户的成本远远高于维护老客户。由于微信的受众人群更加精准，推送信息的到达率和曝光率高，使企业可以大大节省客户运营成本。垂直行业和更多的细分行业使用微信营销，可以更好地维护企业和客户之间的关系，真正体现出“情感营销”的本质。

## 8.2.3 移动支付

移动支付在日常生活中覆盖了吃、穿、住、用、行等领域，人们既是创新支付的供给者，又是消费者。移动支付已经渗透各个场景当中，推动无现金社会的发展。以下是几种生活中常用的移动支付方式。

### 1. 微信支付

微信支付是由微信及第三方支付平台财付通联合推出的移动支付创新产品。用户只需要在微信中关联一张银行卡，设置支付密码并完成身份认证，即可将装有微信 App 的智能手机变成一个全能钱包。用户在支付时只需要在自己的智能手机上输入支付密码，就可完成支付，整个过程简便流畅。微信——我的钱包如图 8-4 所示。

以下是人们常用的两种微信支付方式：

1）扫码支付。打开微信，启动微信的扫一扫功能，扫描商家按微信支付协议生成支付的二维码，之后输入支付金额，确认后输入微信的支付密码，即可完成支付。

2）条码支付。打开微信，在“我”的页面中选择“钱包”，在子类目中选择“收付款”，输入支付密码后，系统会自动生成付款条码，将此条码交给收款人扫描，即可完成支付。

图 8-4 微信——我的钱包

### 2. 支付宝支付

支付宝是我国领先的第三方支付平台，致力于提供简单、安全、快速的支付解决方案。随着智能手机的广泛应用，在日常生活中，人们除了使用微信支付以外，开始使用支付宝进行支付。只要手机上安装了支付宝客户端，就拥有了一个随身支付宝，在多重安全保障下随时随地完成交易和账户的管理。如今支付宝功能还在日益丰富，支付方式已经渗透生活的方方面面。手机支付宝首页如图 8-5 所示，具体功能如下：

1）手机收款、付款和转账功能。在支付宝中选择“收钱”或“付钱”后自动生成收款二维码或付款条码，让对方扫描即可完成收款或付款；知道对方手机号即可转账到其支付宝账户或银行卡，还可通过“摇一摇”进行转账，免手续费。

2）手机充值功能。在 7d×24h 手机缴费站，可随时随地为自己和亲朋好友进行话费充值服务。

3）信用卡还款。支持中国银行、中国农业银行、中国工商银行、中国建设银行等 30 余家银行的信用卡还款，一定额度内免手续费，还有温馨还款提醒。

4）其他便民服务。全国 300 多个城市的用户，还可以在手机上随时随地轻松地缴纳水费、电费、燃气费等。

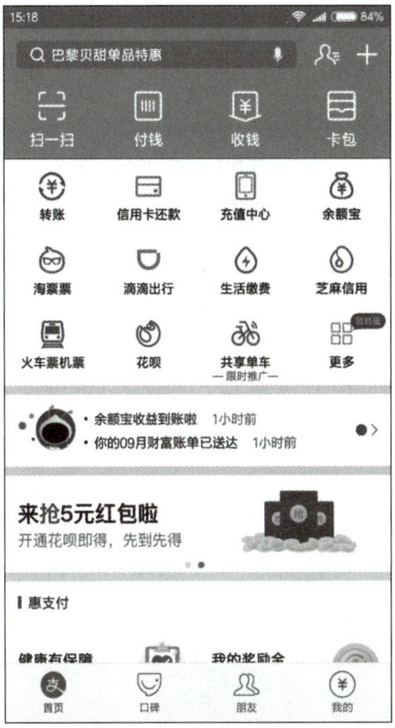


图 8-5　手机支付宝首页

## 8.2.4　移动商务

移动商务也称为移动办公，是一种新型电子商务模式，它利用移动信息终端通过移动通信网络参与各种商业经营活动。移动商务的强大功能让企业和移动终端用户都受益匪浅。

### 1. 移动医疗

看病难一直是老百姓的痛点，挂号难、排队等待时间长等都是人们看病时常遇到的问题。随着移动医疗的出现，这些困难可能会迎刃而解。

移动医疗是人们通过使用手机、Pad 等移动通信工具来获取医疗信息与服务的一种新型医疗方式。目前移动医疗的范畴主要包括健康教育、医疗信息查询、健康电子档案、疾病风险评估、疾病在线咨询、电子处方、远程会诊及远程治疗等多种形式的健康服务。

用户应用较多的移动医疗 App 主要有平安好医生、百度医生等。随着移动医疗 App 的不断增多，各大医院也都陆续推出 App 预约挂号和微信预约挂号平台等多种服务，逐步实现在移动端轻轻一点就能挂号、在线支付医药费、查看检测报告、和大夫讨论病情等诊前、诊中、诊后服务。与传统的医疗服务相比，移动医疗在便捷性、医生资源分配效率和疾病预防等方面都有了很大程度的提高。

移动医疗的应用，不仅能够大量节省之前用于挂号、排队等候的时间和成本，而且能更高效地引导人们养成良好的生活习惯，变治病为防病。

### 2. 移动保险

无论是自然灾害，还是人为灾难，都让越来越多的人意识到保险的重要性。从召开国务院常务会议部署加快发展保险服务业，到十二届全国人大常委会表决通过修改《保险法》的决定，习近平主席签署主席令予以公布，保险业的发展已经从行业意愿上升为国家意愿。

移动保险是保险企业利用移动网络来开展所有保险活动的一种新的经营方式。在“互联网 +”的热潮下，手机 App 逐渐成为用户与产品之间形成消费关系的重要渠道，传统保险业也在积极拥抱移动互联网，发力 App 平台，抢占市场。比较知名的移动保险 App 有平安人寿、中国人保、中国太保等。与传统保险业相比，移动保险的优势主要体现在以下 3 个方面。

（1）降低经营成本

在传统的保险销售模式下，业务人员需多次往返于客户和公司之间，造成人力、物力和财力的浪费。移动模式下只需要与客户见一次面，就能完成整个业务，从而实现完全无纸化的保险销售。

（2）提高业务效率和理赔时效

保险移动理赔系统通过简化理赔流程的方式，提高理赔时效。以车险为例，移动保险自助理赔系统无须公司理赔专员亲临现场，客户可使用手机自行拍照发送至平台，保险公司对客户上传的照片进行审核，然后确定是否理赔和需要理赔的金额。客户通过移动终端，可以随时关注审核状态和结果。

（3）提高用户满意度和忠诚度

专业的移动营销设备可以提供给客户更全面的信息，在公司后台输入客户需求，可以为客户设计出更合适的保险产品、提供个性化服务，从而提高客户满意度和忠诚度。

#### 3. 移动理财

近年来，随着我国金融市场的发展，互联网理财和服务日趋复杂化、专业化，加强投资者保护成为互联网理财市场有序发展的重要保障。移动理财改变了传统的理财方式，其优势主要体现在：用手机理财 App 购买和管理理财产品，比在计算机上或者去柜台选购更具便利性；移动端理财突破了时间和空间的限制，用户可以利用碎片时间随时随地查看行情、进行证券投资，以及资金的支付和提现等，比 PC 端更高效。

近几年来移动金融理财产品井喷式发展，各种理财 App 层出不穷，无论银行、证券机构，还是互联网巨头，都纷纷推出了自己的理财产品。例如，平安银行推出的“平安盈”、华西证券的“华彩人生”、腾讯的“理财通”、阿里巴巴的“余额宝”等。各式各样的移动理财 App 可以让用户尽情选择。如今很多移动理财 App 还推出了“一站式”理财服务，不仅能为用户提供账户管理、财务数据分析等基础性功能，还能提供基金、保险等各类理财产品，以及在线快速借贷产品等更加丰富的金融服务。

### 8.2.5 移动生活

无论是在餐厅里、大街上还是地铁中，人们“勤奋”地刷着手机屏幕的场景随处可见。除了上网、听音乐、看视频，现在越来越多的人开始使用手机叫外卖、缴费、订票、扫码开锁骑单车等，飞速发展的移动互联网给人们的生活带来了巨大的变化。

#### 1. 手机外卖

移动互联网的发展和众多手机订餐 App 的出现，使手机外卖行业迅猛发展。手机外卖的出现改变了消费者在饮食上的传统消费方式，也改变了部分餐饮店的经营模式。手机外卖 App 可以让人们快速找到并浏览附近的餐饮小吃，查看外卖食品的详细信息，进而享受快速的点餐、送餐服务。常用的外卖软件主要有美团外卖、饿了么、京东七鲜、大众点评等。

除了送餐服务以外，现在的外卖平台也开始使用外卖物流系统提供配送日用百货、鲜花、蛋糕，以及药品、跑腿代办等多种生活服务。

**法律法规**

**App 过度收集信息将被判违法**

2021 年 2 月底，武汉的刘先生在网上下载了一款贷款 App，注册之后一周，几乎每天接到其他贷款平台打来的电话，询问他是否有贷款需求。令刘先生不解的是，对方是如何知道自己的电话号码的？在电话里，刘先生询问后，对方挂断了电话。企业用 App 乐此不疲收集个人信息，是因为有巨大的利益驱动。个人信息组建的庞大数据信息，犹如金矿，产品设计、推广、运营等部门可据此获取消费者的信息，并促进交易。但如果网络数据处理者过度收集个人信息，一方面可能侵犯消费者的个人信息权益，另一方面由于储存、转让等环节可能存在安全管理上的风险和漏洞，还可能带来对用户的进一步危害，甚至是被用于违法犯罪行为。《中华人民共和国个人信息保护法》规定，App 运营商在提供某 App 下载服务时，依法不得收集与该应用软件无关的个人信息，否则便构成违法。《中华人民共和国民法典》《中华人民共和国刑法》《中华人民共和国网络安全法》《中华人民共和国消费者权益保护法》等相关法律法规均指出用户个人隐私不可侵犯。

讨论：用户该如何保护个人隐私不被过度收集？

### 2. 移动出行

移动出行是基于出行场景的互联网服务。常见的移动出行方式有网约车、共享单车和共享汽车等。目前，我国网约车覆盖全国 400 多个城市，与民众生活联系紧密。国家不断加强行业监管力度，筑牢安全发展底线。

共享单车是一种交通工具租赁业务，基于互联网和定位服务，在公交地铁站、校园、住宅区、商业区等地方提供自行车共享服务。全国共享单车市场规模持续提升，业务覆盖范围由一、二线城市向三、四线城市渗透，一些共享单车品牌也向国际化迈进。“公共交通 + 共享单车”使人们出行更加简单、经济、高效。它在一定程度上降低了汽车的使用量，减少了对空气的污染。在满足人们安全、快捷、舒适出行的同时，还缓解了城市的交通拥堵。

共享汽车是指利用移动互联网、全球定位等信息技术构建网络服务平台，为用户提供自助式车辆预订、车辆取或还、费用结算为主要方式的小微型客车租赁服务。共享汽车平台的发展模式像共享单车，率先在北京、上海、广州等大城市布局。共享汽车的出现使人们的生活更加方便快捷。

### 3. 移动旅游

移动电子商务在旅游业中的应用，不仅为旅游企业和旅游管理者提供了降低成本、提高管理效率的机会，而且为旅行者提供了个性化、快捷、周到的服务。

1）信息服务。手机旅游 App 提供快速浏览和查询服务，旅行者可以随时检索航班、景点、天气预报、注意事项、人文等多种信息。

2）订票服务。移动端订票已经发展成为移动电子商务的一项重要业务，用户可以随时随地进行购票和确认，还能在票价优惠或航班取消时立即得到通知。

3）基于位置的服务。通过对移动端的定位，运营商可以为用户提供基于位置的服务，如导航服务可以为旅行者和外地车辆提供基于地图的导航；当旅行者在城市观光旅游时，为其提供到达目的地的最佳路径指示等。

## 技能实操 体验微信小商店的开通与运营

### 1. 实操要求

学生体验微信小商店的0元入驻、快速开店和直播带货等功能。

扫码观看视频

### 2. 实操步骤

1）用户打开微信App，在小程序中搜索“小商店助手”，单击进入微信小商店页面，如图8-6和图8-7所示。

图8-6 搜索“小商店助手”页面

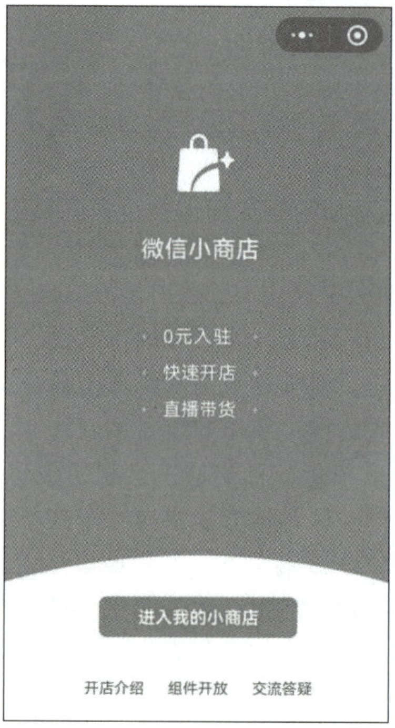


图8-7 微信小商店页面

2）单击“进入我的小商店”按钮，在创建类型中选择“个人”，选择同意《微信小商店功能服务条款》，即完成开店。之后继续完善信息：上传身份证正反面照片、输入手机号，如图8-8和图8-9所示。

3）在“协议签署”页面单击“确认开户意愿并签署”按钮，即完成签约，如图8-10和图8-11所示。

4）微信小商店开通后，可在“功能”选项中进行基础功能操作、店铺管理、营销工具等应用，如图8-12所示。

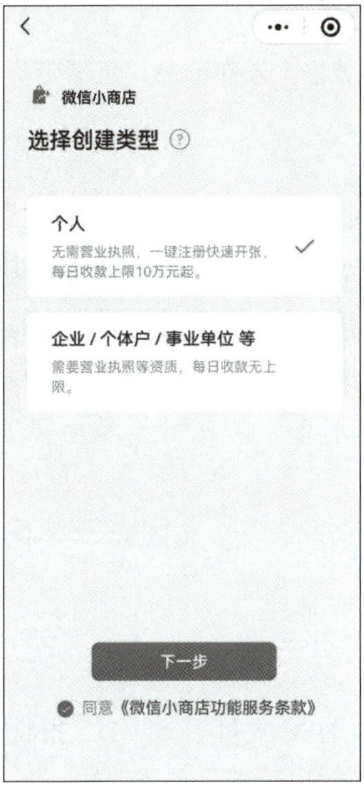

图 8-8　选择创建类型页面

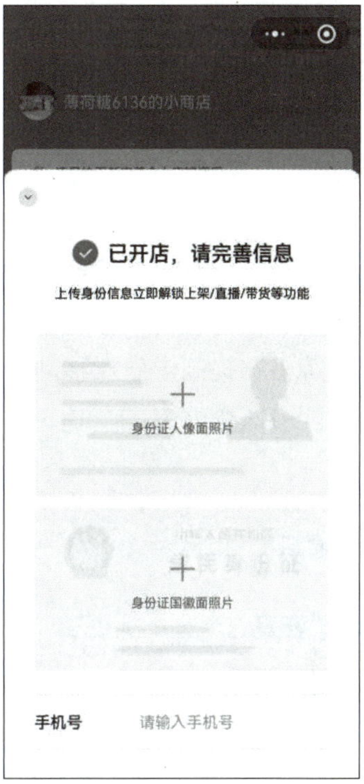

图 8-9　完善信息页面

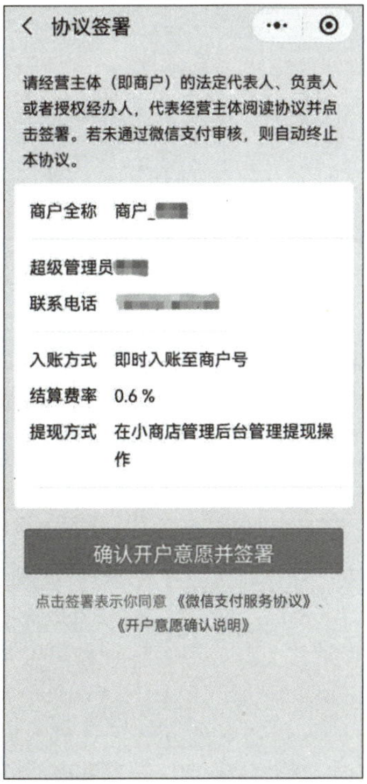

图 8-10　协议签署页面

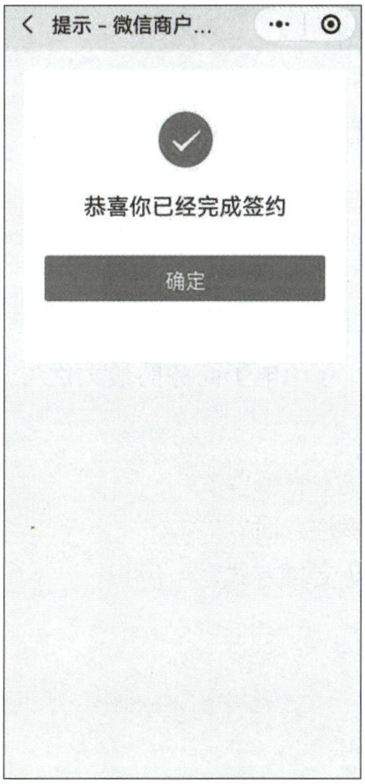

图 8-11　完成签约页面

图 8-12　功能选择页面

### 3. 学生任务

学生尝试入驻微信小商店，体验快速开店、店铺装修、发布商品、直播带货等功能。

## 本章小结

本章着重阐述了移动电子商务的概念，重点分析了现阶段移动电子商务的技术及模式，分析了手机淘宝、微信营销、移动支付、移动商务和移动生活等移动电子商务的应用。最后的技能操作训练旨在提高学生对移动电子商务工具的操作及应用，目的在于巩固学生对移动电子商务的认知与实操能力。

## 思考与练习

### 1. 单项选择题

1）微信支付属于（　　）。

A．短信支付　　B．扫码支付　　C．NFC 支付　　D．指纹支付

2）（　　）是一种支持设备之间短距离通信的无线电技术。

A．移动 IP　　B．蓝牙　　C．5G　　D．4G

3）下列哪种行为不属于移动应用（　　）。

A．用手机在室外收发邮件

B．用台式计算机在家下载游戏软件

C．使用笔记本计算机在汽车上看电子小说

### 2. 填空题

1）电子商务以____________为主要页面，是“有线的电子商务”。

2）移动电子商务，又称为____________，是通过____________等无线终端，使人们可以在任何时间、任何地点进行各种商务活动。

3）与传统的电子商务相比，移动电子商务的最大优势是“________”和“________”。

### 3. 思考题

1）现阶段的移动电子商务技术有哪些？

2）微信营销的优势体现在哪些方面？

3）举例说明几种常用的移动支付方式。

# 第 9 章

# 跨境电子商务

## 学习目标

### 知识目标

- 识记跨境电子商务的定义及模式。
- 识记各种跨境电子商务支付方式。
- 熟记各类跨境电子商务物流。
- 熟记主要的跨境电子商务平台。

### 能力目标

- 会应用进口跨境电子商务交易平台，学会交易流程，体验与国内电子商务交易的异同。
- 能准确区分不同的跨境电子商务支付工具和物流渠道。

### 素质目标

- 良好的国际市场洞察力。
- 具备跨境电子商务运营的基本职业道德。

## 思维导图

- 跨境电子商务
  - 跨境电子商务概述
    - 跨境电子商务的定义
    - 跨境电子商务的模式
    - 跨境电子商务的发展
  - 跨境电子商务支付
    - 信用卡组织
    - 第三方支付方式
    - 其他支付方式
  - 跨境电子商务物流
    - 邮政物流
    - 商业快递
    - 专线物流
    - 海外仓
  - 跨境电子商务平台
    - 全球速卖通
    - 亚马逊
    - Wish

## 引导案例

**破解国货品牌跨境出海之路**

从华为手机在法国、新加坡等地引发排队抢购，到中国李宁踏上巴黎时装周的T台，再到大疆、OPPO等爆红国外，中国品牌除了让国外消费者体验到来自中国的高质量产品之外，背后体现的更是中国品牌不断增强的跨境出海实力。创立于1999年的小狗吸尘器，以品牌影响力和产品创新力为依托，产品畅销86个国家，受到国外消费者的热捧，成为众多国内出海品牌中的典范。

**1．用全球化视角做品牌**

跨境出海，品牌将直接面对全球消费者。对国内本土品牌而言，基于全球化视角做品牌，满足不同地区消费者的消费需求，才是立足于全球市场的关键。小狗吸尘器能在国内外市场受到用户青睐，是因为其始终将深度本土化品牌运营放在首位。

面对不同的国际市场环境、目标人群，以及千差万别的文化风俗，小狗吸尘器在进入国外市场尤其是发达地区的成熟市场时，并不是着急在线上与线下大规模铺货，而是与本地消费者进行充分的沟通，理解当地文化，了解当地消费者的实际需求、审美趋势、使用习惯等，让消费者对品牌产生信赖，以此来拉动销售，并逐渐在与全球知名家电品牌的竞争中赢得优势。

**2．掌握核心技术是保持领先的关键**

以往，中国品牌出海是以极高的性价比打开当地市场的，而如今中国产品背后的核心技术成为国际市场更看中的因素，也是中国品牌自身抢占市场和份额的“护城河”。小狗吸尘器对产品的研发和创新高度重视。截至目前，小狗吸尘器已经累计获得国内外专利1 012项，尤其掌握电机、风道、主控板等核心技术，产品研发和技术创新均处于行业领先水平，为出海的“中国制造”产品打上了优质、智能的鲜明标签。

与做品牌的理念不谋而合，小狗吸尘器做产品同样从优先满足本地化需求出发，致力于为消费者提供实用的清洁体验。例如，亚洲家庭多使用木质或瓷砖地板，硬质地面往往在吸尘后还需再拖洗一遍，耗时耗力。小狗吸尘器从产品使用场景上做了差异化，推出带擦地功能的吸尘器，吸尘、擦洗同时进行，更适合东方的地板清洁场景，极大地减轻了用户的清洁负担。以韩国市场为例，在小狗吸尘器的精耕细作之下，得到韩国消费者广泛喜爱，成为韩国四大吸尘器品牌之一。

**3．因地制宜的服务，带来可持续发展**

在出海过程中，小狗吸尘器成立本土化服务团队，深耕市场，同时和当地优秀合作伙伴合作，拓展当地市场。在售后服务方面，小狗吸尘器在韩国、日本、美国等地建立了服务中心，布局本地化服务，并有计划地在重点国家和地区推进“中央维修仓”服务。即以中央维修仓为中心，以第三方快递为网络，实现待修产品从消费者到中央维修中心送修、再二次快递到消费者的逆向物流过程，保修期内整个服务过程无条件全免费、不区分责任，而且一切解释权归消费者所有。小狗吸尘器以产品服务和体验为主的模式，为消费者带来优质的售前、售后体验，这将有力支撑品牌在国际上的可持续发展。

跨境出海并非一帆风顺，面对全球消费者，出海品牌的产品与服务需要满足不同地区本土消费者的消费方式和习惯。中国制造跨境出海本质上是要做好产品与服务，对小狗吸尘器这样的国内出海品牌而言仍有广阔的发展空间，未来希望更多中国品牌能为全世界更多的人带去“中国制造”的一流体验。

通过阅读小狗吸尘器跨境品牌出海案例，思考以下问题：

1）小狗吸尘器成功出海的原因是什么？

2）你还知道哪些中国品牌成功出海的案例？

## 9.1　跨境电子商务概述

跨境电子商务作为推动经济一体化、贸易全球化的技术基础，不仅冲破了国家之间的障碍，而且正在引起世界经济贸易的巨大变革。对企业而言，跨境电子商务构建的开放、多维、立体的多边经贸合作模式，促进了多边资源的优化配置，极大地拓宽了进入国际市场的路径；对消费者而言，跨境电子商务能更方便地获取国外的产品信息并买到物美价廉的商品。

### 9.1.1　跨境电子商务的定义

跨境电子商务（Cross-border Electronic Commerce）简称跨境电商，是指分属于不同国家的交易主体，通过电子商务平台达成交易、支付结算，并通过跨境物流或异地仓储送达商品、完成交易的一种国际商业活动。跨境电商有狭义和广义之分。

#### 1. 狭义的跨境电商

狭义的跨境电商相当于跨境零售，是指分属于不同关境的主体，通过电子商务平台达成交易、支付结算，并利用邮政小包或快件等跨境物流方式将商品送到消费者手中的商业活动。跨境零售通常包括 C 类个人消费者和小 B 类商家。

#### 2. 广义的跨境电商

广义的跨境电商相当于外贸电子商务，是指分属于不同关境的主体，利用网络将传统进出口贸易中的展示、洽谈以及成交等各个环节电子化，并借助跨境物流送达商品、完成交易的一种国际商业活动。从这个角度讲，国际贸易中凡是涉及电子商务应用的都可以纳入跨境电商范畴。

### 9.1.2　跨境电子商务的模式

#### 1. 按照货物流通方向分类

（1）进口跨境电商

进口跨境电商是指将国外产品进口到国内的市场，通过电子商务销售的过程，代表企业如网易考拉海购、蜜芽、小红书、洋码头等。

（2）出口跨境电商

出口跨境电商是指将中国商品通过互联网交易出口到国外的电子商务过程，代表企业如全球速卖通、亚马逊、Wish 等。

进口跨境电商让中国消费者购买到更多物美价廉的商品。出口跨境电商使中国商家直接面对外国消费者，这种结构的改变将有效提升中国相关行业的制造与服务水平。

科技强国

**科技创新助力中国品牌出海“新丝路”**

随着国家对跨境电商的政策扶持不断加强，跨境电商成为对外贸易强有力的支撑。在利好政策的持续推动下，跨境电商市场规模也不断扩大。跨境电商为企业出海提供了新的机遇。其中科技制造企业前赴后继地出海，正不断打破国际市场对国内智能硬件产品的认知，深圳大疆创新科技有限公司（简称大疆）就是其中的先行者之一。

大疆成立于 2006 年，从无人机系统拓展至多元化产品体系，以一流的技术产品重新定义了“中国制造”的内涵。大疆凭借过硬的产品和技术研发，长期在全球消费级无人机市场占据领先地位。

与很多中国企业不同，大疆的品牌和产品是先在欧美市场获得认可，再“回到”中国的。因此，大疆在推出精灵系列无人机之初，就将产品送到了好莱坞和硅谷，让影视行业、科技行业的意见领袖们尝试使用无人机。以独立站为中心，辐射 YouTube 等社交媒体、网络关键意见领袖、行业垂直论坛、跨境平台等，打造国际品牌矩阵。大疆在无人机领域持续多年深耕，如今的产品已经占领国际大半的市场份额，远超其他品牌，成为全行业当之无愧的领头羊。

如今，国货出海无不体现着中国制造业高质量发展的趋势，越来越多的科技创新让中国品牌在全球市场真正站了起来。这些走出国门收获成功的企业也在彰显属于中国品牌的自信。华为、小米和大疆等品牌在国外获取的优异成绩已给中国企业带来了标杆效应，吸引着越来越多中国企业把视野放到国际化市场中。跨境电商利用互联网和高科技优势，日益成为我国外贸稳增长的重要引擎和“外循环”的有力支撑点，推动我国跨境电商发展提质增效。

讨论：你还知道哪些国货出海的成功案例？请具体说说其成功的做法。

### 2. 按照产业终端用户类型分类

（1）B2B 跨境电商平台

B2B 跨境电商平台所面对的最终客户为企业或集团客户，提供企业、产品、服务等相关信息。目前，在中国跨境电商市场交易规模中，B2B 跨境电商市场交易规模占总交易规模的 90% 以上。在跨境电商市场中，企业级市场始终处于主导地位。代表企业如敦煌网、中国制造、阿里巴巴国际站、环球资源网等。

（2）B2C 跨境电商平台

B2C 跨境电商平台所面对的最终客户为个人消费者，以网上零售的方式针对最终客户，将产品售卖给个人消费者。

B2C 类跨境电商平台在不同垂直类目商品销售上有所不同，如 Focal Price 主营 3C 数码电子产品，兰亭集势则在婚纱销售上具有绝对优势。B2C 类跨境电商市场日益发展，并且在中国整个跨境电商市场交易规模中占比不断升高，代表企业如速卖通、DX、兰亭集势、米兰网、大龙网等。

### 3. 按照服务类型分类

（1）信息服务平台

信息服务平台主要是为境内外会员商户提供网络营销平台，传递供应商或采购商等商品或服务信息，促成双方完成交易，代表企业如阿里巴巴国际站、环球资源网、中国制造网等。

（2）在线交易平台

在线交易平台不仅提供企业、产品、服务等多方面的信息展示，并且可以通过平台完成产品搜索、信息咨询与对比、下单支付、物流配送、售后评价等全购物链环节。在线交易平台模式正在逐渐成为跨境电商中的主流，代表企业如敦煌网、速卖通、DX、炽昂科技（Focal Price）、米兰网、大龙网等。

### 4. 按照平台运营方分类

（1）第三方开放平台

第三方开放平台电子商务通过线上搭建商城，整合物流、线上支付、网店运营等服务资源，吸引商家入驻，为其提供跨境电商交易服务。同时，平台以收取商家佣金和增值服务佣金作为主要盈利模式，代表企业如速卖通、敦煌网、环球资源、阿里巴巴国际站等。

（2）自营型平台

自营型电子商务通过在线上搭建平台，整合供应商资源，以较低的进价采购商品，然后以较高的售价出售商品，自营型平台主要以赚取商品差价作为盈利模式，代表企业如兰亭集势、米兰网、大龙网、炽昂科技（Focal Price）等。

## 9.1.3　跨境电子商务的发展

作为电子商务发展的新兴国家，我国跨境电子商务发展尤为迅猛。随着跨境电商保持较快增速，国内消费升级对海淘商品需求量大。同时，随着中国传统外贸的众多商家陷入议价能力差、毛利增加有限的困境，企业积极寻找新型渠道转型，使跨境出口电商市场用户数量持续增长，而巨大市场发展空间也支撑了行业的快速发展。

中国的跨境电商市场规模与日俱增，叠加“一带一路”建设的红利，当前正处于跨境电商发展的黄金时期。同时，受国际经济下滑影响，传统贸易持续萎靡，出口跨境电商行业则进入黄金时期。出口跨境电商改革供应链效率，持续保持高增长，符合新时代“互联网 +”，以及“中国质造”的战略方向。中国企业出口商品以服饰、小家电、数码产品等日用消费品为主，规模较大、增速较快。但是出口跨境电商有别于国内电子商务，其供应链较长，致使中后端服务痛点较多，物流、支付等环节改善空间较大。

进口跨境电商领域的竞争越来越激烈，行业高速发展带来资本的竞相追捧，具备国内电子商务运营经验的传统电子商务巨头，以及具有资本、渠道和供应链优势的上市公司也纷纷布局跨境进口业务。目前，平台型跨境进口电商日趋成熟，自主型 B2C 跨境进口电商也已初具雏形。2014年至2015年是跨境进口电商平台成立的高峰期，网易考拉、天猫国际、亚马逊海外购、京东全球购等平台均在这两年内成立。除了“巨头”的介入，国内也涌现出一大批跨境电商的新星，如洋码头、小红书、蜜芽等。

### 科技强国

**跨境电商让“一带一路”贸易更畅通**

近年来，以我国互联网企业为代表的新业态企业积极走出国门，成为“一带一路”建设中一支不可忽视的力量。

与传统企业“走出去”相比，新业态受地理环境制约少，影响覆盖人群广，是对我国传统产业“走出去”的有益补充。这些企业充分发挥我国互联网产业发展优势和技术优势，在“一带一路”沿线国家积极开展电子商贸、交易平台、支付结算、互联网娱乐和智慧城市等业务，发展态势喜人。

在多个“一带一路”沿线国家，随着中国产品的口碑日渐提升、跨境电商平台的不断搭建，两者产生的“化学反应”正促使“中国制造”更多更快地进入当地市场。有理由相信，在互联网时代，我国跨境电商极具后发优势，有望成为输出“中国标准”的重要领域。

目前“一带一路”沿线国家已成为我国跨境电商的重要目标市场。据第三方机构统计，按流量计算的阿里速卖通已成为俄罗斯第三大互联网公司。“在俄罗斯市场，在速卖通平台下过单的买家已经超过1000万，平均每10个人里就有1个用过速卖通，而我们在俄罗斯只有1名员工。”阿里巴巴旗下跨境出口电商平台速卖通总经理介绍说，“因为瞬间交易量太大，去年‘双11’活动在俄罗斯开始后的1分钟，俄罗斯最大的银行系统就崩溃了。”

部分专家学者认为，以互联网企业为代表的新业态走出去，与资源开发、基础设施建设等传统业态走出去有很大的不同，新业态有着传统业态不可比拟的优势。在“互联网+”时代，文化商务、信息服务、软件开发等类型的企业则可以借助互联网“就地出海”，突破地理空间距离的限制，对目标国家和客户提供信息、金融和商贸等多项服务，实现新形式的企业国际化。

中国互联网企业在全球已经形成集团优势。借助网络的技术和沟通优势，互联网企业可实现在“一带一路”沿线国家和地区全方位、立体化、网络状的“大概念联通”，是“一带一路”建设中一支重要的“轻骑兵”。

随着“一带一路”经贸合作深入推进，“一带一路”发展战略给我国电子商务的发展带来了极大的利好，跨境电子商务获得了更为广阔的空间，得到国家的大力支持，一定程度上促进了电子商务的蓬勃发展。从跨境电子商务来看，在“一带一路”倡议的影响下，我国跨境电商无论是“质”还是“量”都获得了较快的发展，并逐渐建立了跨境的全天候、多元化消费平台。

讨论：你知道“一带一路”指的是哪些国家吗？

## 9.2 跨境电子商务支付

在跨境电子商务交易的各个环节中，支付是非常重要的环节。支付方式不仅影响买家的购物体验，而且影响卖家提现收款的成本。因此，选择正确的支付方式对卖家非常重要。

买家的支付方式多种多样，主要分为：信用卡组织、第三方支付方式以及其他支付方式。

### 9.2.1 信用卡组织

MasterCard（万事达卡）信用卡和 VISA（维萨卡）信用卡在国际上拥有庞大的用户群。跨境电商平台可通过与 MasterCard 和 VISA 等国际信用卡组织合作，开通接收国际银行信用卡支付的端口。

1）万事达卡成立于 1966 年，总部设在美国纽约。1987 年进入中国，成为第一个进入中国的国际支付公司，目前我国主要商业银行都是万事达卡的会员。

万事达卡国际组织（MasterCard International）是一个由超过 25 000 个金融机构会员组成的信用卡国际组织。万事达卡国际组织本身不直接发卡，是由参加万事达卡国际组织的金融机构会员发行。

2）维萨卡是一个信用卡品牌，由位于美国加利福尼亚州旧金山的威士国际组织负责经营和管理。

威士国际组织（VISA International）是一个联盟组织，是信用卡和旅行支票组织，其前身是 1900 年成立的美洲银行信用卡公司。1977 年正式改为威士（VISA）国际组织，成为全球性的信用卡联合组织，拥有全球最具规模的电子支付网络。威士国际组织本身并不直接发卡，VISA 品牌的信用卡是由参加威士国际组织的会员（主要是银行）发行的。目前其会员约 2.2 万个、发卡逾 10 亿张、商户超过 2 000 多万家。

万事达卡在欧洲和北美更受欢迎，而维萨卡在亚洲、澳大利亚受理商户数量更多。

### 9.2.2 第三方支付方式

PayPal（宝贝）和国际支付宝是跨境电商支付中最常见的第三方支付方式。

#### 1. 宝贝

宝贝是目前全球使用极其广泛的网上交易工具，在线付款方便、快捷，同时还可解除买家付款收不到货的担忧。国外买家使用率在 80% 以上，欧美买家居多，只需要一个邮箱即可免费注册开户。

宝贝是全球较大的电子商务在线交易平台 eBay 旗下的子公司，个人或企业通过电子邮件标识身份，安全、简单、便捷地实现在线付款和收款。宝贝拥有完善的安全保障体系，可有效降低网络欺诈的发生。

#### 2. 国际支付宝

国际支付宝（Escrow Service）是阿里巴巴与支付宝联合开发、专门针对国际贸易推出的第三方支付担保交易服务。该服务模式与国内支付宝类似。在交易过程中，先由买家将货款打到第三方担保平台的国际支付宝账户，然后第三方担保平台通知卖家发货，买家收到商品后确认，货款打入卖家账户，完成交易。

国际支付宝服务现已全面支持航空快递、海运、空运常见物流方式的订单。用户使用阿里巴巴的国际支付宝交易，能有效避免传统贸易中买家付款后收不到货、卖家发货后收不到钱的风险。

国际支付宝目前支持买家美元支付，卖家可选择美元和人民币两种收款币种。国际支付宝支持多种支付方式，包括信用卡、T/T 银行汇款、Moneybookers、借记卡等。

1）信用卡支付：买家可以使用维萨卡及万事达卡对订单进行支付，如果买家使用此方式进行支付，订单完成后，平台会将订单款项按照付款当天的汇率结算成人民币支付给卖家。

2）T/T 银行汇款支付：国际贸易主流的支付方式，大额交易更方便。如果买家使用此方式支付，其中会有一定的汇款转账手续费用，卖家收到的金额可能会有出入。此外，银行提现也需要一定的提现手续费。

3）Moneybookers 支付：Moneybookers 是欧洲的电子钱包公司（类似于宝贝），集成了 50 多种支付方式，是欧洲主流的支付服务商。

4）借记卡支付：国际通行的借记卡外观与信用卡一样，并在右下角印有国际支付卡机构的标志。它通行于所有接受信用卡的销售点。唯一的区别是，使用借记卡时，用户不能透支，只能从账户的余额支付。

## 9.2.3 其他支付方式

跨境电商支付方式的选择需要考虑多种因素。不同的支付方式有各自的优缺点和适用范围。卖家需要从中选择最适合自己的方式。除了上面介绍的支付方式外，西联汇款和 Payoneer 也具有代表性。

### 1. 西联汇款

西联汇款是西联国际汇款公司（Western Union）的简称，是世界上领先的特快汇款公司，迄今已有 150 年的历史，拥有全球较大较先进的电子汇兑金融网络，代理网点遍布全球近 200 个国家和地区。它可以在全球大多数西联国际代理所在地汇出和提款。中国邮政储蓄银行是西联汇款在中国合作业务量较多的伙伴。西联汇款手续费由买家承担，需要买卖双方到当地银行实地操作；在卖家未领取钱款时，买家随时可撤销已支付资金。

由于西联汇款对卖家来说，可先提钱后发货，安全性好，收款迅速；但是对于买家风险极高，买家不易接受，因此只适用于 1 万美元以下的小额交易。

### 2. Payoneer

Payoneer 是一家总部位于纽约的在线支付公司，主要业务是帮助合作伙伴将资金下发到全球，同时也为全球用户提供美国银行、欧洲银行收款账号用于接收欧美电子商务平台和企业贸易款项。

用中国身份证号码即可完成 Payoneer 账号的在线注册，并自动绑定美国银行账号和欧洲银行账号；使用 Payoneer 账号能像欧美企业一样接收欧美公司的汇款，并通过 Payoneer 和中国支付公司的合作完成线上的外汇申报和结汇；电汇设置单笔封顶价，人民币结汇手续费最多不超过 2%。

## 9.3 跨境电子商务物流

在跨境电子商务中，物流是联系国内卖家与国外买家的重要通道。目前，市场上有多种物流渠道：邮政物流、商业快递、专线物流和海外仓。

扫码观看视频

### 9.3.1 邮政物流

邮政物流是指各国邮政部门所属的物流系统，包括 EMS、国际 E 邮宝、中国邮政航空小包和中国邮政航空大包等。通常邮寄 2kg 以下的商品，价格较便宜，速度也较慢，海关通关能力强。

#### 1. EMS

EMS（Express Mail Service）是指邮政特快专递服务，由万国邮联管理下的国际邮件快递提供服务，在中国境内是由中国邮政提供的一种快递服务。该业务在海关、航空等部门均享有优先处理权，它以高质量为用户传递国际、国内紧急信函、文件资料、金融票据、商品货样等各类文件资料和物品。

#### 2. 国际 E 邮宝

国际 E 邮宝（ePacket）是中国邮政储蓄银行电子商务快递公司与支付宝联合打造的一款国内经济型速递业务，专为中国个人电子商务设计，采用全程陆运模式，其价格较普通 EMS 有大幅度下降，大致为 EMS 价格的一半，但其享有的中转环境和服务与 EMS 几乎完全相同，主要发往美国、加拿大、英国、澳大利亚、法国和俄罗斯。

#### 3. 中国邮政航空小包

中国邮政航空小包（China Post Air Mail）是指包裹重量在 2kg 以内，外包装长宽高之和小于 90cm，且最长边小于 60cm，价格低，通过邮政空邮服务几乎能寄到全球任何地方的一种快递服务。它包含挂号、平邮两种服务。中国邮政航空小包出关不产生关税或清关费用，但在目的地国家进口时有可能产生进口关税，具体根据每个国家海关税法的规定而各有不同。

#### 4. 中国邮政航空大包

中国邮政航空大包（China Post Air Parcel），适合邮寄重量超过 2kg 且体积较大的包裹，可寄达全球 200 多个国家。此渠道全程航空运输，可以到达世界有邮局的任何地方。

中国邮政航空大包服务是区别于中国邮政小包的新业务，是中国邮政国际普通邮包裹 3 种服务方式中的航空运输方式服务，可寄达全球 200 多个国家。对时效性要求不高而重量稍重的货物，可选择使用此方式发货。

## 9.3.2 商业快递

商业快递方式包括UPS、TNT、DHL、FedEx等。不同的国际快递公司具有不同的渠道，在价格、服务、时效上都有所不同。

### 1. UPS

UPS（United Parcel Service，联合包裹服务公司）是一家全球性的公司，作为世界上较大的快递承运商与包裹递送公司，同时也是运输、物流、资本与电子商务服务的提供者。

UPS的特点：

1）速度快，服务好，适合发6～21kg，或100kg以上的货物。

2）可送达全球200多个国家和地区，可在线发货，在全国109个城市有上门取货服务。

3）擅长美洲等线路特别是美国、加拿大、南美以及英国和日本，适于发快件。

4）对托运物品的限制较严格。

### 2. TNT

TNT总部位于荷兰，是全球较大的快递公司之一，为企业和个人客户提供全方位的快递和邮政服务。TNT快递在欧洲、中东、非洲、亚太和美洲地区拥有航空和公路运输网络。TNT快递运费包括基本运费和燃油附加费，一般货物在发货次日即可实现网上追踪。

TNT的特点：

1）速度快，通关能力强，提供报关代理服务。

2）可免费、及时、准确地追踪查询货物。

3）在欧洲、西亚、中东及政治、军事不稳定的区域有绝对优势。

4）对所运货物限制较多，要算体积重。

5）价格相对较高。

### 3. DHL

DHL是全球知名的邮递和物流集团Deutsche Post DHL旗下的公司。DHL的业务遍布全球220个国家和地区，有超过120 000个目的地（主要邮政区码地区）的运输网络，向企业及私人客户提供专递及速递服务。

DHL的特点：

1）适合寄发5.5kg以上或介于21～100kg之间的货物。

2）在西欧、北美有优势，适宜寄送小件物品。

3）一般2～4个工作日可送达，欧洲一般3个工作日送达，东南亚一般2个工作日送达。

4）网站更新货物状态较及时，但对托运物品限制较严格，拒收许多特色商品，部分区域不提供DHL包裹寄递服务。

### 4. FedEx

FedEx（Federal Express，联邦快递）总部设于美国田纳西州，是一家国际性速递集团，分为中国联邦快递优先型服务（International Priority，IP）和中国联邦快递经济型服务

（International Economy，IE）。联邦快递提供隔夜快递、地面快递、重型货物运送、文件复印及物流服务。

FedEx 的特点：

1）适宜寄送 21kg 以上的大件，南美洲的价格较有优势。

2）网站信息更新及时，网络覆盖全，查询响应快。

3）价格较贵，对托运物品限制也比较严格。

## 9.3.3 专线物流

专线物流一般是通过航空包舱的方式将货物运输到国外，然后通过合作公司对货物进行目的地国内派送。一般速度较快，但是部分货物有重量、规格限制，只能发往指定区域。以下是几种常用的专线物流：

### 1. Special Line-YW

Special Line-YW（航空专线—燕文）简称燕文专线，是北京燕文物流有限公司的一项国际物流业务。通过整合全球速递服务资源，利用直飞航班配载，由国外合作伙伴快速清关并进行投递。

燕文专线目前已开通拉美专线、俄罗斯专线、印度尼西亚专线。拉美专线直飞欧洲并在此中转，使投妥时间大大缩短；俄罗斯专线实行一单到底，可实行无缝可视化跟踪。

### 2. Aramex 快递

Aramex 快递（中外运安迈世）简称中东专线，是发往中东地区国际快递的重要渠道，可通达中东、北非、南亚等 20 多个国家。总部位于中东，是中东地区的国际快递巨头。在中东地区具有清关速度快、时效强、覆盖广、经济实惠的特点。但 Aramex 快递的主要优势地区在中东，其他国家和地区并不存在这些优势。因此，其区域性很强，对货物的限制也较严格。

### 3. 芬兰邮政

芬兰邮政是由速卖通和芬兰邮政针对 2kg 以下小件物品推出的中国香港口岸出口的特快物流服务，分为挂号小包和经济小包，运送范围为俄罗斯及白俄罗斯全境邮局可到达区域。芬兰邮政具有在俄罗斯和白俄罗斯清关速度快、时效强、经济实惠的特点。

### 4. Russian Air

Russian Air（中俄航空专线）是通过国内快速集货、航空干线直飞、在俄罗斯通过俄罗斯邮政或当地落地后进行快速配送的物流专线合称。截至 2015 年 6 月，中俄航空专线下有 Ruston 专线，后续还将上线更多中俄航空专线。

Ruston 又称俄速通，是黑龙江俄速通国际物流有限公司打造的针对俄语系国家跨境电商物流企业线上发货的小包航空专线，也是俄罗斯跨境电商行业的领军企业，渠道时效快速稳定，提供全程物流跟踪服务。

### 9.3.4 海外仓

海外仓是指由跨境电商交易平台或物流服务商为卖家在物品销售目的地提供的货品仓储、分拣、包装、派送等一站式控制与管理服务。整个流程包括头程运费、订单操作费、仓储管理费、国外本地配送费4个部分，即卖家将要销售的货物储存在当地的仓库，当有买家需要时，仓库立即做出响应，并及时对货物进行分拣、包装及递送。海外仓发货速度最快，没有重量规格限制，但是只能发往固定区域。

海外仓作为跨境电商交易过程中的一种新型仓储物流模式，越来越受到B2C卖家的青睐。无论是Amazon卖家还是自建电子商务平台，海外仓都让企业更接近终端客户，从而提高到货速度，降低物流成本，增加产品的曝光率和下单率，提升客户体验。

## 9.4 跨境电子商务平台

### 9.4.1 全球速卖通

全球速卖通（Aliexpress）是阿里巴巴旗下唯一面向全球市场打造的在线交易平台，致力于跨境电商业务，被称为国际版“淘宝”。全球速卖通于2010年4月上线，业务覆盖220多个国家和地区，拥有近20个语言分站，产品类型包括服装服饰、3C、家居、饰品等共30个一级行业类目，每天国外买家流量超过5 000万元，最高峰值达1亿元，已成为全球较大的跨境交易平台。

全球速卖通最大的特点是“价格为王”，以低价吸引客户。同时全球速卖通还重视营销推广，平台免费为卖家提供四大营销工具：限时限量折扣、店铺优惠券、全店铺满立减和全店铺打折。卖家还可以通过参加平台的直通车活动在短时间内获得大量的曝光和流量。

### 9.4.2 亚马逊

亚马逊公司（Amazon）成立于1995年，是美国较大的一家网络电子商务公司，位于华盛顿州的西雅图。亚马逊是网络上较早开始经营电子商务的公司之一，以销售书籍和音像制品起家，2000年开始通过品类扩张和国际扩张，已成为全球商品品种较多的网上零售商和全球第二大互联网企业。

在所有的跨境电子商务第三方平台中，亚马逊对卖家要求最高。要求卖家不仅有产品质量优势，而且要有品牌。亚马逊鼓励用户自助购物，将用户对于售前客服的需求降到最低，但要求卖家提供详细、准确的产品描述和图片。亚马逊支持货到付款，拥有自己的付费会员群体Amazon Prime，会员满意度达93%。这些会员主要来自高端消费群体，他们是亚马逊最具价值的财富之一。

### 9.4.3 Wish

Wish 公司于 2011 年 12 月在美国硅谷成立，最初只是类似于蘑菇街和美丽说的导购平台。2013 年 3 月，Wish 在线交易平台正式上线，同年 6 月推出移动 App，年经营收益超过 1 亿美元。Wish 是一款根据用户喜好，通过精确的算法推荐技术将商品信息推送给感兴趣用户的移动优先购物平台。目前，Wish 平台在全球 120 多个国家和地区拥有消费者数量超过 3 亿，逾 1 000 万 Wish 用户每天下单数量超过 200 万。

Wish 最大的特点是专注于移动端。在 Wish 平台上，98% 的流量和 95% 的订单均来自移动端。Wish 基于搜索引擎的匹配技术，力求给买家带来便捷的购物体验，将商品精准地推送到客户面前，而不是被动地依赖买家搜索。瀑布流的推送形式开启了手机端购物的新境界，Wish 让产品有了积极主动性，而不是被动地等待购买。

**技能实操** 亚马逊国际站注册并体验跨境购买流程

#### 1. 实操要求

学生以客户的身份体验亚马逊国际站新用户注册与跨境购买流程。

#### 2. 实操步骤

（1）用户注册

1）在浏览器的地址栏中输入亚马逊国际站的网址，打开亚马逊国际站的首页，如图 9-1 所示。

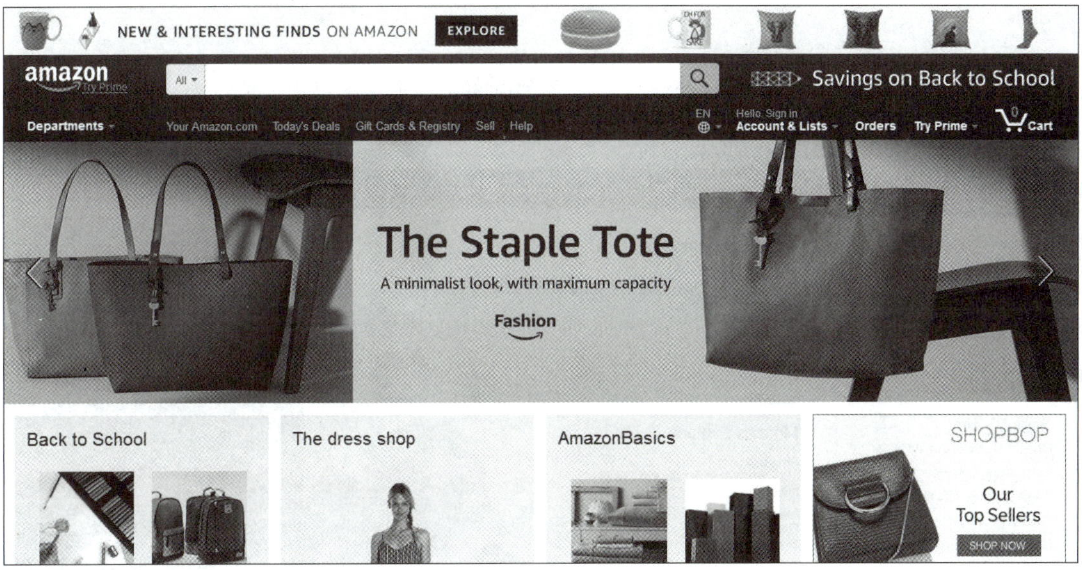


图 9-1　亚马逊国际站首页

2）单击右上角的“Sign in”按钮，已有亚马逊账号，可直接输入 Email 登录，如图 9-2 所示。

3）作为新用户，单击底部的“Create your Amazon account”按钮，进入注册页面输入“Your name”“Email”“Password”等信息，单击“Create your Amazon account”按钮完

成用户注册，如图 9-3 所示。

图 9-2 亚马逊账号登录页面

图 9-3 亚马逊国际站新用户注册页面

（2）商品选购

1）登录亚马逊国际站，在首页左上角找到“Departments”，显示商品分类，按类型搜索商品或者在网站首页上方的搜索引擎中输入商品名称，精确查找所需商品，如图 9-4 所示。

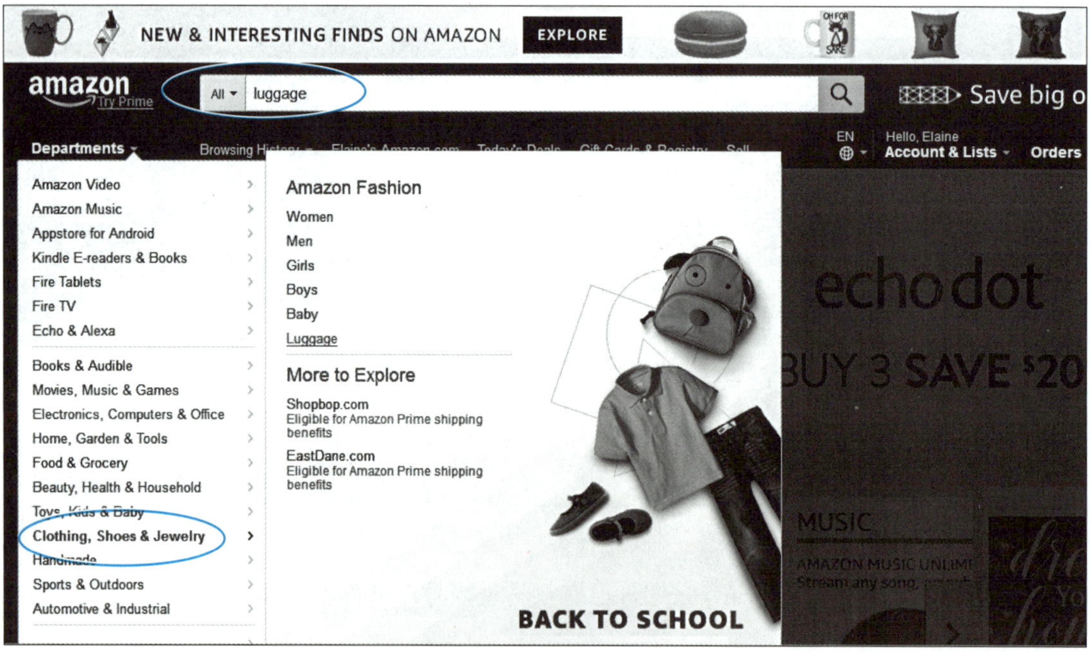


图 9-4 商品搜索页面

2）在结果页面中，选择需要购买的商品并浏览该商品的详情信息。注意商品选择标有“This item ships to China ”方可购买，单击“Add to Cart”按钮，将商品放入购物车，如图 9-5 所示。

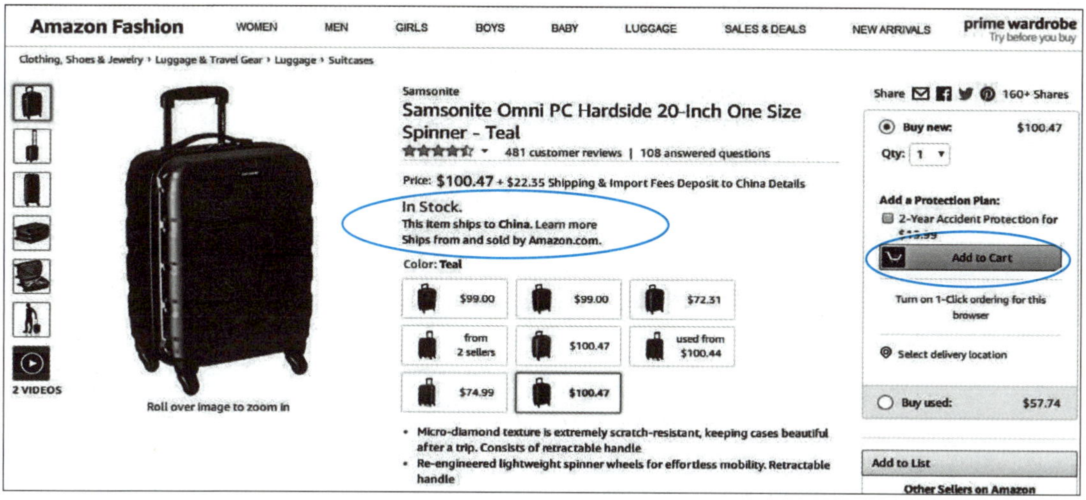


图 9-5　商品详情页页面

若需要购买的单品数量多，可在购物车页面中选择修改。若需要购买两件及两件以上商品，可分别将各单品加入购物车，并在购物车页面选择合并，方便支付结算，如图 9-6 所示。

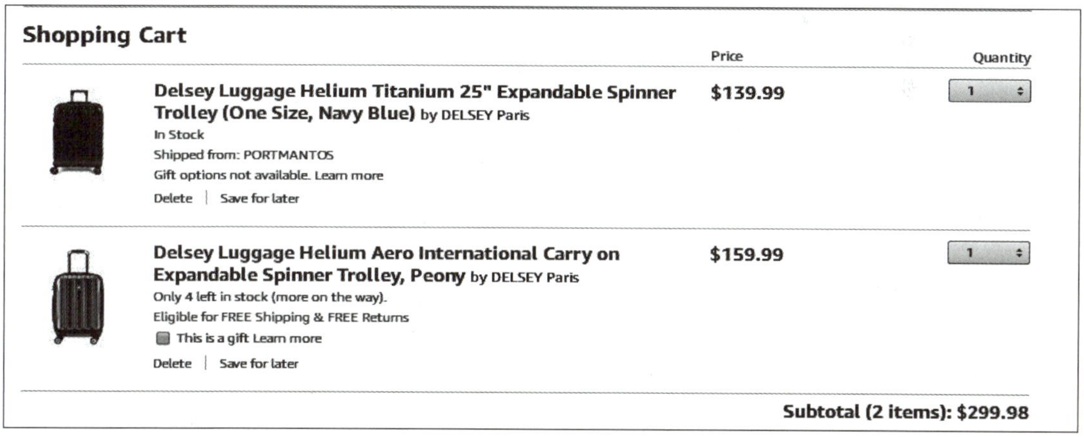


图 9-6　购物车页面

（3）订单制定

1）在购物车中，确认所购商品后，单击“Proceed to checkout”按钮，进入订单制定页面。新客户需要填写收货信息，包括个人身份证号码、电话、邮编以及具体的收货地址，并根据客户自身要求选择送货的时间和方式，如图 9-7 所示。

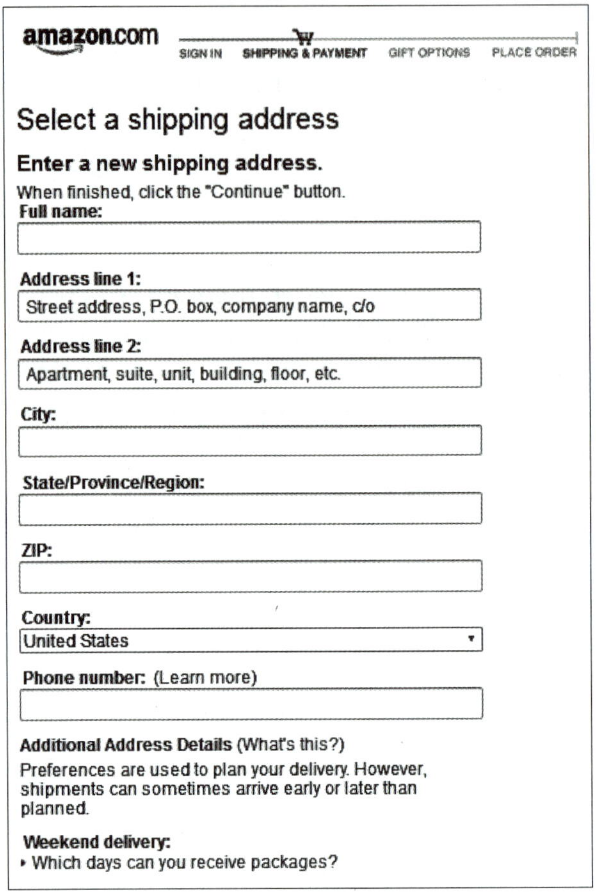


图 9-7　填写收货信息页面

根据需要选择国际物流方式，如图 9-8 所示。

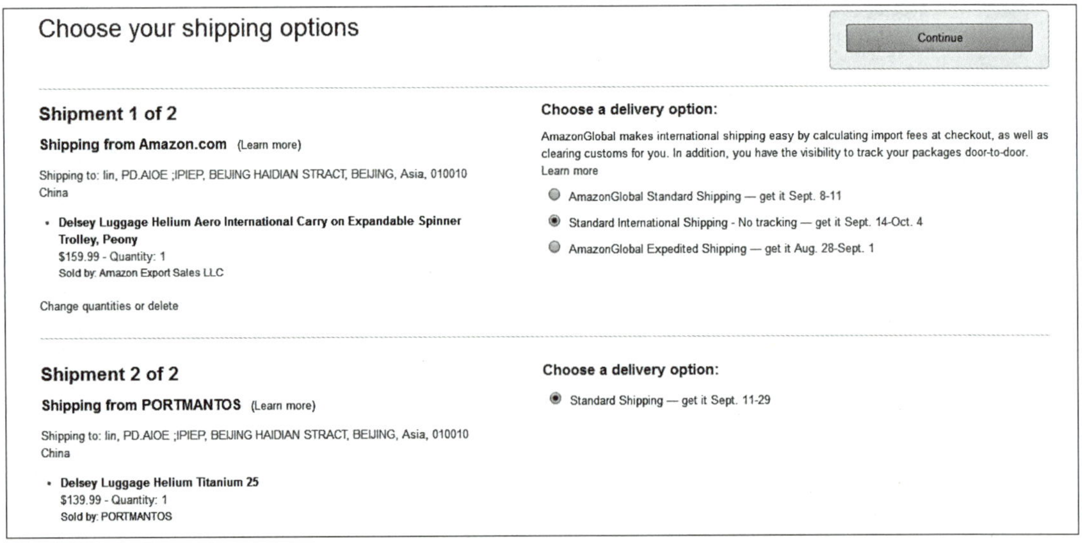


图 9-8　选择国际物流页面

2）选择付款方式，在信用卡选项中注意亚马逊支持中国银联卡支付，但只能是信用卡，如图 9-9 所示。

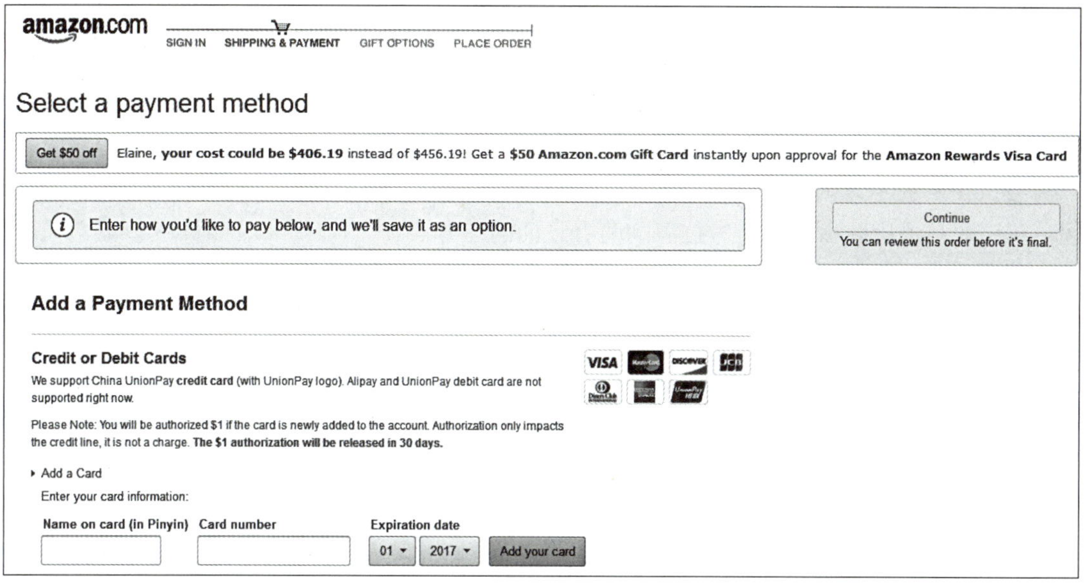


图 9-9 选择付款方式页面

3）核实该订单的商品信息、收货信息、支付信息以及关税信息无误后，选择美元或人民币支付，单击“Place your order in USD”按钮，生成订单，如图 9-10 所示。

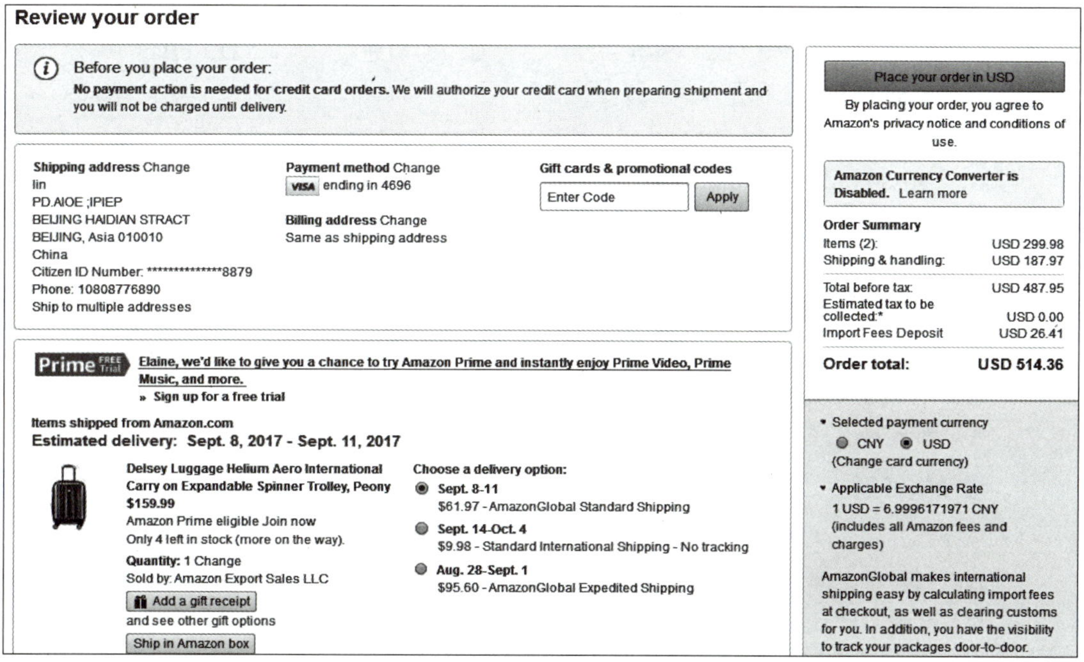


图 9-10 亚马逊网上购物订单页面

（4）订单在线支付

用户选择在线支付后，需要在线支付的网上银行输入支付账户的用户名与支付密码，单击“提交”按钮完成在线支付。在没发货前可以取消订单，一般发货后才正式扣款。

（5）收货确认

支付成功提交后，注册的邮箱会收到订单邮件，通过亚马逊账户可以查看订单，追踪物流信息，耐心等待物流配送人员送达商品并签字确认。

### 3. 学生任务

尝试在网易考拉海购网上商城注册新用户，体验进口跨境电商平台网上商城的交易流程，对比亚马逊国际站和网易考拉海购两者之间的差异。

## 本章小结

本章主要介绍了跨境电子商务的发展概况及概念，重点阐述了跨境电子商务的交易模式、支付方式、物流以及主流平台。本章最后的技能操作训练旨在加深对跨境电子商务的进出口操作的理解，目的在于提高读者对跨境电子商务的认知和实操能力。

## 思考与练习

### 1. 单项选择题

1）专注于移动端的跨境电商第三方平台是（　　）。

A．亚马逊　　B．Wish　　C．速卖通　　D．eBay

2）跨境电商的英文全称是（　　）。

A．Cross-border commerce　　B．Cross-border trade

C．Cross-border communicate　　D．Cross-border electronic commerce

3）中国邮政小包的包裹重量一般不超过（　　）。

A．1.0kg　　B．1.5kg　　C．2kg　　D．2.5kg

4）（　　）平台被称为国际版“淘宝”。

A．亚马逊　　B．Wish　　C．速卖通　　D．eBay

5）海关通关能力强的物流渠道是（　　）。

A．邮政物流　　B．商业物流　　C．专线物流　　D．海外仓

### 2. 多项选择题

1）以下（　　）网站属于进口跨境电商平台。

A．网易考拉海购　　B．全球速卖通

C．蜜芽　　D．敦煌网

2）以下（　　）网站属于出口跨境电商平台。

A．京东全球购　　B．阿里巴巴国际站

C．兰亭集势　　D．敦煌网

3）以下（　　）网站属于 B2C 平台。

A．阿里巴巴国际站　　B．敦煌网

C．兰亭集势　　D．速卖通

4）属于第三方支付方式的有（　　）。

A．PayPal　　B．VISA

C．MasterCard　　D．国际支付宝

5）属于商业快递的是（　　）。

A．中国邮政小包　　B．TNT

C．UPS　　D．DHL

### 3. 思考题

1）请用自己的语言分别从狭义和广义的角度描述跨境电商的含义。

2）通过查阅资料，谈谈跨境电商与传统国际贸易的区别。

# 参 考 文 献


[1] 白东蕊，岳云康．电子商务概论 [M]．3 版．北京：人民邮电出版社，2016.

[2] 郑丽，付丽丽．电子商务概论 [M]．北京：清华大学出版社，2013.

[3] 方玲玉．电子商务基础与应用：“学用做”一体化教程 [M]．3 版．北京：电子工业出版社，2015.

[4] 宋文官．电子商务概论 [M]．3 版．北京：高等教育出版社，2013.

[5] 王忠诚．电子商务安全 [M]．2 版．北京：机械工业出版社，2010.

[6] 李再跃．电子商务概论 [M]．3 版．北京：教育科学出版社，2016.

[7] 杨丽萍，熊学发．网络营销基础与实践 [M]．北京：教育科学出版社，2016.

[8] 成都职业技术学院电子商务教研室．移动电子商务 [M]．北京：人民邮电出版社，2015.

[9] 杜一凡，胡一波．移动电商：商业模式 + 团队管理 + 创业实战 [M]．北京：人民邮电出版社，2017.

[10] 邓志超，崔慧勇，莫川川．跨境电商基础与实务 [M]．北京：人民邮电出版社，2017.

[11] 肖旭．跨境电商实务 [M]．北京：中国人民大学出版社，2015.

[12] 张卓其，史明坤．网上支付与网上金融服务 [M]．大连：东北财经大学出版社，2006.

[13] 马莉婷．电子商务概论 [M]．北京：北京理工大学出版社，2016.

[14] 白东蕊，岳云康．电子商务概论：附微课 [M]．5 版．北京：人民邮电出版社，2022.

[15] 鲜军．电子商务概论：微课版 [M]．北京：人民邮电出版社，2022.